B22270

Markus Langholf

Der Pfad des Lebendigen Geistes

Loslassen

Ein aktueller Reisebericht
des Entwicklungsweges der Seele
durch die sieben menschlichen Bewusstseinsräume

Sheema Medien Verlag

Die Deutsche Bibliothek - CIP-Einheitsaufnahme

Langholf, Markus:
Der Pfad des lebendigen Geistes: Loslassen; ein aktueller Reisebericht des
Entwicklungsweges der Seele durch die sieben menschlichen Bewusstseinsräume/Markus
Langholf, - 2. völlig neu bearb. und erw. Aufl. - Wasserburg ; Sheema-Medien-Verl., 1999
ISBN 3-931560-02-3

2. völlig neu bearbeitete und erweiterte Auflage 1999
© 1997 und 1999 Sheema Medien Verlag · PF 1443 · 83504 Wasserburg
Titelphoto:»Möwe Jonathan über dem Cap Sizun«, Visionswerkstatt
Gestaltung: dorothee saalfeld, berlin
Printed in Germany
ISBN 3-931560-02-3

WIDMUNG

Allen Pionieren und Abenteurern der Wahrheit des
menschlichen Herzens im Niemandsland zwischen Gestern
und Morgen.

DANKSAGUNG

Ich danke Doc Isa und Ruth Yolanda Lindwall für die
Entwicklung der Releasing-Loslassarbeit, ihr beispielloses
Vorbild für eine humanistische Spiritualität und
ihre gelebte, bedingungslose Liebe.

Ich danke allen meinen Freunden, Lehrern und Führern
auf der unsichtbaren Seite des Lebens für ihre Geduld, Liebe
und Strenge, ihren Humor und ihre nicht selbstverständliche
Großzügigkeit.

Ich danke den Teilnehmern meiner mehrjährigen
Seminarzyklen für ihr Vertrauen, ihr Engagement
und ihre Bereitschaft, auf unkonventionellen Wegen
Pioniere eines neuen Bewusstseins zu sein.
(Wer, wenn nicht wir – und wann, wenn nicht jetzt?)

Ich danke allen Menschen, die am Zustandekommen dieses
Buches beteiligt waren.

»You got to open up your heart,
that is all I know.«
Van Morrison

INHALT

VORWORT

VON DOC ISA UND RUTH YOLANDA LINDWALL

Als Begründer der Seminare *Freedom through Releasing* (Freiheit durch Loslassen) begrüßen meine Frau und ich mit Freude die Veröffentlichung dieses Buches. Es ist von einem unserer frühesten Schüler geschrieben, der den Releasing-Loslassprozess über viele Jahre in seinem Leben geprüft und erfahren hat. Als wir den Autor dieses Buches 1984 trafen, waren wir sofort beeindruckt von seiner aufrichtigen Hingabe und Entschlossenheit, die wahre Bedeutung des Lebens zu finden. Seine Gewissenhaftigkeit, Wahrheitsliebe und sein Wunsch, seinen Mitmenschen zu dienen, waren die Beweggründe, die seine persönlichen Erforschungen der *Releasing*-Methode vorwärts trieben.

Nachdem ich 1951 den Doktorgrad auf dem Gebiet der Chiropraktik erworben hatte, begann ich in meinem Heimatland, den USA, zu praktizieren.

Als Arzt war es mein Anliegen, Kranke zu heilen und Leiden zu lindern, aber schon bald musste ich entdecken, dass mir dazu ein tieferes Verständnis der Krankheitsprozesse fehlte. So konnte ich z.B. nicht begreifen, warum eine Therapie einigen Patienten half, während sie sich bei anderen Patienten mit demselben Krankheitsbild als unzureichend erwies. So bat ich die HÖCHSTE KRAFT DES UNIVERSUMS, die ich »GOTT« nenne, mir bei der Lösung dieses Rätsels zu helfen. Kurz darauf empfahl mir ein Kollege, einen Kurs zu besuchen, der sich »Konzept-Therapie« nannte. Diesem Ratschlag folgend, studierte ich die grundlegenden Prinzipien der menschlichen Persönlichkeit in ihrer Beziehung zum physischen *Körper*, zum *Bewusstsein* und zur *Seele*. Der Kurs erklärte, dass sich, zusätzlich zu äußeren Anstößen für körperliches Leid, zahlreiche krankheitsverursachende Faktoren in Form von unbewussten Programmierungen in unserem Bewusstsein befinden. Die Schulung beinhaltete spezielle Methoden und Erfahrungen, um diese versteckten, unbewussten Regionen zu verstehen und sich ihnen zu stellen. Ich entdeckte, dass störende emotionale Einflüsse neutralisiert werden können, wenn sie aufgedeckt und im Licht der Vernunft geprüft werden. Oft bringt dies eine sofortige Erleichterung von physischen, emotionalen und geistigen Symptomen mit sich. Die Analyse anderer unbewusster Muster braucht länger, um sich in einem gesunden Körper widerzuspiegeln – aber ein bleibender Nutzen ist sicher.

Ein Aspekt der Schulung bestand darin, das Unbewusste mit positiven Affirmationen zu füttern, während gleichzeitig negative Affirmationen losgelassen wurden.

Eines Tages wiederholte ich beim Joggen immer wieder meinen Namen und sagte: »*Ich liebe dich. Ich liebe dich.*« Eine leise Stimme irgendwo in meinem Inneren antwortete: »*Nein, das tust du nicht. Nein, das tust du nicht.*« Mir wurde schnell klar, dass entgegengesetzte negative Programmierungen zunächst ganz neutralisiert werden müssen, bevor positive Programme vollständig akzeptiert werden können. Nun begann ich zu mir selbst zu sagen: »*Ich lasse den Hass auf mich selbst los.*« Nachdem ich dies einige Male wiederholt hatte, kehrte ich zur Affirmation der Selbstliebe zurück und fühlte, wie die Schwingung der Liebe in meinem Bewusstsein angenommen wurde. Jetzt war es nicht länger eine Wunschvorstellung, sondern ich hatte die Liebe verinnerlicht. Seit damals ist das *Loslassen des Negativen und die Affirmation des Positiven* mein Lebensweg geworden.

Ich verband die kontinuierliche Anwendung dieser Prinzipien mit meinen täglichen Meditationen und beobachtete mit Erstaunen, wie meine Arztpraxis gedieh und mein Leben sich in allen Bereichen positiv entwickelte und erfüllter wurde.

Doch noch immer hatte ich den starken Wunsch nach mehr Unterstützung, um meinen Patienten besser helfen zu können. Eines Tages, als ich mit einem Patienten arbeitete, der extreme Schmerzen hatte, betete ich: »*GOTT, ich brauche mehr Hilfe.*« Plötzlich hörte ich tief in mir eine Stimme, die mich anwies, bestimmte Punkte am Körper zu drücken, die ich während meines Studiums der Akupunktur und Kinesiologie kennengelernt hatte.

Die Führung war klar, einfach und direkt.

Als ich die Behandlung beendet hatte, war der Patient vollkommen schmerzfrei. – Dieses Ereignis markiert den Beginn eines intuitiven Wissens in mir, das von manchen Menschen auch »Hellsichtigkeit« genannt wird. Seit dieser Zeit scheine ich zu wissen, was ich tun kann, um anderen Menschen zu helfen, ohne dabei auf traditionelle, physische Untersuchungen zurückgreifen zu müssen. Es ist meine Überzeugung, dass wir alle das Potential haben, diese klare innere Führung zu erhalten, wenn wir unsere begrenzenden Ideen und Vorstellungen überwinden. Für mich waren das *Loslassen negativer unbewusster Programmierungen* und die *kontinuierliche Bekräftigung positiver Programme* ausgesprochen wirksame Werkzeuge, um die Tore zur geistigen Führung aus dem Inneren zu öffnen.

Die Jahre vergingen, ich fand meine Lebenspartnerin, und seit 1978 haben wir unsere spirituellen Entdeckungen weltweit mit interessierten Menschen geteilt. Bis heute sind wir durch 30 Länder und unzählige Städte gereist und haben gelehrt, wie negative Erinnerungen losgelassen werden können und wie wir *bedingungsloser Liebe*, die die Essenz des Lebens ist, erlauben können, unser Leben zu erfüllen und zu führen.

In diesem Buch teilt der Autor mit Ihnen seine Entdeckungen bei der Klärung des menschlichen Bewusstseinsspektrums durch die Anwendung des Releasing-Loslassprozesses.

Meine Frau Yolanda und ich sind überzeugt davon, dass die Lektüre des Buches nicht nur ausgesprochen informativ für Sie sein wird, sondern Ihnen darüber hinaus die Möglichkeit gibt, seine Gültigkeit zu überprüfen und damit zu beginnen, Blockaden in Ihrem eigenen sich entwickelnden Bewusstsein loszulassen.

Doc Isa Lindwall und Ruth Yolanda Lindwall,
Frankfurt, Juli 1996

VORWORT

Vor dem Hintergrund meiner persönlichen Lebensgeschichte habe ich 1996 mit diesem Buch einen Erfahrungsbericht spirituellen Wachstums durch die Philosophie und Praxis der Releasing-Loslassarbeit geschrieben, der 1997 zum ersten Mal veröffentlicht wurde.

Entstanden ist dabei ein aktualisiertes Konzept der alten abendländischen Idee, die besagt, dass die menschliche Bewusstseinsentwicklung in einer aufsteigenden Linie vom Materiellen zum Spirituellen verläuft.

Mein in diesem Buch dokumentierter Optimismus bezüglich einer vorrangigen Stellung des linearen, aufsteigenden Selbstverwirklichungskonzepts ist mir seit damals abhanden gekommen. Die Schwäche dieses Modells liegt in der autosuggestiven Kraft einer Fixierung der Aufmerksamkeit auf den individuellen »Stand der Dinge«. Dadurch wird die Priorität DES EINEN SEINS und DIE ALLGEGENWART DES HÖCHSTEN GEISTES vernachlässigt und als ein zu erreichendes »Ziel« auf die Zukunft projiziert. Diese Täuschung entsteht durch die gewohnte Reduzierung der Bewusstseinskapazitäten auf die linke Gehirnhälfte und ihre Konzentration auf die sichtbare äußere Welt. Die Gedankenaktivität der linken Gehirnhälfte konstruiert die Illusion eines vom Sein getrennten »Ichs«. Das menschliche Bewusstsein wird vom sinnlichen Eindruck der Welt der Formen besetzt. Es »glaubt« an eine lineare Zeitvorstellung und an die Möglichkeit der Beschreibung der Wirklichkeit durch logische Sprache. Im Nachhinein erscheint mir das in diesem Buch skizzierte Entwicklungsmodell in seiner starken Akzentuierung des Gedankens der individuellen Entwicklung an manchen Stellen zu subjektiv und angestrengt.

Dieses alte lineare Konzept ist nur eins von vielen möglichen Modellen der Wirklichkeit. Tatsächlich findet menschliches Wachstum wohl kaum genau in der in diesem Buch beschriebenen Chronologie statt.

Es kommt der Wirklichkeit näher, wenn sich der Leser die hier beschriebenen menschlichen und transzendenten Bewusstseinsräume nicht in einem zeitlichen Nacheinander, sondern als multidimensionale Gleichzeitigkeit vorstellt.

Bei der vorliegenden 2. Auflage habe ich deshalb einige Veränderungen vorgenommen. Diese dienen einem leichteren Verständnis der Beziehung zwischen dem zeitlichen Bewusstsein des Menschen und der zeitlosen Gegenwart des LEBENDIGEN, HÖCHSTEN GEISTES.

Neben der Überarbeitung einiger Textpassagen habe ich am Ende eines jeden Kapitels Anregungen zum Loslassen und positive Affirmationen angefügt, die als Inspirationen auf dem Pfad des Herzens dienen möchten.

Psychisch und geistig labile und kranke Menschen sollten aber auf jeden Fall die fachkundige Begleitung eines Therapeuten oder erfahrenen Releasinglehrers suchen!

Schließlich möchte ich mich bei allen Lesern der 1. Auflage bedanken, dass sie mir durch dieses Buch gefolgt sind und es durch Mundpropaganda weitergetragen haben. Mein Versuch, die Mystik des Herzens von der Beliebigkeit des Esoterikbooms abzuheben und rational zugänglich zu machen, ist verstanden worden.

Mein besonderer Dank gilt der Verlegerin Cornelia Linder. Ohne ihren Glauben, ihren Mut und ihre Liebe wäre dieses Buch nicht möglich gewesen. Ich danke ihr aus ganzem Herzen, dass sie mit mir »durch dick und dünn« geht.

»Sheema« ist der Name ihres Verlages. »*Sheema Israel! – Höre Israel!*« – steht als Ruf GOTTES an das Volk GOTTES am Beginn der abendländischen jüdisch-christlichen Tradition. Die Zeit ist reif geworden, diesen Ruf zwischen den Brüchen und Widersprüchen unseres Lebens herauszuhören und uns auf den Pfad des Loslassens zu begeben.

Machen Sie es sich leichter als die einsamen Wahrheitssucher der alten Tradition, die in ihrer Einsamkeit oft glaubten, leiden zu müssen, um zurück zum göttlichen Ursprung zu kommen.

Hören Sie in ihrem Herzen auf die stille Stimme der Leichtigkeit:

> »Du wirst unermesslich geliebt –
> sei glücklich, liebe, und lass alles andere los!«

Mit Liebe und Respekt, Markus Langholf
Cap Sizun, Herbst 1998

EINFÜHRUNG

In meinen ersten Lebensjahren bemerkte ich abends vor dem Einschlafen in der Mitte meiner Brust das Brennen eines inneren, wärmenden Feuers. Ich hatte keinen Namen und keine Worte für dieses Feuer. Alles, was ich wusste, war, dass ich es mit einer Innigkeit, Kraft und Unschuld liebte, wie vielleicht nur kleine Kinder lieben können. Das Feuer in meinem Herzen war die Quelle meiner kindlichen Lebensfreude und mein Zugang zum Reich der Träume, der Sterne und der unsichtbaren Welt. Es war damals für mich völlig normal, allabendlich diesem Feuer anzuvertrauen, was tagsüber in meinem Leben und meinen Gedanken geschah, mit ihm zu leben und in ihm zu sein. In tiefem Frieden schlief ich jedesmal ein. Ich war davon überzeugt, dass jeder Mensch ein solches Feuer in seinem Herzen hat. Später hörte ich von CHRISTUS und dachte, dass dies vielleicht ein anderer Name für das innere Feuer war.

Nach meinem siebten Lebensjahr verblassten während der Grundschulzeit langsam die Erlebnisse in meinem Herzen. Ich wurde mit meinem Bewusstsein in die äußere Welt hinausgezogen und musste lernen, was es bedeutet, erwachsen zu werden. Ich verlor meine inneren Zugänge zu mir selbst und versuchte durch Anpassung an die familiären, schulischen und gesellschaftlichen Forderungen ein wertvoller und von der Welt der Erwachsenen anerkannter Mensch zu werden.
Nach meinem 14. Lebensjahr zerplatzte meine Gutgläubigkeit und Naivität gegenüber der Welt wie eine Seifenblase. Wie mir später bewusst werden sollte, verkörperten sich mit der Pubertät sogenannte »ältere« Aspekte meiner Seele, die sich an das Wissen und die Weisheit früherer Erfahrungen, die ich auf der Erde gemacht hatte, zu erinnern begannen. Das ehemals frühkindliche Feuer des Herzen verwandelte sich in eine ausgeprägte Sensibilität und Sensitivität gegenüber den Dimensionen der Seele und des Geistes. Die damit verbundene sogenannte Hellfühligkeit zeigte mir ein beängstigendes Szenario. Ich werde nie vergessen,

wie ich immer wieder in meinem direkten familiären, schulischen und kirchlichen Umfeld die Erfahrung machte, dass die nach außen kommunizierten Worte und Verhaltensweisen der pädagogischen Autoritäten meiner Umgebung in schroffem Widerspruch zu dem seelischen Zustand standen, den diese Menschen ausstrahlten. Ich lernte, dass jeden Menschen – unabhängig davon, ob er es weiß oder nicht und unabhängig davon, ob er an eine seelische Identität des Menschen glaubt oder nicht – ein unbestechliches, unsichtbares Energiefeld umgibt, welches alle Informationen über sein Bewusstsein und seinen Zustand enthält. Schmerzhaft erkannte ich, dass alle Menschen zwei Gesichter tragen: ein Gesicht, das sie der Welt im Alltag zeigen und ein Gesicht, das sie häufig nicht nur vor anderen Menschen, sondern sogar vor sich selbst verbergen.

Diese Erkenntnis verursachte bei mir einen tiefen Vertrauensbruch gegenüber den elterlichen, schulischen, kirchlichen und gesellschaftlichen Autoritäten. Ich begann mich zu fragen, warum ich geboren sei und welche Alternativen es zu einem gesellschaftlich legitimierten Leben der inneren Lüge und Zerrissenheit geben könnte. Ich distanzierte mich radikal von allen Leistungen, die mir von außen abverlangt wurden, da ich ohne Klärung der Sinnfrage weder Interesse noch Kraft und Konzentration dafür hatte. Nun verging kaum ein Tag, an dem ich nicht bis in die späte Nacht ein Buch aus irgendeiner psychologischen, philosophischen, religiösen oder spirituellen Richtung wissensdurstig verschlang. Damals lernte ich in einem weltanschaulichen Abgrund zu leben, und Nietzsches Diagnose über die Pervertierung und Abwesenheit sämtlicher Werte in der westlichen Kultur wurde zu meinem ständigen Begleiter und intellektuellen Schutz, weil ich nie wieder zulassen wollte, dass fremde Wahrheiten meine eigene Wahrheit überdecken könnten. Lieber glaubte ich aufrichtig an nichts, als mich angepasst und verlogen an rational konstruierten Sekundärwahrheiten festzuhalten.

Das Leben im Nichts führte mich immer wieder in tiefe Depressionen, die ich nach außen nicht benennen konnte, und bis an den Rand des Selbstmordes, da mir die Hellfühligkeit zwar tiefe Einsichten hinter die seelischen Kulissen meiner Umgebung vermittelte, diese Erfahrungen aber seit meiner Kindheit nicht mehr in ein Glaubens- oder Sinnsystem eingebettet waren, das mir inneren Halt hätte geben können. Ich fürchtete mich davor, erwachsen zu werden, das Feuer im Herzen zu verlieren und in das tödlich langweilige Leben des materialistischen Bildungsbürgertums eingegliedert zu werden. Ich sehnte mich aus ganzem Herzen nach einer Erfahrung der Sinnhaftigkeit meines Lebens. So formte mich das Leben zu einem Sucher lebendigen Wissens – zu einem Sucher nach der verborgenen Wahrheit. Die WAHRHEIT wurde für mich zum erkenntnisleitenden Stern. Wenn die Wahrheit war, dass es keine Wahrheit und keinen Sinn im Leben gibt, so wollte ich dies zumindest wissen und aushalten, anstatt ein Leben mit Halbwahrheiten zu führen und die Frage nach der Wahrheit nie gestellt zu haben.

Eines Tages war ich es leid, vor dem Abgrund in mir davonzulaufen und wollte wissen, was dann passiert. Sprache ist unzureichend, um zu beschreiben, was geschah, als ich mich zum ersten Mal in meinem Leben fallen ließ. Es gibt viele Dinge, vor denen wir uns fürchten, aber die Erfahrung einer nicht-aufhörenwollenden inneren Fallbewegung bringt tiefste Todesängste ans Licht. Irgendwann hörte ich schließlich auf, gegen die Fallbewegung anzukämpfen. Zum ersten Mal in meinem Leben erlaubte ich mir, die Verzweiflung und Zerrissenheit zwischen den Erfahrungen meines Herzens und der Haltlosigkeit meines biographischen, äußeren Ichs aus mir herausfließen zu lassen. Ich fiel, und alle verdrängten Schmerzen, Gefühle und Gedanken zogen in immer größerer Intensität und Geschwindigkeit an meinem inneren Auge vorüber. Schließlich hörten alle Gedanken und Gefühle auf, und ich landete in einem Raum vollkommener, pulsierender Stille. Nichts war in diesem Raum als stilles, sich selbst bewusstes Sein. Ich erkannte und erfuhr in einem einzigen Augenblick, dass im Abgrund meines Herzens unzerstörbares, selbstleuchtendes Sein anwesend ist.

Hingabe an die Offenheit meines Herzens hatte mich zur verborgenen, unzerstörbaren und wandellosen Gegenwart des »ICH BIN« geführt.

Ich lernte, dass mein jahrelanges Ringen und Kämpfen gegen die
Welt und um den Sinn des Lebens zugleich auch immer Kampf
gegen mich selbst gewesen war. Die äußeren Umstände meines
Lebens hatten in sich keine Macht, sondern waren lediglich sichtbar gewordener Ausdruck meiner unsichtbaren Bewusstseins-
und Lebenseinstellung. Damals, im Auge des Seins, traf ich die
Entscheidung, den Kampf gegen mich selbst, die Welt und das
Leben zu überwinden und jenseits der Extreme von Anpassung
und Kampf »Ja« zum Leben zu sagen.

Ich fand einen Studienplatz, der meinen geisteswissenschaft-
lichen und künstlerischen Interessen entgegenkam und ging auf
die Suche nach einem integeren und seriösen spirituellen Lehrer.
Zum damaligen Zeitpunkt war mir klar, dass das sichtbare Leben
von einer unsichtbaren geistigen Ordnung durchdrungen ist. Der
weiteste Weg des Menschen besteht allerdings zwischen Theorie
und Praxis, zwischen Anspruch und Wirklichkeit, und so sehnte
ich mich nach einem überzeugenden Lehrer, der mir helfen
konnte, meine eigene Geistigkeit zu entwickeln und damit in der
Welt leben zu können. Psychotherapie kam für mich nicht in
Frage, da das materialistische Weltbild hinter den meisten
psychologischen Richtungen mich nicht überzeugte und ich nur
einen Lehrer akzeptieren konnte, der Demut gegenüber dem
innewohnenden, geistigen Sein des Menschen besaß. Auch
charismatische Autoritäten und deren Gruppen auf dem neu-
entstandenen New-Age-Marktplatz zog ich nicht in Betracht, da
ich mir selbst versprochen hatte, nur meiner eigenen inneren
Stimme und Unterscheidungskraft zu folgen.
Damals begann ich wieder, wie zuletzt in der Kindheit, zu beten:
Beten nicht als sinnentleertes Ritual oder als scheinheilige Flucht
vor Selbstverantwortung, sondern als nonverbales Zwiegespräch
und innere Öffnung gegenüber der Gegenwart des einen Seins.

DIE ERSTEN LEHRER   Eines Tages hörte ich von den Seminaren eines
                       amerikanischen Ehepaares, Dr. Edward und
Ruth Lindwall aus Atlanta/Georgia, USA, die ihre Arbeit
»Releasing« nennen, was soviel bedeutet wie »Loslassen« bzw.
»Erlösen«.

Dr. Lindwall ist Arzt und besaß eine kleine Privatklinik in Atlanta. Er verspürte den Wunsch zu heilen schon als Kind. Auf der Suche nach immer effektiveren Heilmethoden erwarb er neben dem Doktor für Chiropraktik auch Qualifikationen für Akupunktur, Kinesiologie, Konzepttherapie, Hypnotherapie sowie weiteren ganzheitlichen Heilansätzen. Seine medizinischen Aktivitäten waren zeitlebens durch Gebet und Meditation von einer starken religiösen Motivation und spirituellen Erforschung der wahren Ursachen von Krankheit getragen. Auf diesem Weg begegnete ihm seine zweite Frau Ruth, mit der er gemeinsam, inspiriert durch einige sogenannte »spirituelle Gipfelerlebnisse«, die Releasingarbeit entwickelte. Ruth Lindwall war Lehrerin und hatte sich als überzeugte Christin in verschiedenen kirchlichen und sozialen Organisationen engagiert. Auf der Suche nach »dem Vater im Inneren« hatte sie einige spirituelle Initiativen mitgegründet und war Lehrerin für die Körper, Geist und Seele miteinander verbindende Konzepttherapie, als sie begann, mit Dr. Lindwall zusammen zu arbeiten. Seit Anfang der 80er Jahre widmen sich die Lindwalls durch zahllose Reisen in über 30 Länder ausschließlich der Verbreitung der Releasingarbeit, der Ausbildung von »Releasern« und »gehen nur noch dorthin, wohin der HÖCHSTE GEIST sie führt«. Als spirituelle Partner, sogenannte Zwillingsflammen, arbeiten sie insbesondere an dem Gleichgewicht zwischen männlicher und weiblicher Energie durch eine gemeinsame Ausrichtung auf den transzendenten Ursprung »*bedingungsloser Liebe*«.*

Die Philosophie der Releasingarbeit ist eine Philosophie der Nondualität, die davon ausgeht, dass es nur eine EINZIGE WIRKLICHKEIT gibt. Diese Wirklichkeit ist geistig. Alles, was nicht geistig ist, ist nicht wirklich, sondern der Vergänglichkeit des Lebens unterworfener, relativer, formgewordener Ausdruck dieser EINEN GEISTIGEN WIRKLICHKEIT. Diese Wirklichkeit ist die TRANSZENDENTE QUELLE, das verborgene

DIE PHILOSPHIE
DES RELEASING

---

* ausführlichere Informationen über Dr. Edward und Ruth Lindwall finden sich in dem 1999 im Sheema-Medien-Verlag erscheinenden Buch »Innerview mit Isa und Yolanda«, eine Einführung in das Leben und die Arbeit der Begründer des Releasing.

Selbst und die evolutionäre Bestimmung von allem, was ist. Im Verlauf der Menschheitsgeschichte wurde sie mit vielen Namen, wie z.B. BRAHMAN, PARAMATMAN, ALLAH, JEHOVAH, GOTT, HÖCHSTES BEWUSSTSEIN, WAHRHEIT, ICH BIN DER ICH BIN, ALLES WAS IST, KOSMISCHES BEWUSSTSEIN oder HÖCHSTER GEIST benannt. Der Kraft ist es egal, wie sie genannt wird. Alle Namen und Formen GOTTES sind Ausdruck dieser einen Wirklichkeit. Gleichzeitig ist sie jenseits aller Namen und Formen GOTTES. Das Wesen dieser EINEN GEISTIGEN WIRKLICHKEIT wird von den Mystikern und Eingeweihten unterschiedlichster kultureller und historischer Traditionen übereinstimmend auch als reine Glückseligkeit, himmlischer Friede und *überquellende, bedingungslose Liebe* beschrieben.

Für menschliches Bewusstsein ist bedingungslose Liebe die einzige Möglichkeit, die Kraft des Göttlichen zu erfahren und zu verwirklichen.

Weil »im Namen Gottes« auch die größten Verbrechen der Menschheit geschahen, wird diese EINE GEISTIGE, TRANSZENDENTE KRAFT im Releasing ganz einfach nur »DAS GROSSE X«, DIE QUELLE oder »HÖCHSTER GEIST« genannt. Dadurch ist eine weltanschauliche Neutralität, Toleranz und Freiheit gewährleistet, die es jedem Menschen erlaubt, diese Kraft der Transzendenz so zu bezeichnen, wie es seiner persönlichen Lebensauffassung am meisten entspricht. Um den Segen und die Wirksamkeit des Releasing zu erfahren, ist aber keine spezifische Weltanschauung Voraussetzung. Releasing ist keine Glaubensfrage, sondern eine Schule der Selbsterfahrung, die es dem einzelnen überlässt, die Wahrheit individuell zu erforschen.

In der Releasingarbeit wird jeder Mensch in seinem geistig-seelischen Potential als Teil der einzigen Wirklichkeit angesehen. Dieser menschliche Anteil am großen Ganzen wird im Releasing als »Seele« oder – analog zum »GROSSEN X« – als »das kleine X« bezeichnet und ist auch unter den Namen »Höheres Selbst«, »Wahres Selbst«, »Geistiges Selbst«, »Tochter GOTTES«, »Sohn GOTTES«, »Sternenselbst«, »Monade« oder »Atman« bekannt. So wie sich die Flamme zum Feuer und die Welle zum Ozean verhält, stammt die Seele aus der EINEN QUELLE DES HÖCHSTEN GEISTES und ist aus demselben geistigen Stoff. Der HÖCHSTE GEIST hat aus sich selbst heraus das Leben, seine zahllosen Schöpfungen und »die vielen tausend Wesen« erschaffen, um sich selbst erkennen zu können. Zu diesem Zweck trennt sich die Seele vom ursprünglichen Bewusstsein ihres Einsseins mit ALLEM WAS IST. Sie reduziert ihr Bewusstsein, reist in das äußere, materielle Universum und durchläuft eine Polarisierung und Trennung vom Ganzen. Diese Trennung ist die Voraussetzung, um den UNBEGRENZTEN GEIST DER EINZIGEN WIRKLICHKEIT zu individualisieren und sich durch die physikalische Evolution des Lebens im Menschen bewusst werden zu lassen.

(Es ist das Schicksal des Menschen, sich selbst zu transzendieren. Dies ist das Projekt des sogenannten *»Neuen Bewusstseins«,* zu dem die Releasingarbeit einen Beitrag leisten möchte.)

Die Seele entwickelt ihr Bewusstsein, indem sie Erkenntnisse und Lebenserfahrungen in der dreidimensionalen physikalischen Welt der Polarität sammelt und schließlich zu ihrem Ursprung zurückkehrt. Je nach den individuellen Seelenerfahrungen und ihrem Bewusstseinsstand programmiert die Seele den physischen Körper durch das Gehirn mit ihren Erinnerungen, Lebenseinstellungen, Konzepten und Programmen. Die Trägersubstanz der Lebenseinstellungen der Seele sind die Gedanken. Elternhaus, Erbmaterial und Umgebung sind manifestierte Spiegel der Vergangenheit, des Bewusstseins und der Aufgabenstellung der Seele.

(Die Seele sammelt Lebenserfahrung und lernt in Seelengruppen mit immer wiederkehrenden »Lieblingsseelen«.)

Die mentalen Programme im Gehirn wirken auf die Psyche und manifestieren sich in entsprechenden Emotionen, Gefühlen, Vorlieben, Abneigungen und Verhaltensweisen. Positive und negative Gedanken und die entsprechenden Gefühle beeinflussen gemäß ihrer Qualität die Vitalität und Gesundheit des physischen Körpers. Das Bewusstsein der Seele materialisiert sich in jeder Körperzelle. Die Identifikation mit dem Körperbewusstsein erzeugt die Illusion, leidendes Subjekt einer scheinbar von uns getrennten äußeren (»objektiven«) Wirklichkeit zu sein. Wir erfahren uns als Opfer der Umstände, die wir unbewusst selbst erzeugt hatten, um zu lernen! Die tatsächliche Ursache für den persönlichen Zustand und die persönliche Lebenssituation ist aber immer auf der Ebene der Seele verborgen. Je weniger die äußere physische Persönlichkeit sich ihrer Seele bewusst ist, desto mehr erfährt sie ihre unbewussten Lebenseinstellungen in den Reaktionen ihres persönlichen Umfeldes und den äußeren Lebensumständen. (Der Spiegel der äußeren Lebensumstände kann nur durch Selbstverantwortung, Selbsterkenntnis und den Blick nach innen entschlüsselt werden.)

Je mehr der Mensch mit seinem physischen Körper und der materiellen Schwingung identifiziert ist, desto stärker ist seine Seele in der Illusion der Welt der Formen polarisiert und desto »niedriger« ist die Frequenz seines Bewusstseins. Releasing hilft der Seele, ihre Polarisierungen loszulassen, sich in der Mitte des Herzens zu zentrieren und sich auf ihren transzendenten Ursprung auszurichten. Je mehr die Seele loslässt, desto mehr erfährt sie die transzendente Allgegenwart des HÖCHSTEN GEISTES als *»bedingungslose Liebe«*. *»Bedingungslose Liebe«* ist gegenüber allen Erscheinungen, Frequenzen und Erfahrungen der Polarität absolut neutral. In ihrer *Neutralität* ist sie die »höchste« erreichbare Frequenz des menschlichen Bewusstseins. *»Neutral«* zu sein bedeutet, im Gleichgewicht des *inneren Friedens* zu sein.

Im Rahmen der bisherigen menschlichen Entwicklung haben wir durch unverantwortlichen, unwissenden, materialistischen und egozentrischen Gebrauch des freien Willens viele subjektive, relative Wirklichkeiten erschaffen.

Das Anliegen der Releasingarbeit ist es, diese illusionären Trennungen, die wir zwischen unserem alltäglichen Körperbewusstsein, der Seele und dem HÖCHSTEN GEIST erschaffen haben, aus dem Unbewussten in das offene Herz aufsteigen zu lassen, zu konfrontieren, die Lektion zu erkennen, zu vergeben, loszulassen und die verdrängte Seelenerfahrung in das Persönlichkeitsbewusstsein zu integrieren. Dadurch entsteht ein autonomer und dynamischer Prozess der Selbstentfaltung, der langsam und sicher, Schritt für Schritt dazu führt, dass das Unbewusste in das Bewusstsein integriert wird. Lebendigkeit, Vitalität und Gefühlsreichtum kehren zurück, die Liebesfähigkeit wächst, die inneren Sinne der Seele wie Hellfühligkeit, Hellhörigkeit, Hellsichtigkeit und die höhere Intuition entwickeln sich, und der Mensch lernt wieder, aus seiner individuellen Verbindung mit dem Höchsten Geist zu leben und dem Wohl des Ganzen zu dienen.

Während meines ersten Releasing-Seminars lernte ich mit dem Ehepaar Lindwall zum ersten Mal Menschen kennen, die den Göttlichen Geist der Liebe nicht nur aus der Theorie kannten, sondern die durch ihr lebendiges Beispiel einfach, bescheiden und menschlich zeigten, was es bedeutet, aus und mit dem Geist zu leben. Sie strahlten eine ähnliche stille Liebe aus, wie ich sie zuletzt als Kind mit Christus in meinem Herzen erfahren hatte, und ich wusste: Mein Weg nach Hause beginnt.

In den folgenden Wochen, Monaten und Jahren machte ich zahllose Releasingerfahrungen, die meine Abgründe erlösten, meine Seele heilten und meine Wahrnehmung und mein Bewusstsein ausdehnten und verwandelten. Die Releasingarbeit war es auch, durch die mich der höchste Meister meiner Seele zu sich führte und mir den Auftrag gab, diese Arbeit weiterzutragen, weiterzuentwickeln, und mich damit auf der Grundlage meines Studiums selbständig zu machen. So war und ist es immer wieder neu das Loslassen gewesen, das mir geholfen hat, meine eigenen Unzulänglichkeiten zu überwinden, Freiheit auszuhalten, Verantwortung zu übernehmen, Spaß und Freude am Leben und den mir geschenkten Fähigkeiten zu finden und im Vertrauen auf das Wort des Höchsten Geistes in meinem Herzen immer weiter nach vorne zu gehen.

Loslassen kennt keine Grenzen, und so musste ich nicht nur lernen, die Lindwalls loszulassen, sondern auch alle späteren, äußeren Lehrer, um in der eigenen Führung aus dem Geist frei, sicher und selbständig zu werden.

Die Synthese meiner persönlichen Erfahrungen und seelischen Schlüsselsituationen, meines Studiums, meiner Reisen nach Indien und den USA und meine Lehrzeiten bei verschiedenen spirituellen Lehrern mündete 1992 in die berufliche Selbständigkeit als Dipl. Kulturpädagoge.

Aus der folgenden gemeinsamen Arbeit mit meiner Frau und spirituellen Partnerin entstand ein Seminarhaus für künstlerische und spirituelle Jugend- und Erwachsenenbildung: Die Visionswerkstatt Cap Sizun.

In Form von Seminaren, Jahreskursen und Ausbildungen in Deutschland und der Bretagne begleiten wir mit Hilfe des in diesem Buch beschriebenen Loslassprozesses Privatpersonen, Berufstätige und Führungskräfte bei der Entdeckung ihres wahren Selbstes und der Realisierung ihrer Vision für ein geglücktes Leben (siehe Anhang).

ZU DIESEM BUCH   Dieses Buch ist als der Beginn einer Reihe von Veröffentlichungen gedacht, mit denen ich die Fülle der Hilfe, Unterstützung und Gnade, die mir selbst zuteil wurde, an eine interessierte Öffentlichkeit weiterfließen lassen möchte.

Ich möchte von den Orten, Wesen und Ereignissen erzählen, die ich beobachtet habe, denen ich begegnen durfte und durch die ich mich selbst so sehr verwandelt habe, dass ich als glücklicher Irrer zu gelten habe, stehen mir doch mittlerweile so viele verschiedene Perspektiven zur Verfügung, dass ich mich dem Eindruck nicht entziehen kann, dass ich auf sehr konstruktive Weise in meiner Identität *ver-rückt* worden bin und weiter werde.

Aufgrund einer tiefsitzenden charakterlichen und akademischen Vorbelastung als Pädagoge war die Versuchung groß, ein neues Lehrbuch zu schreiben. Lehrbücher haben aber den Nachteil, dass sie oft zu ernst und wortwörtlich genommen werden und hoffentlich niemand wirklich so krank ist, dass er Lehrbücher liest, wenn er glücklich werden möchte. Ich bin ruhig und gewiss, dass die meisten der in diesem Buch beschriebenen Erfahrungen von allgemeiner Gültigkeit sind und sich ein Sachbuch deshalb vielleicht auch angeboten hätte. Das Dumme ist nur, dass das hier zu Sagende sich einer streng logischen und linearen Begriffs-führung entzieht; und mit menschlichen Mitteln ein Ordnungssystem in die unsichtbare und unsagbare Wirklichkeit bringen zu wollen, ist lächerlich.

Ich habe deshalb die Form eines Lesebuches gewählt und möchte Sie dazu einzuladen, auf den folgenden Seiten verschiedene Stationen und Themen einer seelischen Reise kennenzulernen. Während dieser Reise wird eine unsichtbare Landkarte des menschlichen Bewusstseins sichtbar. Die Beschreibung der Koordinatenpunkte dieser Landkarte des Bewusstseins ist Aufgabe des vorliegenden Buches. Dabei wollen wir nicht den alten Fehler machen, die Landkarte mit dem Territorium zu verwechseln. Eine Landkarte hilft nicht, solange wir nicht unseren individuellen Weg gehen. Der eigene Weg durch das Territorium des Seins ist nirgendwo vorgeschrieben, sondern entsteht Schritt für Schritt – nur, indem wir ihn gehen. Allein das praktizierte Loslassen von seelischen Blockaden, Abhängigkeiten, Identifikationen und Polarisierungen jeder Art führt jeweils zur nächsten Reisestation.

Die vorliegende Reisebeschreibung ist natürlich subjektiv und erhebt weder den Anspruch der Vollständigkeit noch logisch-begrifflichen Richtigkeit. Geschrieben ist sie aus seelischer Perspektive, als Brücke des Verstehens und als Übersetzungshilfe zwischen der geistigen und materiellen Welt. Dieses Buch ist kein wissenschaftlicher Aufsatz, sondern ein praktischer Ratgeber aus der mystischen Praxis des menschlichen Herzens. Es liegt mir fern, jemanden von irgend etwas überzeugen zu wollen. Das ist mir erstens viel zu anstrengend, und zweitens hat jede menschliche Erfahrung einen Wert in sich. Von daher, aus der Beobachtung der eigenen inneren Erfahrungen muss die Überzeugung kommen und nicht aus einem weiteren Buch.

Grundlage des Buches sind mitgeschnittene Tonbandaufnahmen von Vorträgen, die ich anlässlich verschiedener Seminare zu den jeweiligen Themen gehalten habe, so dass die logische Linie der Gedankenführung manchmal einem situationsbezogenen aphoristischen Stil weichen musste und Wiederholungen nicht zu vermeiden waren. Inhalt der Vorträge sind Reflexionen und Abstraktionen innerer Erfahrungen, die ich zwischen 1983 und 1991 gemacht habe.
Bei der Überarbeitung der Vorträge habe ich mich um eine allgemeinverständliche Sprache bemüht. Wenn auch manche geisti-

gen Erkenntnisse auf den ersten Blick wie Wiederholungen ur-
alter Binsenweisheiten erscheinen, so lässt sich doch bei einigen
Themen eine komplexere Darstellung nicht vermeiden. Manche
Sätze sind schwer konsumierbar und möchten langsam verdaut
werden. Der Sinn einzelner Abschnitte des Buches erscheint
ohnehin nur in der durch den Leser zu vollziehenden, intuitiven
Gesamtschau aller Reisestationen.
Nur wenn der Leser bewusst seine eigene Lebenserfahrung in
Beziehung zum Text setzt, können tote Worte zu lebendigen
Wegweisern werden.

Mit etwas Glück kann das Lesen dieses Buches so vielleicht zu
einem Blick in den Spiegel der Selbsterkenntnis für Sie werden,
in dem Sie die Themen und Lösungsstrategien erkennen können,
die zu den nächsten Schritten Ihrer eigenen Verwandlung führen
möchten.

Abkürzungen auf dem Pfad des Herzens gibt es nicht und wo sie
versucht werden, enden sie in der Regel mit der Leuchtschrift:
»Bitte begeben Sie sich zurück an den Anfang!«

Wiederholungen haben wir genug gehabt!
Also fangen wir ganz neu an. Herzlich willkommen!

Markus Langholf,
Cap Sizun, Oktober 1996

WINDREITER

Wenn Blätter winken,
Bäume sich neigen
und Wälder tanzen,
wo ist da der Wind?

Ihn selbst hat
noch niemand gesehen.
Loslassen allein
findet seine geheime Spur.

Immer schon weiter
Geistwindflügel
fliegen rauschend
durch endlosen Raum.

Alles weht durch Dich.
Lass Dich berühren
von Leichtigkeit.

Heiliger Atem,
Windreiterlieder,
ja, so geht es fort und fort...

DER RUF DES HERZENS

ODER

VON DEN NEUEN KONTINENTEN DER WAHRNEHMUNG

Vor dem Hintergrund des vielfach beschriebenen lebensbedrohlichen Zustandes unseres Planeten hat es, angefangen in den USA, seit nunmehr fast dreißig Jahren viele Versuche gegeben, alternative Möglichkeiten der Wahrnehmung zu entdecken. Frustriert und diskriminiert vom lebenszerstörenden Funktionalismus und Materialismus einer einseitig logisch-rational dominierten westlichen Bewusstseinsgeschichte, begannen viele Menschen in fremden Kulturen und Religionen Ausschau nach neuen Formen der Bewusstseinserweiterung zu halten. Im Unterschied zu unserer jüngsten christlich-antiken Tradition mit ihrer Trennung von Subjekt und Objekt, Wahrnehmendem und Wahrgenommenem, wurde so die Hypothese eines neuen Paradigmas der Ganzheitlichkeit und Vernetzung aller Lebensbereiche aufgestellt. Die Folge davon ist eine unüberschaubare Flut von alten und neuen Publikationen zu den Themen Esoterik, Spiritualität und New-Age. Der Markt ist überschwemmt mit Literatur von A wie Astrologie bis Z wie Zen-Buddhismus und entsprechenden Seminarangeboten, die den von unserer spätkapitalistischen Gesellschaft überforderten Zeitgenossen nicht nur einen pflegeleichten Lebenssinn verkaufen, sondern auch schnelle, leichte und bequeme Wege zu einem erfüllten Leben suggerieren. Die gibt es nicht!

Es ist ohnehin erstaunlich, dass ausgerechnet auf dem subtilen und komplexen Gebiet der Mystik und Vergeistigung des Menschen jeder hohlköpfige Talkshowmoderator, der unfallfrei sein Horoskop in der Zeitung lesen kann, glaubt, im New-Age-Trend mitreden zu können, während für alle anderen Bereiche langjährige Ausbildungen und Qualifikationen als selbstverständlich vorausgesetzt werden. Proportional zur Fülle der Neuerscheinungen stieg in der Öffentlichkeit offensichtlich auch die Verwirrung in den Herzen und Köpfen, worum es auf dem geistigen Pfad, dem Weg des Herzens, tatsächlich geht.

Die Beschäftigung mit der Frage nach dem Sinn des Lebens und
dem sogenannten Werte- und Bewusstseinswandel ist zunächst
eine ganz private, fast intime Fragestellung und sollte sich eher
durch entsprechend verantwortetes Handeln und politisches
Bewusstsein als durch weltfremde esoterische Publikationen, spirituelles Halbwissen und New-Age-Heilserwartungen zum Ausdruck bringen. Der geschichtslose, reflektionsfreie, neofaschisti-
sche und immer positive Habitus mancher öffentlicher Vertreter
der Esoterikszene in den vergangenen Jahren erfüllt nicht die
Bedingungen für einen notwendigen, offenen und kritischen gesellschaftlichen Diskurs über die westliche Krise und das verbrei-
tete Bedürfnis nach Spiritualität. Bedauerlicherweise und häufig
nicht zu Unrecht haftet deshalb vielen sogenannten spirituellen
Ideen das Etikett von Weltflucht, Sektiererei und mangelnder
Seriosität an. In einer Zeit des Traditionsverlustes und des Aus-
bleibens positiver gesellschaftlicher Utopien fehlen unserer westlichen Kultur offensichtlich die Vergleichsmaßstäbe, und die entstandene weltanschauliche Vielfalt und allgemeine Orientierungslosigkeit wird gerne von zwielichtigen Erscheinungen
unterschiedlichster Farbe ausgenutzt. Gerade Menschen, die am
Beginn eines neuen Weges stehen, fühlen sich von obskuren
Gruppierungen, Sekten und selbsternannten Gurus angezogen
und suchen seelische Geborgenheit und weltanschauliche
Sicherheit außerhalb von sich selbst.

SEKTEN   Dabei ist in der Umgebung von vermeintlichen und
          authentischen spirituellen »Lehrern«, »Heilern«, »Medien«
und »Gurus« folgendes Gruppenphänomen zu beobachten: Der
einzelne und die Gruppe halten sich kraft ihrer ideellen Zusammengehörigkeit für auserwählt, elitär und für Überlebende
zukünftiger Menschheitskatastrophen.
Im Unterschied zu CHRISTUS, der nachdrücklich vorgelebt hat,
dass derjenige am höchsten steht, der am demütigsten ist, keinen
Unterschied zwischen Himmel und Hölle, oben und unten
macht und allein durch seine Taten dem Leben dient, werden in
solchen Gruppierungen alte Mythen, esoterisches Wissen und
spirituelle Übungen und Rituale aus dem Zusammenhang ge-
rissen, für egozentrische Ziele missbraucht und zur ideologischen

Erhöhung der eigenen Gruppe instrumentalisiert. Das geschieht natürlich immer im Namen GOTTES, eines Gurus, der Botschaft einer außerkörperlichen Wesenheit und zum Wohl des Ganzen, und der unerleuchtete Rest der Menschheit kann mit gutem Wissen diffamiert, diskriminiert und »von oben herab« betrachtet werden. Die Mechanismen von Wunschvorstellungen und selektiver Wahrnehmung, die nur zulässt, was auch in das eigene Weltbild passt, vervollständigen den undurchlässigen weltanschaulichen Dogmatismus gegenüber Öffentlichkeit und Gesellschaft. – Demokratische Erziehung, Psychotherapie und die Schulung von Unterscheidungskraft und Reflexionsvermögen könnten hier wohl mehr Gutes bewirken als jedes weitere Gruppentreffen.

Das beschriebene, besonders deutsche Gruppenphänomen findet sich übrigens nicht nur in ausdrücklich rechten politischen und esoterischen Gruppen, sondern nach meiner Beobachtung auch in der Umgebung integerer Lehrer, die allein am Wachstum ihrer Schüler interessiert sind.

Jeder Wahrheitssucher sollte sich selbstkritisch überprüfen und achtsam sein, inwieweit er anfällig für hierarchische Systeme ist, die im Namen einer wie auch immer gearteten höheren Wahrheit auftreten.

Wer sich auf den Pfad des Loslassens begibt, nimmt Abschied von der modischen Suche in der unverbindlichen Breite weltlicher Marktangebote. Die neue Spiritualität ist nicht irgendwo »dort draußen«. Sie wächst aus den Ruinen der großen Illusion, dass die Kontrolle des Egos über das Leben dauerhaft möglich ist. Wer für sich weiß, dass die Zeit für diese Illusion abgelaufen ist, ist reif für die Abenteuer des Loslassens. Es gibt kein richtiges Leben im Falschen. Wir werden die neue Spiritualität zu verkörpern haben, oder sie wird nicht sein.

Wer sich auf den Pfad des Loslassens begibt, lässt sich auf die Tiefe des Herzens ein und begibt sich in den unumkehrbaren Fluss der Sehnsucht des Lebens nach sich selbst. Wer in den Strom des Loslassens eintaucht, möchte lernen, dass leben fließen bedeutet. Wer zu fließen beginnt, öffnet sich für das Unbekannte: den HÖCHSTEN GEIST, das eigene Selbst, den unbekannten GOTT...

Es ist an uns, diesen Ruf aus dem endlosen Raum aufzufangen und ihm mit unserem Leben zu antworten. Erinnern wir uns!

DIE ÜBERWINDUNG DES   Im Laufe unserer Reise durch verschiedene
EGOS - DAS ZENTRUM   archetypische Stationen des Menschseins
DES LOSLASSENS!   können wir entdecken, dass im Zentrum
des geistigen Pfades, unberührt von den oberflächlichen Wechselfällen der Zeitgeschichte und modischen Angeboten, noch immer die Opferung des Egos durch Selbstüberwindung und Hingabe steht.

Nur wer auf dem Weg der seelischen Entwicklung *die Dornen der Rose* als schmerzhafte, aber notwendige Stufen zur Blüte der göttlichen Liebe entdeckt, findet den Meister in sich selbst und wird frei von Abhängigkeiten, Bindungen und Fremdbestimmung.

Leicht ist das nicht. Das Loslassen des eigenen Egoismus als Ursache menschlichen Leidens ist eine viel zu komplexe, subtile und gegebenenfalls auch gefährliche Angelegenheit, um sie mit modischen Psychoströmungen der »Selbstverwirklichung« und sentimentalen Verklärungstendenzen pseudo-esoterischer Weltflucht zu vermischen. Aber auch die unreflektierte Übernahme östlicher religiöser und spiritueller Inhalte und Formen kann im Wirkungsfeld unseres westlichen kulturellen Kontextes zu geistiger Verwirrung und Entfremdung vom eigenen Selbst führen. Einerseits können wir für das mystische Wissen und den Erfahrungsschatz aus dem Hinduismus und Buddhismus im Umgang mit der unsichtbaren Seite des Lebens dankbar sein. Sie sind eine notwendige Erinnerung an die mystische Seite von Christentum und Islam und ein beispielhaft tolerantes Angebot im Dialog der Weltreligionen.
Andererseits besteht bei vorschneller Übernahme religiöser Angebote fremder Kulturen immer die Gefahr der oberflächlichen Spiritualisierung der äußeren Persönlichkeit und damit einhergehender Attitüden. Auch andere Religionen haben ihre Schattenseiten und können genauso vordergründig fehlinterpretiert werden, wie es den institutionalisierten Christen von »multikulturellen« Vertretern des New Age manchmal vorgeworfen wird.

Dies wird besonders deutlich bei dem mittlerweile auch CHAKREN einer größeren Öffentlichkeit geläufigen Begriff der Chakren. In der vorhandenen New-Age-Literatur gibt es eine Fülle von Veröffentlichungen zum Begriff des »Chakras«. Dabei werden die Chakren meistens in ihrer Bedeutung als Umwandlungsstation zwischen feinstofflichen spirituellen, mentalen, emotionalen, vitalen Energien und dem physischen Körper interpretiert. Nach diesem Modell bilden 7 Hauptchakren eine stufenförmige Hierarchie von unsichtbaren Energiezentren, die sich im menschlichen Energiefeld, in der sogenannten Aura befinden und mit dem Drüsensystem verbunden sind. Ihrer körperlichen Zuordnung entsprechend verlaufen sie vom Steißbein zwischen Anus und Genitalien (Basis- oder Wurzelchakra) zum Schambein, (Sakralchakra) über den Bauch (Solarplexuschakra) und die Brustmitte (Herzchakra) weiter zur Halsmitte (Halschakra) bis zur Nasenwurzel zwischen den Augenbrauen (3. Auge oder Stirnchakra) und zum Scheitelpunkt des Kopfes (Kronen- oder Scheitelchakra). Der Begriff »Chakra« kommt aus dem Sanskrit und bedeutet »Rad», da sich diese Energiezentren in kreisender Bewegung befinden.

Die Chakren nehmen das ursprüngliche LICHT DER TRANSZENDENTEN QUELLE DES LEBENS aus dem Kosmos auf und leiten es durch die verschiedenen Ebenen des menschlichen Bewusstseins bis in die Tiefe der Materie und den Schoß der Lebensenergie. Gleichzeitig öffnen sich die Chakren gemäß der Reife der seelischen Entwicklung, um die Lebensenergie von unten aufzunehmen und durch die Transformation des offenen Herzzentrums nach oben zum Licht des Geistes fließen zu lassen.

Insgesamt besteht die Aufgabe der Chakren in der Harmonisierung und Koordination der vertikalen Hierarchie des menschlichen Bewusstseins zwischen den Polen des Himmels (Transzendenz) und der Erde (Materie).

Das vielleicht bekannteste Symbol für die Einheit der Chakren ist der Davidstern. Die Mitte des Sterns ist unserer Herzzentrum, welches die Polaritäten des nach oben zum väterlichen Licht des Geistigen ausgerichteten Dreiecks und das zur mütterlichen (materiellen) Erde gewandte Dreieck in der Mitte der Liebe integriert, transformiert und transzendiert.

Das Ziel des menschlichen Lebens besteht in diesem fließenden Gleichgewicht der Dreieinigkeit von aufsteigender Lebensenergie, sich absteigend inkarnierender Lichtenergie und der allgegenwärtigen Mitte der sich selbst bewusst gewordenen *bedingungslosen Liebe.* Leben, Licht und Liebe sind eins. Diese Dreieinigkeit beschreibt das Potential des Wahren Selbstes von jedem von uns.

Heutzutage gibt es eine große Anzahl von Methoden und Lehren, die der Aktivierung und Harmonisierung der Chakren dienen und für die Gesundheitsvorsorge und alternative Medizin wachsende Bedeutung erlangen. Doch ist es in der alternativen Medizin ähnlich wie in der traditionell wissenschaftlich-technisch orientierten Medizin: Menschen, die Heilung oder Linderung erfahren haben, vergessen nur zu schnell die seelischen Ursachen, die sie krank gemacht hatten. Viele Menschen missbrauchen unbewusst sogar die alternativen Heilmethoden und erliegen der Täuschung, durch energetische Spielereien und Manipulationen bleibende Veränderungen herbeiführen zu wollen.
Tatsächlich gilt aber: Nur wenn ich die seelischen Irrtümer, die mein Leid verursacht haben, erkannt habe und durch die entsprechende Lektion des Lebens hindurchgegangen bin, kann ich die Vergangenheit loslassen. Das ist die Voraussetzung, um wirklich frei zu sein und in den Fluss des Lebens zurückzukehren und sich weiter zu entwickeln.
Dauerhafte Heilung und Veränderung ist nur durch einen seelischen Prozess der Selbsterkenntnis und des Loslassens möglich. Sonst besteht die begründete Gefahr, mit dem alten Bewusstsein zum wiederholten Mal alte und neue Symptome der Krankheit und Trennung zu erschaffen.

BEWUSSTSEINSRÄUME   In der Diskussion um die neue Spiritualität scheint es für westliche Wahrheitssucher sehr hilfreich zu sein, von einem vordergründigen, ausschließlich energetischem Verständnis der Chakren abzusehen. Das westliches Wissen vom Menschen wurde im Unterschied zur unpersönlichen Transzendenzgläubigkeit Asiens wesentlich stärker von der Idee des Individuums und der Psychologie geprägt.

Es erscheint mir deshalb sinnvoll und hilfreich, das Chakren-modell aus einer energetisch fixierten Wahrnehmung zu lösen und es in einen größeren multidimensionalen räumlichen Zu-sammenhang zu stellen. Für viele Menschen am Beginn ihres inneren Weges ist die Vorstellung von Chakren anfänglich zu fremd und abstrakt. Wesentlich konkreter und durch die persön-liche Erfahrung nachprüfbar ist dagegen die Idee der mensch-lichen Entwicklung in Form einer Reise der Seele durch verschie-dene Räume des Bewusstseins.

Das Modell der Chakren kann so gesehen eine Metapher für in-einandergeschachtelte Räume des menschlichen Bewusstseins sein, indem die Chakren die Frequenz für die jeweilige Dimen-sion des Bewusstseins vorgeben. Aus dieser Perspektive wird eine tiefere Bedeutungsebene der Chakren sichtbar, die sie uns als Tore zu archetypischen Erfahrungen der Menschwerdung zeigt.

Wenig Beachtung in der vorhandenen Literatur findet in diesem Zusammenhang der geistige Hintergrund der Chakren – die in den vorhinduistischen Offenbarungsschriften der Veden erwähn-ten »Lokhas«. Diese »Lokhas« können wir uns als Bewusstseins-sphären vorstellen, die die menschliche Seele während ihrer Reise vom Bewusstsein der Dualität in das Bewusstsein des Einsseins durchläuft. (Davon abgesehen gibt es auch transzendente Lokhas – die Ebenen und Dimensionen der sogenannten Götter und anderer hoher »göttlicher« Frequenzen des HÖCHSTEN GEISTES.) Innerhalb der erdbezogenen Dimensionen begegnet die Seele archetypischen Themen des Menschseins, die als Aufgaben, Prüfungen und Rätsel erkannt, gelöst und überwunden sein wollen und in ihrer Gesamtheit einen intelligenten, auf das indi-viduelle Schicksal abgestimmten Lebensplan ergeben.

Aufgabe dieses Buches ist die literarische Beschrei-bung dieser Bewusstseinsräume, der Versuch einer »Psychologie der Chakren«, die die Struktur und Systematik des Loslassprozesses analog zum menschlichen Ent-wicklungsprozess sichtbar werden lässt.

PSYCHOLOGIE
DER CHAKREN

Auch die Leser, die noch nie etwas von Chakren gehört haben oder hören wollen, werden so vielleicht an den uralten westlichen Mythos vom Helden erinnert und bekommen Lust, den eigenen

inneren Helden, ihre Seele, wieder kennenzulernen und ihr auf
den Weg zu helfen.

DIE UNTEREN   In Folge der abendländischen, theologischen Ideolo-
CHAKREN   gie der Abspaltung des irdischen Lebens von einem
»höherwertigen« geistigen Leben im Jenseits und in
Folge einer patriarchalen Überbewertung des logischen Verstandes, wurden die materiellen, sexuellen, emotionalen und
seelischen Bedürfnisse und Erfahrungen – analog zu den
»unteren Chakren« und der unteren Körperhälfte – als niedrig,
minderwertig und als erkenntnistheoretisch irrelevant behandelt.
Damit haben wir uns zugleich von unserer lebendigen Verbindung mit dem Lebewesen Erde, von der Intelligenz unseres
physischen Körpers, unseren seelischen Wurzeln und unserer
Wahrnehmungsfähigkeit abgeschnitten. Wir haben den Zugang
zur weiblichen, mütterlichen Seite des Lebens verloren. Die
ersten Kapitel des Buches handeln von der Rückeroberung dieser
bisher unbewussten Territorien unseres Bewusstseins.

Die Wiederentdeckung, Heilung und Integration der unteren,
erdbezogenen, sexuellen, sinnlichen und psychischen Erfahrungsräume ist allerdings nicht schon mit einem geistigen Leben
gleichzusetzen.
Die Heilung und Integration der unteren Bewusstseinssphären ist
notwendige Voraussetzung, um als ganzer Mensch auf dem
geistigen Pfad Boden unter den Füßen zu haben und nicht
manipuliert werden zu können. Wir können das »seelische Selbsterfahrung« nennen, denn erst wenn ich weiß, woher ich gekommen bin und wer ich bin, kann ich selbstlos werden. Wenn ich
nach spirituellen Höhen strebe, ohne physisch, sexuell und emotional integriert zu sein, besteht die Gefahr der Scheinheiligkeit.
Das tatsächliche geistige Leben beginnt allerdings erst später und
verlangt mehr als die Bereitschaft zu Selbsterfahrung.

Heutzutage besteht eine typisch westliche Attitüde, Psychologie
und Spiritualität in einen Topf zu werfen und psychische Integration und Selbsterfahrung mit transzendenten Kräften zu verwechseln und zu vermischen. Viele Menschen lassen sich von

ihren ersten intensiven seelischen Selbsterfahrungen dergestalt
beeindrucken, dass sie fortan in der Illusion leben, ein veränder-
tes Körperbewusstsein und emotionale Heilung seien bereits mit
Spiritualität gleichzusetzen. Neben einer narzisstischen Fixierung
auf die eigene Psyche und den eigenen seelischen Zustand führt
diese Haltung zu einer Inflation des Egos mit spirituellen Inhalten (Szenejargon), die weder reflektiert, geschweige denn gelebt
sind. Diese Erscheinungen des Zeitgeistes sind vermutlich nur
vor dem Hintergrund des Verlustes unserer westlichen schamani-
schen und christlichen Tradition möglich, und ihre Kurzlebigkeit
ist absehbar.

Das Loslassen von physischen und psychischen   GRENZEN
Bindungen und Abhängigkeiten auf den »unteren«   DES LOSLASSENS
Anfangsstationen der seelischen Entwicklungsreise
schafft die Voraussetzung für einen spirituellen Lebensweg, ist
mit demselben allerdings nicht zu verwechseln. Die Loslassarbeit
ist eine Methode der menschlichen Selbsthilfe zur Lösung und
Heilung seelischer unbewusster Lasten und zur Öffnung für den
Raum der Transzendenz. Loslassen bedeutet geduldige, ehrliche
Arbeit am eigenen Charakter und hört als menschlicher Ent-
wicklungsprozess niemals auf.
Die Releasingarbeit erleichtert dabei als eines von vielen Hand-
werkszeugen den Weg. Sie ersetzt aber keine einzige zu treffende
Entscheidung und Handlung des einzelnen. Loslassen macht uns
leer vom Müll der seelischen Vergangenheit und von der Unwissenheit der Trennung von uns selbst. Loslassen ist aber nur
eine Hilfe und Vorbereitung auf die Prüfungen des Lebens, in
denen sich jeder Mensch allein bewähren muß.

Wenn wir leer sind, mögen wir wieder die leise Stimme der Intuition hören, die uns die Entscheidungen und Abenteuer zeigt,
die wir bestehen müssen, um unser Schicksal erfüllen zu können.
Letztendlich muss das Bewusstsein des loslassenden Subjekts
selbst überwunden und losgelassen werden. Darauf kommt es an.
Darauf arbeiten wir hin.
Versuchen wir aber zunächst, uns ganz leer zu machen, alles An-
gelesene zu vergessen, das alltägliche Welt- und Mediengetümmel

noch nicht einmal zu ignorieren und uns selbst wie der erste
Mensch zu fragen: Was können wir wirklich wissen?

DER TOD   Alles, was wir als Menschen vom Leben wirklich
ALS MASSTAB   wissen können, ist das Wissen um die Begrenzung des
           Lebens durch den Tod – das Wissen um unsere Sterb-
lichkeit. Wenn wir den Fluss des Lebens einfach, still, nüchtern
und vorurteilsfrei beobachten, müssen wir uns eingestehen, dass
nichts bleibt. Alles ist in ständiger Verwandlung, und der Tod ist
der Herrscher des irdischen Lebens.
Genau diese natürliche Gesetzmäßigkeit, den natürlichen, zyklischen Kreislauf von »stirb und werde«, hat der Mensch schon
immer zu überwinden versucht. Die Dynamik der Grund-
gegensätze von Leben und Tod wurde dabei durch menschliche
Philosophien bis zur Unkenntlichkeit verbogen und verzerrt. So
wurde die zerstörerische »dunkle« Seite des Lebens als böse und
teuflisch bewertet und im Dienst einer jenseitigen Erlösungs-
philosophie unterdrückt und verurteilt. Der stetige Fluss der Zeit
und die ununterbrochenen zyklischen Verwandlungen aller irdischen und menschlichen Formen führten zu einer Dämonisierung des Todes, die die Spaltung von Leben und Tod zur Folge
hatte.

Wir leben noch in den Ausläufern einer Zeit, in der das Leben
und Sterben von JESUS CHRISTUS durch patriarchale Institutionen
und deren Schafe grotesk verzerrt und entstellt wurde, und die
Erlösung des Menschen außerhalb des Lebens – im Tod – als
Belohnung für ein unterdrücktes Leben propagiert wird. Andere
Philosophien versuchten die beunruhigende, unaufhörliche zyklische Bewegung und den steten Wandel der Gegensätze zu transzendieren, und verwechselten dabei Stagnation, Körper- und
Lebensfeindlichkeit und Weltflucht mit tatsächlicher Transzendenz.

Heute leben wir in einer Gesellschaft, in der die Extreme der
Selbstzerstörung – des Todestriebes einerseits und der Flucht vor
dem Tod andererseits – im gesellschaftlichen Alltag zum unaus-
gesprochenen »Common Sense« geworden sind.

Vor diesem kulturellen Hintergrund erscheint die ganze Debatte um wirtschaftliche Globalisierung – zumindest dort, wo sie im Geist des Neoliberalismus auftritt – als kurzsichtiger Wettlauf von Ignoranten, die die Begrenzung der natürlichen Ressourcen, ihre eigene Sterblichkeit und das Gleichgewicht des Lebenszusammenhangs nicht zur Kenntnis nehmen wollen.

Die Angst vor dem ständigen Wandel des Lebens   SICHERHEITEN und die Urangst vor dem Tod lässt uns nach der Illusion der Sicherheit streben. Sicherheit suggeriert uns persönliche Macht und Bedeutung in einem Geschehen, das größer als unser personales Bewusstsein ist. Der Ruf des Herzens nach einem sinnvollen und erfüllten Leben, die stille Frage nach dem Sinn des Ganzen, wird überhört, betäubt und durch den Überlebenskampf um materielle, soziale, psychische und intellektuelle Sicherheiten kompensiert. Sicherheiten gibt es viele in allen nur erdenklichen Formen. Wir kennen das Streben nach materiellem Besitz und das Streben nach sozialer Sicherheit durch gesellschaftliche Anerkennung unserer privaten und beruflichen Umgebung, die uns das Gefühl vermittelt, gebraucht zu werden. Sicherheit kann uns aber auch ein religiöser Glaube, eine intellektuelle Philosophie oder eine politische Ideologie geben, die wir niemals durch unsere eigene Erfahrung überprüft haben. Viele Menschen tragen ihre mental konstruierten Weltbilder wie mittelalterliche Rüstungen und verwechseln ihre starrsinnigen Ideologien mit Integrität. Sicherheiten können uns auf allen Ebenen des Menschseins binden, abhängig machen und versklaven. Sicherheiten können materieller, sexueller, emotionaler, sozialer, ideeller und sogar religiöser Art sein. Sie flüstern uns ein, wir seien auf dem richtigen Weg, denn wir haben immer gute Gründe, Argumente und Entschuldigungen parat. Mehr noch als vor unseren Lügen gegenüber uns selbst, fürchten wir uns vor unseren Urängsten, die der tatsächliche, aber unbewusste Beweggrund für unsere in Sicherheit erstarrte Situation sind. Auch Zynismus ist so gesehen eine seelische Abwehrhaltung, die uns die Illusion vermittelt, über dem Leben zu stehen und unerreichbar zu sein.

Sicherheitsdenken im Sinne der Kompensation von Urängsten,
der Flucht vor dem Leben und dem Tod findet sich auch in allen
Formen der Sucht wieder. Heute ist bekannt, dass es nicht nur
die klassischen Alkohol- und Drogensüchte gibt, sondern dass
das menschliche Ego von der Sexsucht über die Konsumsucht bis
zur Internetsucht alle Tätigkeiten zur Sucht werden lassen kann,
wenn die entsprechenden biographischen und seelischen Voraussetzungen dafür gegeben sind.

VERSTAND   Die gesellschaftlich üblichste, selbstverständlichste
GEGEN SEELE   und spätestens seit dem Sieg der rationalen und
              positivistischen Vertreter der Aufklärung legitimste
Form des Sicherheitsdenkens, findet sich in der Kontrolle und
Unterdrückung der Seele durch die mentale, d.h. gedankliche
Tätigkeit des in festen, begrifflichen Gegensatzpaaren operieren-
den Verstandes. In Folge einer einseitig rational-patriarchalen
Wahrnehmungstradition werden sexuelle, emotionale, seelische
und spirituelle Bedürfnisse ins Unbewusste verbannt und als
irrational, unnützlich und erkenntnistheoretisch minderwertig
gebrandmarkt. Das ist zwar nichts anderes als kollektiv akzeptier-
ter erkenntnistheoretischer Totalitarismus in der Binnenwelt des
persönlichen Bewusstseins, aber als philosophisch legitimierte
Kontrolle des Individuums ist er ausgesprochen wirksam und
wird von der gesamten modernen westlichen Gesellschaft als kulturelle Bedingung ihrer Existenz stillschweigend akzeptiert.
Dabei geht es auf dem Pfad des Herzens nicht um unkontrollier-
tes Ausleben unbewusster Triebe im Dienst einer falschverstande-
nen egozentrischen Selbstverwirklichung.
Die unbewussten, vitalen, emotionalen und seelischen Wünsche
müssen in das offene Herz und ein lernfähiges Bewusstsein
Schritt für Schritt integriert und verwandelt werden. Das ver-
breitete Bedürfnis vieler Menschen nach der Integration »weiblicher« Bewusstseinsanteile und einem sinnvollen Leben kann
nicht im Namen einer einseitig rational definierten Vernunft
verurteilt werden. Wo dies geschieht und Lebendigkeit und
Liebesfähigkeit im Namen eines effizienten »kalten« Denkens
unterdrückt werden, zeigt sich die Demagogie der Vertreter der
entsprechenden gesellschaftlich mächtigen und etablierten Inter-

essengruppen. Rationalität ist nur vernünftig, wenn sie Raum lässt für menschliche Bedürfnisse und wenn sie ein Medium ist, um das Licht des Geistigen hindurchscheinen zu lassen.

Der alte abendländische Konflikt zwischen Romantikern und Rationalisten wird sich im Zuge der Gehirnforschung über das Gleichgewicht der Gehirnhälften und ihre komplementären Wahrnehmungsfunktionen mittelfristig vermutlich sowieso als überflüssig erweisen. Rationalität und seelische Sensibilität brauchen sich gegenseitig und müssen zusammenarbeiten.

Natürlich gehört auch das Denk- und Reflexionsvermögen zur Ganzheit unseres Seins. Es ist das Handwerkszeug, das wir zur Analyse und Koordinierung der sichtbaren, physikalischen Welt brauchen. Rationalität ist nicht überflüssig, sondern hat zudem die Aufgabe der reflexiven Überprüfung der seelischen Wahrnehmung hinsichtlich ihrer Bedeutung und praktischen Durchführbarkeit in der Welt.

Viele Menschen, die heutzutage therapeutische und spirituelle Selbsterfahrung machen, vermeiden fortan die Anstrengung des sich selbst reflektierenden Denkens, so dass seelische Erfahrungen nicht verarbeitet und in das alltägliche Bewusstsein integriert werden. Es entsteht der Typus des »New-Age-Spiris«, der alles fühlt und nicht weiß, wovon er spricht. Erst die Verbindung von Rationalität und Sensibilität führt zur Entwicklung von Unterscheidungsvermögen – verstanden als Radarsystem unseres Bewusstseins, Wesentliches von Unwesentlichem zu unterscheiden und inneres und äußeres Leben sinnvoll miteinander zu verknüpfen.

Die Entwicklung des Unterscheidungsvermögens ist ein langer Weg, und soweit sind wir an dieser Stelle noch nicht. Zunächst wollen die weiblichen Kontinente der Wahrnehmung zurückerobert werden, und dazu bedarf es mutiger Abenteurer des Herzens.

Wenn es um die Dimension der Seele und des Geistes geht, ist das begrenzte, sprachliche Instrumentarium des Verstandes denkbar ungeeignet. Genauso unmöglich ist es, mit einer Gabel   »WEIBLICHE« WAHRNEHMUNGS- FORMEN

Suppe zu essen. Naturwissenschaftliche Objektivierbarkeit
bedeutet eben nicht Liebe zur Wahrheit, sondern ist ein intellektueller Machtanspruch, der sich auf Dauer selbst zerstört. Wenn
wir die Ganzheit unseres Selbst und des einen Seins wieder erfahren wollen, brauchen wir neue, fühlende, empfindende und
intuitive Weisen der Wahrnehmung. Heutzutage finden wir bei
den meisten Zeitgenossen nach wie vor eine Dominanz der
»männlichen«, analytischen, sprachlichen, linken Gehirnhälfte
und eine Unterdrückung der »weiblichen«, intuitiven, rechten
Gehirnhälfte.

An dieser Stelle aber den alten Gegensatz zwischen männlich-
rationaler und weiblich-intuitiver Wahrnehmung zu rekon-
struieren und immer wieder neu zu beleben, ist erkenntnistheoretisch und empirisch überholt. Wer noch Gefallen daran
findet, hat nicht begriffen, dass beide Weisen der Wahrnehmung
sich gegenseitig brauchen, ergänzen und für unterschiedliche
Sphären und Lebensbereiche verantwortlich sind. Es ist allerdings
sehr interessant, uns selbst zu fragen, warum wir unsere intuitive
Seite, die für die Wahrnehmung der Gegenwart, der Emotionen,
des Herzens, der Kunst, der Träume und der Geistigkeit zustän-
dig ist, so sehr unterdrücken, kontrollieren und uns vor uns selbst
fürchten.

ANGST VOR   Es ist die älteste Angst des an Raum und Zeit
KONTROLLVERLUST   gebundenen relativen Bewusstseins: Die Angst
                 vor dem Verlust des dreidimensionalen Be-
wusstseins. Die Angst vor dem Tod unseres Egos! Die Angst, die
Kontrolle zu verlieren. Die Nacktheit unseres Daseins, das Ange-
wiesensein auf Liebe und die Angst zu lieben fürchten wir oft
mehr als alles Scheitern in anderen Lebensbereichen.

Wie wir an uns selbst überprüfen können, dient der Wunsch
nach Sicherheit und Kontrolle vor allem dem Wunsch nach Anerkennung, Beständigkeit und Bedeutung in einer flüchtigen
Welt der Vergänglichkeit. Dieser Wunsch nach Anerkennung von
außen ist es, der uns aus der ursprünglichen Verbundenheit mit
unserem Herzen hinauszieht in die Welt und uns zu Materialismus und Egozentrik verführt.

Anstatt wir selbst zu sein, wollen wir »etwas« oder »jemand« werden. Sind unsere Wünsche nach Anerkennung in Erfüllung gegangen, nimmt die Angst vor dem Verlust des Erreichten von uns Besitz. Wir bleiben innerlich unbefriedigt und projizieren neue Wünsche in die Welt. Wir kommen nie zur Ruhe. Wir sehen und begegnen niemals uns selbst und landen im Teufelskreis von Gier, Abhängigkeit, Selbstgerechtigkeit und der Flucht vor uns selbst. Wovor fliehen wir wirklich? Wir fliehen vor unserer kreatürlichen Bedürftigkeit und Sterblichkeit, und damit fliehen wir ausgerechnet vor unserer einzigartigen Menschlichkeit. Wir können unsere Einsamkeit nicht ertragen und unser Alleinsein nicht aushalten. Wir wollen uns nicht eingestehen, dass wir ohne Sinn und Liebe nicht leben können.

Ein Mensch, der durch die Wechselfälle des Lebens noch nicht gelernt hat, dass er ohne Liebe nicht leben kann, dass das Fehlen von Liebe in seinem Herzen das geheime Motiv für alle seine weltlichen Bestrebungen nach Anerkennung, Ruhm und Reichtum ist – ein solcher Mensch mag alles Wissen des Informationszeitalters in seinem Gehirn gespeichert haben, über sich selbst hat er noch nichts gelernt. Wenn wir nicht Demut vor uns selbst und Zivilcourage gegenüber unserem menschlichen, planetarischen, lebendigen Zusammenhang praktizieren, werden wir an unserer intellektuellen Hybris und bequemen Selbstgefälligkeit zugrunde gehen. Es gibt keinen Menschen, der auf Dauer ohne Liebe leben könnte, und diejenigen, die zwischen dem unbewussten, emotionalen Bereich des Bauches und dem Herzen nicht differenzieren können, verwechseln Kitsch und Sentimentalität mit der Sprache der Seele und verurteilen den kindlichen und weiblichen Teil des Menschseins. Wir brauchen sehr viel Mut, Demut, Lebenserfahrung und Aufrichtigkeit, um uns in unserem Alleinsein dem uns durchdringenden und uns umgebenden Sein zu stellen und uns unsere Abhängigkeit von Liebe – der einzigen Bedingung unserer Freiheit – eingestehen zu können.

ABHÄNGIGKEIT VON LIEBE

Das Erwachen dieser Einsicht ist der Beginn der Selbstverantwortung.

Ich bin mir dabei vollkommen bewusst, dass eben dieses Bedürfnis nach Liebe und Geborgenheit genau jenes seelische Bedürfnis ist, das von vielen Gruppen, Therapeuten und selbsternannten Gurus ausgenutzt wird, um sich selbst, die eigene Gruppe und die eigene Arbeit in einen transzendenten Zusammenhang zu stellen und religiös zu überhöhen, anstatt die seelische Entwicklung des einzelnen zu Selbstreflexion, Selbstverantwortung, Selbständigkeit, Selbstbestimmung und Selbstliebe zu fördern. (Gruppenrituale ersetzen dann oft genug seelisches Wachstum.) Die Alternative zum Missbrauch des seelischen Urbedürfnisses nach Liebe kann aber nicht sein, dieses Bedürfnis zu verleugnen, abzutöten, lächerlich zu machen oder mit dem Bereich der Emotionalität und Sentimentalität in einen Topf zu werfen.

Die Gleichstellung von Sexualität, Gefühl und Liebe ist eine unseriöse Vereinfachung und kein Argument gegen die Integration der Seele. Hier fehlen uns noch einige geisteswissenschaftliche Unterscheidungskriterien zwischen Emotionalität und Herz.

Sich selbst die Abhängigkeit von Liebe einzugestehen, bedeutet auch, die Mitmenschen um Hilfe bitten zu können und in der Stunde der größten Not das Herz seit im Unbewussten versunkenen Zeiten wieder zu öffnen, seelisch nackt zu sein und sich anzuvertrauen.

In diesem Moment können neue springlebendige, verwandelnde Begegnungen geschehen – mit dem Wort, das sich im Herzen aus der Stille formt, mit sich selbst, mit anderen Menschen oder auch mit einer Naturerfahrung, denn der HÖCHSTE GEIST des Lebens spricht in der Liebe die Sprache aller Menschen und Lebensformen und zeigt sich im Moment unserer Öffnung in der Sprache, die wir verstehen können.

Die Erfahrungen, die wir mit dem übergeordneten Thema der Liebe gemacht haben, ist die unsichtbare Geschichte unseres Lebens – es ist die Geschichte unserer Seele – im Unterschied zur äußeren, biographischen Geschichte unseres Lebens. Die innere

Geschichte wird in der öffentlichen Biographie unseres Lebens als Gleichnis widergespiegelt, ist aber im Unterschied zu dieser nicht durch Geburt und Tod begrenzt.

Der Ruf des Herzens, die Sehnsucht der Seele nach wirklicher Liebe und nach dem Licht der Wahrheit bleibt, auch wenn wir tausendmal von unseren Eltern und Partnern abgelehnt wurden. Wir sollten nicht unser spirituelles Urbedürfnis nach Liebe als Ursache für unseren Schmerz bekämpfen, verteufeln und abtöten. Die Tatsache, dass wir unsere Liebe von äußerer Anerkennung abhängig gemacht haben und niemals lernten, uns selbst zu lieben und sein zu lassen, hat uns krank, gierig, verlogen, unglücklich, verächtlich und hilfsbedürftig gemacht.

An dieser Stelle sei auch noch einmal die Warnung angebracht, das spirituelle Urbedürfnis nach *bedingungsloser,* sogenannter *göttlicher Liebe,* durch die Anerkennung von spirituellen Lehrern finden zu wollen. Wirkliche geistige Lehrer reagieren nicht auf die Projektionen ihrer Schüler, was von den Betroffenen dann oft fälschlicherweise als persönliche Zurückweisung interpretiert wird. Manche lernen daraus, manche beginnen – noch mehr spirituelle Anstrengung im Gesicht tragend – wieder von vorn.

SPIRITUALITÄT ALS KOMPENSATION

Tatsache ist, dass viele im Westen aufgewachsene, spirituell interessierte Menschen, die sich selbst als Anhänger oder »Devotee« eines Meisters oder Gurus bezeichnen, gar nicht mitbekommen, dass sie ihren eigenen unbewussten, regressiven, psychischen Strukturen zum Opfer fallen und im Guru einen Ersatz für die unerledigte Geschichte mit ihren Eltern suchen.

Die Konfrontation mit den eigenen Selbstbildern und Illusionen – an und für sich eine Selbstverständlichkeit für Wahrheitssucher – ist heutzutage in guten Therapieformen sicherlich effektiver und für das Ego unbequemer, als sich in spirituellen Gemeinschaften in Wolkenkuckucksheime zu träumen und alle Widersprüche im Leben mit einem göttlichen Willen und göttlichen Zeichen wegzuverklären.

Für einen angehenden Wahrheitssucher verbietet es sich, das spirituelle Bedürfnis zur Vermeidung der Integration des Unbewussten und als Flucht vor der Welt und vor gesellschaftlicher Verantwortung zu missbrauchen. Andererseits können aber auch Selbsterfahrung und Integrationsarbeit am Unbewussten zu narzisstischer Selbstbespiegelung führen, wenn sie nicht vor einer transzendenten Instanz verantwortet werden und zu verändertem, konstruktivem Verhalten führen.

Flucht vor dem SELBST in unserem Herzen kann in jede Richtung stattfinden: in die Sexualität und Emotionalität, in die Rationalität, in die Vergangenheit, in die Zukunft, in die Transzendenz und in jeder Weise nach außen in die materielle Welt.

Begegnung mit dem SELBST findet nur im Inneren und in der Gegenwart des jeweiligen Augenblicks statt. Die Sprache des Herzens ist schwer zu hören, gerade weil sie einfach ist und aus der Stille kommt. Unsere Motive müssen rein und absichtslos sein, um mit dem Bewusstsein in den Umkreis unseres Herzens eintreten zu können. Wenn wir den nötigen Mut, die Demut, die Geduld, Ausdauer und Absichtslosigkeit mitbringen, die Offenheit unseres Herzens auszuhalten, wird uns in der Stille des Herzens das vergessene Kind des Lebens begegnen.

DAS GEISTIGE KIND   Dieses Kind des Lebens sind wir selbst – es ist unsere Seele. Im Herzen unseres Herzens wohnt das geistige Kind des Lebens, der eingeborene CHRISTUS, KRISHNA, NARAYANA – DAS INNERE LICHT. Dies ist der spirituelle Kern unserer Seele, das Boot, das uns durch Sehnsucht, Hingabe und Loslassen auf dem Fluss des Lebens zurück zum Ozean des Seins führen kann.

Die Erfahrung der Rückkehr in das Reich des Geistes durch eine in ihrer Intensität stetig wachsende Liebesbeziehung mit der QUELLE DES LEBENS in uns, ist universell und von Raum, Zeit und gesellschaftlichen Umständen unabhängig möglich. Das Bewusstsein der Seele über sich selbst weiß, dass sie vom GEIST abstammt, selbst GEIST ist und als Geist zum HÖCHSTEN GEIST

zurückkehren wird. (Im Unterschied dazu müssen Gespenster leider draußen bleiben.)
In diesem Sinn gibt es auch keine Religion oder spirituelle Richtung, die besser oder schlechter als eine andere ist. Wir müssen unsere intellektuelle Verhaftung an das sprachlich definierte Denken in Formen und religiösen Dogmen loslassen lernen. Als sich selbst bewusstes Sein, als »das göttliche Auge«, ist der HÖCHSTE GEIST des Lebens zugleich außerhalb und innerhalb der Schöpfungen und kann jede Form und jeden Namen annehmen, der gemäß der Mentalität und Geschichte der individuellen Seele für Ihre Entwicklung am besten ist. Jeder Mensch zieht die spirituelle Richtung an, die seine Seele für ihre Entwicklung braucht. Der Gedanke der seelischen Entwicklung ist entscheidend und nicht die historisch, sprachlich und logisch »richtige« Religion.

»Neues Zeitalter« bedeutet so gesehen, dass ein weniger form- und sprachfixiertes Bewusstsein der gegenseitigen kreatürlichen Bedingtheit und geistigen Einheit aller Wesen auf der Erde durch die Gleichzeitigkeit wachsender individueller Erfahrungen vieler Menschen geboren, aber nicht »medial« von oben verkündet werden kann.

Vor dem Hintergrund unserer bisherigen, menschlichen Erfahrungen müssen wir gemeinsam lernen, die zweite Hälfte der Aufklärung, die seelische Integration des Menschen, nachzuholen und die spirituelle Einheit der Weltreligionen anzuerkennen. Wir sollten damit aufhören Namen, Formen, Ritualen und Hierarchien mehr Glauben zu schenken als dem LEBENDIGEN GEIST, der uns gleichzeitig Bewusstsein, Seele und Körper gegeben hat und in unserem eigenen Herzen als verborgene Blüte im Glanz stiller und einfacher Schönheit wohnt.

Insofern ist dieses Buch eine Einladung an den Leser, auf den Ruf im eigenen Herzen zu hören und die Länder des Bewusstseins, die in diesem Buch entfaltet werden, auch als Landschaften der eigenen Seelenwanderung wiederzuerkennen.

REISEFIEBER   Als Reisevorbereitung sollte der
                 Wahrheitssucher folgende Fragen für sich klären:

*Sind Sie bereit, sich auf Ihren ganz persönlichen Pfad des
Herzens einzulassen und zu lernen, Ihre Illusionen und falschen
Sicherheiten loszulassen?*

*Können Sie fühlen, dass Sie sterben müssen, und wissen Sie in
Ihrem Herzen, dass Sie im Angesicht des Todes nichts zu verlieren haben, weil Ihre jetzige persönliche Identität eines Tages
ohnehin sterben muss?*

*Sind Sie bereit, sich aus der Anerkennung des gesellschaftlichen
Mainstream zu lösen und den Weg der Wahrheit Ihres Herzens
auch gegen Widerstände weiterzugehen –
auch wenn das bedeutet, eine Zeitlang ganz allein zu sein?*

*Sind Sie bereit, Ihre Liebe zum Lebendigen an die allererste
Stelle in Ihrem Leben zu stellen und für den Zusammenhang
des Lebens einzustehen?*

*Möchten Sie ein Abenteurer des Herzens werden, oder eine
Abenteurerin vielleicht?*

Entscheiden Sie sich!
Könnte für lange Zeit die letzte Gelegenheit sein.

Aufwachen! Herz ist Trumpf!

Denken Sie einen Moment daran, was Sie im Leben am meisten
lieben: Ihren Partner, einen Freund, Ihre Kinder, eine Landschaft
oder was auch immer. Versuchen Sie einen Moment, diese aus
Ihrem Herzen kommende Liebe in Ihrer Vorstellung über das
gewählte Objekt Ihrer Liebe hinaus über die gesamte Erde auszudehnen und achten Sie diesen einen Augenblick, der aus der
Stille von überall spricht:

Das Leben ist ein Geschenk, nimm es an.

Das Leben ist ein Abenteuer, wage es.

Das Leben ist Verantwortung, trage sie.

Das Leben ist eine Gelegenheit, nutze sie.

Das Leben ist Schönheit, lobe sie.

Das Leben ist ein Versprechen, erfülle es.

Das Leben ist ein Puzzle, löse es.

Das Leben ist eine Reise, beende sie.

Das Leben hat ein Ziel, erreiche es.

Sri Sathya Sai Baba

1

DIE GEBURT
DES SEELENBEWUSSTSEINS
UND
DIE HEILUNG DES URVERTRAUENS

EIN TRAUM   *Als ich nicht mehr Kind war und noch nicht erwachsen und nirgendwo mehr im Innen und im Außen Kraft zum Leben noch zum Sterben finden konnte, bekam ich eines Nachts Besuch von einem fremden jungen Mann.*
Er streckte mir seine Hand entgegen und sagte: »Komm mit!«
Mangels Alternative in meinem alltäglichen Leben und aufgrund seiner vertrauenerweckenden, warmherzigen Ausstrahlung kam ich mit. Wir gingen viele Stunden durch ansteigendes Gelände und kletterten zielstrebig über schmale Pfade, steile Hänge und Felsen in das Hochgebirge. Während der ganzen Zeit blieb es nachtdunkel und nur ein schwaches Zwielicht ließ Konturen erahnen. Schließlich hielten wir direkt zwischen den höchsten Gipfeln auf einem schmalen Grat an. So weit und tief das Auge reichte: Überall war nichts als ein, von einigen blassen Wolken durchwanderter, undurchdringlicher, schwarzer Abgrund.
Seitdem ich meinen Bergführer getroffen hatte, war nicht mehr gesprochen worden.

Jetzt sagte er nur: »Spring!«

Nicht weil ich ein Held war, sondern, wie gesagt, mangels vernünftiger Alternativen und aufgrund einer Kraft, die mich aus meinem Oberkörper in die Tiefe zog, sprang ich halb und wurde halb gesprungen.

Die Ankunft auf dem Grund war gleichzeitig ein Erwachen.

Mein Herz hatte die panische Angst vor der Materie verloren und war zum ersten Mal geheilt. Ich sah ein Tal in goldenem Licht und eine Stimme sprach in mir:

> *»Jetzt wirst Du nie mehr vergessen, dass Du eine unsterbliche Seele bist.«*

Als ich davon erwachte, blieb das Licht für eine Woche in meinen Augen, und ich konnte direkt in die Herzen der Menschen mit all ihren Gedanken und Gefühlen sehen, während ich weiter mühselig versuchte, mein Abitur nachzumachen.
Zum ersten Mal in meinem Leben hatte ich keine Depressionen und keine Angst.

Erst viel später lernte ich den Namen des fremden jungen Mannes kennen.

In der sichtbaren Welt beginnt unsere Lebensreise mit der Geburt. Auf dem geistigen Pfad haben wir nur eine Chance, den zahlreichen Fallen unseres Egos auszuweichen, wenn wir uns unserer Sterblichkeit bewusst geworden sind.

Wir beginnen mit dem Tod.

Der im Massenbewusstsein unserer Zeit treibende   LEHRER TOD
Mensch empfindet den Tod als Endpunkt einer Zeit-
achse, die von der Vergangenheit seiner Geburt in die Zukunft des Todes reicht. Ein Abenteurer auf dem Pfad des Herzens ist sich der Gegenwart seines Todes bewusst geworden, und anstatt ihn zu fürchten, nutzt er den Tod, um die Prioritäten seines Lebens neu zu ordnen. Ein solcher Mensch weiß: »Ich habe nichts mehr zu verlieren, außer dieses Leben, das ich eines Tages ohnehin loslassen muss.« Der Tod befindet sich bildlich gesprochen hinter ihm, und er lebt von Augenblick zu Augenblick, von Situation zu Situation in der Offenheit des Lebensflusses. Diese Erkenntnis schenkt ihm die notwendige Kraft, um die Eigenschaften der Ausdauer, Geduld und Beharrlichkeit zu entwickeln, die auf der langen Reise durch die Dualität dringend erforderlich sind. Der aufrichtige Sucher der Wahrheit sollte vor Beginn seiner Reise auf dem Pfad des Herzens innerlich mit seinem bisherigen Leben abgeschlossen haben.

In der heutigen Zeit sind es oft Schicksalsschläge wie schwere Krankheiten, Unfälle, Tod von Familienmitgliedern, Verlust der Arbeitsstelle oder aber auch die Geburt von Kindern und die Änderung der Familienverhältnisse, die viele Menschen zur kritischen Überprüfung ihrer bisherigen Lebensführung bringen. Diese Schicksalswendungen wecken uns oft unvorbereitet, schnell und schmerzhaft auf und lassen uns erkennen, inwiefern wir bisher in falschen Sicherheiten und fremdbestimmten Abhängigkeiten und somit nicht unserer inneren Wahrheit entsprechend gelebt haben. Erst ein Mensch, der durch die Wiederholung von ewig gleichen Lebenssituationen in neuen Gewändern frustriert genug ist, beginnt sich zu fragen, ob das Leben nicht noch einen verborgenen Sinn bereithält. Nur wenn er genug gelitten hat, ist er bereit, sich von den Meinungen, Gedanken, Urteilen und Anerkennungen anderer Menschen aus dem gesellschaftlich akzeptierten Massenbewusstsein zu lösen. Erst nachdem wir durch viele schmerzhafte Erfahrungen gelernt haben, dass wir nur uns selbst schaden, wenn wir die Forderungen der äußeren Welt erfüllen, sind wir bereit, Verantwortung für uns selbst zu übernehmen und die Konsequenzen eines selbstbestimmten Weges einzugehen.

Diese Schulung der Unterscheidungskraft zwischen weltlichen Zielen und dem eingeborenen seelischen Ziel, welches wir als inneres Lebensziel in unseren Körper mitgebracht haben, sollte im Idealfall in der Pubertät stattfinden. Heute fehlen uns im Westen jedoch noch die Vorbilder für eine solche Schulung, so dass zu viele junge Menschen sich noch immer in zwischenmenschliche Bindungen und Berufe begeben, die nicht ihren seelischen Fähigkeiten und ihrer geistigen Aufgabe entsprechen. Die nächste Gelegenheit zur Selbstüberprüfung kommt erst wieder in der Mitte des Lebens, und spätestens mit dem Ausstieg aus dem Berufsleben sollte das Loslassen falscher Sicherheiten und Bindungen, die Vorbereitung auf den Tod und die Begegnung mit dem geistigen Selbst beginnen.
Heutzutage ist es allerdings so, dass sehr vielen Menschen erst auf dem Sterbebett bewusst wird, dass sie nicht ihr eigenes Leben gelebt haben.

Wenn wir uns aber unserer eigenen Sterblichkeit bewusst geworden sind, wenn wir bereit sind, Allein-Sein auszuhalten und die Meinungen der Welt hinter uns zu lassen, wenn wir bereit sind, unser Herz zu öffnen und der Sehnsucht nach makelloser Wahrheit und *bedingungsloser Liebe* auf den Grund zu gehen, dann stellt sich am Beginn unserer Reise mit Shakespeare eine einzige große Frage:

VERKÖRPERUNG   *To be or not to be?* Da sein oder nicht da sein?

Bin ich geistig-seelisch gegenwärtig – oder nur körperlich vorhanden und innerlich leer und ohne Ausstrahlung?

Gemeint ist hier also nicht das physische Vorhandensein, sondern die Qualität dieses Daseins. Die Frage lautet anders gestellt:

Ist meine Seele verkörpert – oder nicht?
Habe ich Kontakt zu meinem Herzen – oder nicht?
Ist dieser Körper Wohnung für meine Seele – oder nicht?
Ist meine Seele geerdet – oder nicht?

Das einzige Thema zu Beginn unserer Reise ist die alles entscheidende Frage:

Will ich mit Herz leben – oder nicht?

Und das kann nur bedeuten:

Bin ich bereit, aus der Wahrheit meines Herzen zu leben
und alle Konsequenzen zu tragen, die sich aus dieser
Entscheidung ergeben können?
Bin ich durch die Schicksalsschläge und Wechselfälle meines
Lebens genug gereift, um vor mir selbst so verbindlich zu sein,
dass ich sage: »Was auch immer geschieht, ich will nie wieder
ohne die Qualität meines Herzens leben und lernen, mich von
meinem Herzen tragen und führen zu lassen?«

Vom Sucher der Wahrheit ist ein hohes Maß an   VERBINDLICHKEIT
Selbstverantwortung und Verbindlichkeit gegen-
über sich selbst verlangt.
Verbindlichkeit und Verlässlichkeit sind offensichtlich Tugenden, die immer weniger zeitgemäß sind. Gerade auch viele spirituell und psychologisch interessierte Menschen bleiben lieber an der Oberfläche und sammeln von Lehrer zu Lehrer, von Seminar zu Seminar, von Buch zu Buch die Informationen, die ohnehin in die Richtung ihres Egos passen. Sie bleiben an der Oberfläche einer konsumorientierten Vielfalt, anstatt sich auf die Tiefe der Verbindlichkeit gegenüber der Wahrheit im eigenen Herzen einzulassen. Das sind dann die Menschen, die später bei den ersten größeren Schwierigkeiten und Widerständen auf ihrem Weg in die Gewohnheiten des früheren Ichs zurückfallen und sich dem

spirituellen Weg nicht gewachsen zeigen. Verbindlichkeit bedeutet eine innere Entschlossenheit, alle Konsequenzen, gerade auch die schmerzhaften, auf dem Weg des Herzens zu tragen. Verbindlichkeit ist die wichtigste Voraussetzung, um die Geburt der eigenen Seele erfahren zu dürfen und auf dem weiteren Weg vor Fremdbestimmung geschützt zu sein.

Nicht wenige Menschen fragen sich dabei: »Ich möchte ja gerne aus meinem Herzen leben, aber ich weiß nicht, wie das geht, und obwohl ich es will, bekomme ich keinen Kontakt zu mir. Woher kommt das? Was kann ich loslassen, um mein Herz zu öffnen und meine seelische Tiefe wieder erfahren und heilen zu können?«

DIE SEELE   Was ist überhaupt die Seele?

Mir geht es nicht darum, mich an theoretischen Diskussionen um die historische Entwicklung und Wissenschaftlichkeit des Seelenbegriffes zu beteiligen. Ich möchte nur zeigen, welche empirische Bedeutung dieser Begriff in der gemeinsamen Erfahrung von vielen Menschen hat, die durch einen Loslass-Prozess oder ähnliche initiatorische Erfahrungen hindurchgegangen sind. Unterscheiden wir zunächst von der Seele unsere biographische Persönlichkeit, unser äußeres, körperliches Alltags-Ich: Wir werden in einen männlichen oder weiblichen Körper geboren, erhalten einen Namen, befinden uns in individuellen familiären und gesellschaftlichen Bedingungen und Verhältnissen, wachsen auf, erhalten eine gute, schlechte oder gar keine Ausbildung, leben für gewöhnlich im ständigen Auf und Ab der kausalen, physikalischen Welt und sterben wieder. Als körperliche Wesen sind wir Zeit, Raum und Erde unterworfen, von physischer Ernährung abhängig und führen ein Leben gemäß dem Überlebenstrieb, der gesellschaftlichen Anerkennung und in Übereinstimmung mit den zeitgemäßen, philosophischen Vereinbarungen des allgemeinen kulturellen Massenbewusstseins. So schrieben wir bislang mehr unbewusst als bewusst eine weitere langweilige Geschichte einer langweiligen äußeren Persönlichkeit. Dies ist die äußere Geschichte unseres Lebens, definiert durch das, was andere Menschen und wir selbst über uns denken.

Die unsichtbare Geschichte unseres Lebens   DIE SEELENGESCHICHTE
ist jenseits von Worten und Gedanken die
Geschichte des Wesens, das wir sind – die Geschichte unserer
Seele. Diese Geschichte spiegelt sich in den Erinnerungen und
Emotionen unseres Unbewussten bis in die Zellerinnerungen
und den Zustand unseres physischen Körpers. Die Geschichte
unserer Seele ist die alte, große Geschichte, die wir mit dem
Thema »Liebe« in all seinen Facetten erlebt haben.
Während wir auf der dreidimensionalen Ebene der äußeren
Persönlichkeit für gewöhnlich mit unseren Erlebnissen iden-
tifiziert sind – wie ein Schauspieler, der vergessen hat, dass er eine
Rolle spielt –, können wir unsere Seele auch mit einem inneren
Regisseur vergleichen, der die äußeren Erfahrungen der Persönlichkeit auswertet und ihnen hinsichtlich ihrer Bedeutung
für die seelische Entwicklung Sinn verleiht. Der immer gleiche
Sinn besteht darin, wie wir noch ausführlich verfolgen werden,
gerade die schmerzhaften Schattenseiten in der Welt und in uns
lieben zu lernen. Während der Bezugsrahmen unserer Persönlichkeit auf polare Qualitäten, wie z.B. Geburt und Tod, Sieg
und Niederlage, Opfer und Täter, Licht und Dunkel, freudig und
traurig, Recht und Unrecht oder arm und reich beschränkt
bleibt, ist unsere Seele allein an Entwicklung interessiert, und
Entwicklung bedeutet, *bedingungslos lieben* zu lernen.

Die Dimension der Seele ist nicht die physikalische Welt, sondern
die spirituelle Verbundenheit aller Lebewesen durch die Kraft, die
wir Liebe nennen. Wir sind nur in dem Maß wir selbst – unsere
Seele –, wie wir gelernt haben, Liebe bedingungslos zu empfangen und zu geben. Ohne das Bewusstsein, geliebt zu werden und
lieben zu können, bleibt kein Mensch gesund. Sein Seelenbewusstsein ist noch nicht erwacht.

Geburt des Seelenbewusstseins bedeutet, dass   DIE SEELENGEBURT
sich der betreffende Mensch bewusst wird, dass
seine Identität nicht allein durch biographische Bedingungen und physikalische Gesetze begrenzt und definiert ist.
Er erkennt, dass sich innerhalb seines alltäglichen Persönlich-
keitsbewusstseins noch ein lern- und liebesfähiger, lebendiger,

seelischer Kern befindet, der darauf wartet, Raum im physischen
Körper zu bekommen, um sich zu einem ganzen, bewussten
Menschen zu entwickeln.
Diese Geburt unseres Seelenbewusstseins ist nur möglich, wenn
wir lernen, die Kontrolle durch die alltägliche Gedankenaktivität
loszulassen, verdrängte seelische Bedürfnisse bewusst werden zu
lassen und wenn wir uns dem Leben und uns selbst wieder anvertrauen.

Wir müssen lernen, uns fallenzulassen.

Warum ist das so schwer? – Mit dieser Frage ist es an der Zeit,
noch einmal über den Tod zu sprechen.
Zwischen Geburt und Tod gibt es keinen grundlegenden Unterschied. Es ist lediglich eine Frage der Perspektive und der inneren
Einstellung, die eine Geburt auch zum Tod und einen Tod zur
Geburt verwandeln kann.
Tod und Geburt beziehen sich im alltäglichen Sprachgebrauch
auf den physischen Körper. Die Geburt und der Tod des physischen Körpers sind die Geburt und der Tod der biographischen
Persönlichkeit. Wer glaubt, dass es für unser dreidimensionales
persönliches Bewusstsein eine Wiedergeburt oder Auferstehung
gibt, leidet entweder unter Allmachtsphantasien oder oberfläch-
licher theologischer Fehlinterpretation der Auferstehung. Die
körperliche Hülle – unsere äußere Persönlichkeit – ist sterblich,
unsere Seele ist es nicht. Wenn sich die Seele aber mit dem Körper identifiziert, erleidet sie die Ängste des Körpers. Die Angst
vor dem physischen Tod ist die Manifestation der Angst vor dem
Tod des Egos – die Angst vor Entgrenzung, Nicht-Sein und Kontrollverlust.
Bevor wir unser Herz zum ersten Mal wieder ganz öffnen können, kommen diese Ängste ans Licht, denn die Schwierigkeit, das
Herz zu öffnen und die Egokontrolle der Verstandestätigkeit loszulassen, hängt damit zusammen, dass unser Herz als Mitte
unseres Seins auch das Tor zu unserem Unbewussten ist.

REINKARNATIONS-   Wenn in unserem Unbewussten traumatische
ERINNERUNGEN   Erfahrungen mit Geburt und Tod gespeichert

sind, ist es verständlich, dass wir unser Herz nicht einfach nur durch eine Willensentscheidung wieder öffnen können. Unsere Seele sammelt alle Erfahrungen, die sie jemals in männlichen und weiblichen physischen Körpern gemacht hat. Diejenigen Informationen und Erfahrungen, die wir zu einem gegebenen Zeitpunkt nicht verarbeiten konnten und mit denen wir überfordert waren, wandern ins Unbewusste.

Die Persönlichkeit ist an den physischen Körper gebunden – das Seelenbewusstsein ist es nicht.

Im übrigen ist das Thema Seelenwanderung, Wiedergeburt etc. keine Frage, die in intellektuellen und philosophischen Erörterungen geklärt werden kann. Es ist keine Frage der Logik und des Glaubens, sondern eine Frage der Tiefe der Lebenserfahrung und des unmittelbaren Wissens oder Nichtwissens.

Die gespeicherten Erinnerungen der Seele, sogenannte frühere Verkörperungen, befinden sich nicht in einer imaginären Zeitachse hinter unserem jetzigen Leben, sie befinden sich auch nicht in einem transzendentalen Versteck, zu dem nur Eingeweihte Zugang hätten, sondern sind fühlbare Ausstrahlungen, die vom Energiefeld eines jeden Menschen ausgesandt werden. Sie sind also hier und jetzt in der Gegenwart. Alles ist gleichzeitig.

Der unbewusste Speicher der durch Zeit und Raum verschleierten Seelengeschichte und ihrer Schlüsselerinnerungen befindet sich unterhalb der Ebene des persönlichen, biographischen Unbewussten aus dem gegenwärtigen Leben und ist nicht zu verwechseln mit dem kollektiven Unbewussten. Durch diese Verwechslung kommt es zu den grotesken Darstellungen des Themas Reinkarnation in der Öffentlichkeit, da in der Regel eine Schulung der Unterscheidungskraft zwischen emotionaler Identifikation mit dem kollektiven Unbewussten, Egoaufblähung durch Reinkarnations-Wunschvorstellungen und tatsächlicher seelischer Erinnerung nicht stattgefunden hat.

Wenn wir uns erinnern, dass das Thema der Seelengeburt die entscheidende Frage stellt, ob wir mit Herz leben und sterben oder ohne Herz weiterschlafen wollen, so müssen wir untersuchen, welche Gründe unsere Seele wohl haben könnte, nicht leben zu wollen, d.h. nicht im Körper, nicht verkörpert sein zu wollen.

Die Gründe dafür liegen in traumatischen Erfahrungen, die wir mit den großen Themen der Liebe, des Geistes und unserer Spiritualität in früheren Inkarnationen gemacht haben. Die Summe dieser Erfahrungen aus früheren Leben spiegelt sich in der Biographie und dem Lebenslauf unseres jetzigen Lebens bis ins Detail wider. Das bedeutet jedoch nicht, die Hände in den Schoß zu legen, die Augen vor dem Leid der Welt zu verschließen und in Fatalismus zu fliehen, weil ja sowieso alles »Karma« ist. Verantwortung ist immer in der Gegenwart, bezieht die sichtbare und unsichtbare Welt mit ein. Gleichgültigkeit und Verantwortungslosigkeit konservieren eigenes und fremdes Leid endlos.

Auf seriöse Art und Weise bekommen wir zu den unbewussten Informationen sogenannter früherer Leben nur Zugang, wenn wir unsere jetzige Biographie aufgearbeitet haben und frei und bereit zum selbstbestimmten und dienenden Handeln sind.

Es ist nicht zwingend notwendig, sich einen dicken Kopf mit der Frage zu machen, wer oder was wir in früheren Leben gewesen sind. Wenn wir unsere Herausforderungen und Prüfungen in diesem Leben bestehen, erledigen wir auf diese Weise oft auch unbewusste Aufgabenstellungen, die unsere Seele aus früheren Leben mitgebracht hatte. Faszinierend zu beobachten ist aber, dass, je tiefer wir in das individuelle Unbewusste vordringen, die zu bearbeitenden Themen von immer größerer, allgemeingültigerer und kollektiverer Bedeutung werden und viele individuelle Schicksale in wenige große Themen und Mythen einer einzigen Menschheitsgeschichte zusammenfließen. Die Themen der Entwicklung der individuellen Seele spiegeln sich offensichtlich in den großen Mythen der Menschheitsgeschichte, und umgekehrt spiegelt sich die Entwicklung der Menschheit im Unbewussten der individuellen Seele.

Das zentrale Thema ist dabei das Verhältnis des Menschen zwischen Geist und Materie, die menschliche Zerrissenheit, gleichzeitig der Welt der Materie, Physik und Vergänglichkeit anzugehören und eine individualisierte Idee aus der Vollkommenheit einer einzigen geistigen Wirklichkeit zu sein.

Aus der Geschichte wissen wir von zahlreichen Hochkulturen, die ihre gesellschaftliche Ordnung noch vor dem Hintergrund einer spirituellen Ordnung gestalteten.

Spätestens mit Beginn der Neuzeit leben   »DAS DUNKLE ZEITALTER« wir aber in einer kulturellen Epoche, in der die Priorität des Geistigen über das Materielle genau umgekehrt und damit pervertiert wurde. Heute ist es so, dass im allgemeinen öffentlichen Bewusstsein nur das sichtbare, materielle und physische Leben als »wahr« gilt. Wahr ist aber, dass dies illusionär, weil vergänglich ist. Nichts bleibt.
Dagegen gilt das Reich der Ursachen, das Reich des Geistes, der Zusammenhänge des Lebens und der Liebe, als illusionär.
Die Maßstäbe unseres menschlichen Denkens, Fühlens, Wollens und Handelns sind nachhaltig ins Ungleichgewicht geraten. Mittlerweile haben wir uns daran gewöhnt, dass der Planet Erde und der Mensch sich ökologisch, wirtschaftlich, sozial, psychologisch und spirituell im Ungleichgewicht befinden. Weil wir es nicht anders gekannt haben, wussten wir irgendwann auch nicht mehr, was uns fehlt. Wir leben in einer perfekten planetarischen Autosuggestion, wobei die Menschen, die noch immer in ihrem Herzen der Einfachheit des HÖCHSTEN GEISTES DES LEBENS folgen, häufig diskriminiert werden.
Die Ureinwohner dieses Planeten, immer mehr Pflanzen- und Tierarten und die wertvollsten Menschen verlassen in immer größerem Ausmaße die Erde. Ich möchte an dieser Stelle nicht erklären oder diskutieren, woher das Ungleichgewicht ursprünglich stammt. Jeder Mensch wird im Laufe seiner Entwicklung seine individuellen Antworten dafür selbst entdecken.
Es ist aber eine geistige Gesetzmäßigkeit, dass wir uns auf dem Pfad des Herzens nicht entwickeln können, wenn unsere Selbsterfahrung in narzisstischem Selbstmitleid mündet und den heillosen Zustand des Planeten und seiner Bewohner nicht mit einschließt. Ohne Mitgefühl mit der nächsten Kreatur wird sich unser Herz nicht öffnen, weil unser Bewusstsein noch immer nur auf uns selbst egozentrisch fixiert bleibt. Die Seele kann sich nicht allein für sich selbst entwickeln. Egozentrik und seelische Entwicklung schließen sich aus. Der spirituelle Weg ist von

Anfang an ein Weg des Dienens und des Gebens, und im Laufe dieses Weges wird uns nur in dem Maße gegeben werden, wie wir selbst bereit sind, anderen zu geben. Ohne Mitgefühl geht das nicht.

Die Kreuzigung der geistigen Ordnung des Lebens durch Egozentrik und Materialismus ist es, die die Hindus unser Zeitalter »das dunkle Zeitalter« (Kali Yuga) hat nennen lassen.

Damit ist eine globale Epoche gemeint, in der die physikalische und die spirituelle Evolution den Punkt größter Entfernung voneinander erreichen und die Herrschaft des menschlichen Egos die geistige unsichtbare Ordnung des Lebens pervertiert und verleugnet hat.

DER SPIRITUELLE
TRENNUNGSSCHMERZ

Jeder Mensch hat während der Menschheitsgeschichte seine eigenen Kreuzigungen innerhalb seines individuellen Schicksalslaufes erlebt. Die Kreuzungslinie unseres Schmerzes, die Trennung von uns selbst, verläuft genau dort, wo wir unsere innere von der äußeren Geschichte, unsere weltliche von der seelischen Geschichte getrennt haben. Der Trennungsschmerz reicht in eine endlose Vergangenheit und weiter in die Zukunft, wenn er nicht durch Bewusstsein, Selbsterkenntnis, Mitgefühl und Vergebung erlöst und losgelassen wird. So können wir auch verstehen, dass es viele Aspekte unserer Seele gibt, die schon lange nicht mehr bereit sind, sich erneut zu verkörpern, die außerhalb des Körpers bleiben und nicht mehr leben und sterben wollen.

Auf diese Weise können Aspekte unserer Seele vor allem noch in den Inkarnationen gebunden sein, die seelisch und spirituell sehr stark aufgeladen waren.

Mit den befristeten Siegen der materialistischen und egozentrischen Kräfte des Ungleichgewichts, die das »Dunkle Zeitalter« einleiteten, entstanden Vorstellungen und Prägungen in der Erdatmosphäre, dass dieser Planet aus der göttlichen Ordnung gefallen sei und vom GROSSEN SCHÖPFERISCHEN GEIST und dem Schutz der GÖTTLICHEN MUTTER verlassen wurde. Die meisten Menschen werden so einem Satz unbewusst oder bewusst zustimmen. Die Konsequenzen des Missbrauchs der Freiheit durch uns Menschen wurden auf das Göttliche projiziert. Tatsache ist, dass wir selbst es waren und sind, die sich durch ihre Unwissenheit und ihre Verstrickungen in die Gegensätze der Dualität von MUTTER LEBEN und VATER GEIST getrennt haben. Dass dieses Bild von uns nur schwer zu ertragen ist und wir alles tun, um uns nicht konfrontieren zu müssen, versteht sich von selbst. Wir spüren unbewusst, dass wir innerlich höchst zerrissen sind, dass wir selbst Teil der Misere sind, und fürchten uns mehr noch als vor Strafe – vor uns selbst. Wir verleugnen und bekämpfen die Wahrheit der verletzten Liebesfähigkeit unserer Seele, und dieser Kampf gegen uns selbst ist gleichbedeutend mit der Herrschaft der Kontrolle unseres Egos.

Ist es, so gesehen, denn noch ein Wunder, wenn wir keinen Kontakt zu unserem Herzen haben? Statt verantwortliche und liebende Hüter der Freiheit des Seins zu sein, sind wir zu Wärtern unserer eigenen Gefangenschaft geworden.

Jeder Leser überprüfe für sich selbst, inwieweit er wirklich sein ganzes Potential ausschöpft und mit ganzem Herzen präsent ist. – Alles, was nur Potential ist, ist nicht verkörpert!

Genau diese Integration der seelischen Aspekte ereignet sich während des Prozesses der Geburt der Seele im Körper. Der entscheidende Grund, warum viele Seelen nicht wirklich verkörpert sind und damit als Menschen nicht mit dem Herzen leben wollen, besteht darin, dass sie im Laufe der Zeit keinen Sinn mehr im Leben gesehen haben.

Sinnlosigkeit ist nicht nur eine oberflächliche, relative, philosophische Erkenntnis, sondern vor allen Dingen auch ein seelischer Zustand. Es ist der Zustand der Trennung von uns selbst und dem HÖCHSTEN GEIST. Solange der Mensch nicht bereit ist, seine eigene Trennung wahrzunehmen, kann es auch keine Lösung geben. Sinnlosigkeit wahrzunehmen bedeutet, sich den Schmerz der Trennung einzugestehen. – Dies ist kein philosophisches oder intellektuelles Vergnügen, sondern nichts anderes als der Geburtsschmerz unseres Seelenbewusstseins...

SINNLOSIGKEIT

Wir müssen diesen Schmerz fühlen und mit unserem ganzen Herzen aufnehmen, wenn er sich in ein Tor der Geburt verwandeln soll. Nur wenn wir bereit sind, unseren Trennungsschmerz ganz zu fühlen, sind wir in der Lage, diesen Schmerz auch loslassen zu können. Andernfalls bleiben wir im Zustand des Todes, der seelischen Zerrissenheit und Trennung von uns selbst. Auch wenn wir uns viele hundert Male wiederverkörpern mögen, leben wir doch nie das Leben, das wir leben könnten. Wir können nun erkennen, dass es neben dem physischen Tod auch einen seelischen Tod gibt.

DER SEELISCHE TOD   Der seelische Tod ist der Verlust des Glaubens an die Sinnhaftigkeit des Lebens und ist gleichbedeutend mit der Entscheidung, nicht mehr leben zu wollen. Seelischer Tod kann auch als verborgener, innerer Zustand entstehen, wenn die Seele vor der Inkarnation, bei der Zeugung ihres neuen Körpers oder während der Schwangerschaft Angst vor den eigenen zukünftigen Eltern und Lebensumständen bekommt. Gründe dafür können z.b. in einer lieblosen Sexualität der Eltern oder generell in einer spannungsgeladenen elterlichen Beziehung liegen.

Die Seele bekommt Angst, die Aufgaben, die sie sich selbst für das zukünftige Leben gestellt hat, nicht bewältigen und durch die Massivität äußerer Belastungen ihre Entwicklungsaufgabe vergessen zu können. In einem solchen Fall wird das Kind von den Eltern als »Störfall« des Alltagsbetriebes, als Ursache für körperlichen und psychischen Schmerz und unbequeme Veränderungen empfunden und abgelehnt. Diese Ablehnung wird von vielen Seelen schon im vorgeburtlichen Bereich aufgenommen und selbstzerstörerisch nach innen gerichtet, so dass viele Seelen schon deshalb nicht geboren werden wollten, weil sie sich nicht als gewollte Kinder der Liebe empfinden können. Im Gegenteil – im Unbewussten wachsen sie mit dem Gefühl auf, die Ursache bzw. der Sündenbock für die Probleme der Eltern zu sein. Daraus folgt eine heimliche Todessehnsucht und der regressive, selbstzerstörerische und lebensfeindliche Wunsch, besser nicht geboren zu werden und Kind zu sein. Das kann dazu führen, dass die Seele sehr starke Entscheidungen trifft, nicht geboren zu werden, so dass es schon während der Schwangerschaft und bei der Geburt zu Komplikationen kommen kann. In tiefen Schichten des Unbewussten kann dann schon von Geburt an die Prägung vorhanden sein, dass das beste Leben wäre, nicht zu leben. Diese heimliche, verborgene, introvertiert-regressive Tendenz, sich zurückzuziehen, kann in einem späteren Lebensalter zur Selbstzerstörung führen.

Wenn dieser Seelentod erlöst werden soll, müssen wir unsere Beziehung zur Transzendenz, zum HÖCHSTEN GEIST, zur SCHÖPFERISCHEN QUELLE DES LEBENS oder wie auch immer wir diese früher »GOTT« genannte Dimension für uns benennen möchten, hinsichtlich unseres Urvertrauens überprüfen. Wann, wo und wodurch haben wir es verloren? Nur wenn wir wieder zum Vertrauen in unser eigenes und das einzige Sein zurückfinden, sind wir bereit und finden die Kraft, durch den Schmerz der Trennung von uns selbst hindurchzugehen und neu geboren zu werden.

An dieser Stelle stehen uns oft jahrtausendealte, patriarchale Philosophien und Religionskonzepte im Weg, die uns gelehrt haben (und das auch noch im Namen Gottes!), dass Leben und Geist voneinander getrennt gehören, dass das Leben minderwertig, niedrig und weiblich ist, der Geist jedoch höherwertig, rein, stark und männlich. Folgerichtig sei der Weg zum GÖTTLICHEN GEIST nur zu gehen, wenn das Niedrige, das Lebendige, das Leben, das Weibliche abgetötet wird. Leben und Geist werden als voneinander getrennte, sich feindlich und gegensätzlich gegenüberstehende Kräfte gesehen.

PATRIARCHALE IDEOLOGIE

In diesem Zusammenhang wird die Kreuzigung von JESUS CHRISTUS nicht metaphorisch-spirituell, sondern vordergründig physisch und materiell als Sühneopfer für die sündige Menschheit interpretiert. Als Konsequenz wird die Unterdrückung des diesseitigen Lebens propagiert, und das Jenseits nach dem Tod wird mit Ewigkeit und Herrlichkeit gleichgesetzt. Mit dem Blick auf das Jenseits entsteht die Angst vor einem selbstbestimmten, diesseitigen Leben, die Angst, Fehler zu machen und vor GOTT zu versagen. GOTT wird patriarchalisch instrumentalisiert und verwandelt sich in die theologische Gottesvorstellung von einem strafenden, männlichen Gott. Seelische, d.h. sogenannte weibliche Bedürfnisse werden als Egoismus diffamiert und dementsprechend verfolgt und bestraft.

Die Angst vor einem strafenden Gott sitzt oft wie ein Korken im Herzen und verschließt den Ausdruck der seelischen Wahrheit. Damit einher gehen häufig starke unbewusste Aggressionen und Widerstände gegenüber dem schöpferischen, göttlichen Prinzip des Lebens und sehr alte Seelenentscheidungen, sich nicht mehr im Herzen auf den transzendenten Ursprung des Lebens und der eigenen Seele zu beziehen.

Viele Seelen haben während des »Dunklen Zeitalters« GOTT für das Unrecht, Ungleichgewicht und Leid auf der Erde verantwortlich gemacht. Dahinter verbirgt sich eine kindliche Einstellung, die vom SCHÖPFER eine eingreifende, handelnde Rolle verlangt und trotzig reagiert, wenn diese ausbleibt. Der Zeugenstatus und die Beobachterrolle des HÖCHSTEN GEISTES sind aber Voraussetzung für eine individuelle Entwicklung des Menschen in Freiheit. GOTT greift in seine Schöpfungen nicht ein. GOTT ist. Wenn wir deshalb wieder beginnen, durch die alten Schmerzen der Trennung und Sinnlosigkeit hindurchzugehen, schließt dies den Ausdruck aller Emotionen mit ein, die wir mit der Vorstellung eines strafenden Gottes verbunden hatten. Dazu gehören sowohl Aggressionen als auch alle Schmerzen, die wir vielleicht mit einer enttäuschten Liebesbeziehung zum Göttlichen erlebt hatten. Nur in dieser Aufrichtigkeit gegenüber den mitunter ausgesprochen unbequemen, aggressiven und schmerzhaften Gefühlen kann ein ganz neues Vertrauen in das Leben gelingen.

Sich seelisch wieder anvertrauen zu lernen beginnt mit der Wahrnehmung nicht integrierter, embryonaler und frühkindlicher Bedürfnisse nach Nähe, Geborgenheit und Berührung und führt uns in eine Konfrontation mit unserer Einstellung zur biographischen und GEISTIGEN MUTTER DES LEBENS.

Alles, was uns daran hindert zu vertrauen, kann ausgedrückt und losgelassen werden.

Neben der Angst vor dem physischen und dem   GEISTIGER TOD
seelischen Tod, verstanden als vergessener Trennungsschmerz, gibt es aber noch eine weitere Form des Todes.
Dies ist der geistige Tod.

Der geistige Tod entsteht, wenn der Mensch die Ursachen für
seelischen Schmerz, Unrecht, Widersprüche und Probleme in
seinem Leben nicht in seiner eigenen Vergangenheit, seinem
eigenen Unbewussten und letztendlich in seinem eigenen Ego,
sondern in der äußeren Welt sucht und andere Menschen oder
äußere Umstände für die eigenen Probleme verantwortlich
macht. Das ist geistige Gewalt, verstanden als Verdrängung und
Verleugnung der Verantwortlichkeit für die eigenen Lebensumstände. Dieses Verhalten kann so weit gehen, sich mit gleich-
gesinnten Kräften ein sicheres System von Macht und Kontrolle
um das eigene Ego herum aufzubauen. Die eigenen Schwächen
und Bösartigkeiten werden auf die sichtbare Welt und auf andere
Menschen projiziert und die Aggressivität gegenüber dem eigenen
Selbst nach außen gerichtet.

Die Trennung von sich selbst und die Verdrängung des Unbewussten wird zum Prinzip stilisiert und kann sogar philosophisch, religiös und ideologisch untermauert werden. Damit
nimmt die Seele sich selbst jede Möglichkeit, aus den Fehlern der
Vergangenheit zu lernen, zu vergeben und sich weiterzuentwickeln. Ein solcher Mensch reduziert seine Möglichkeiten,
sich zu verändern, bis es zu einem Ablauf immer wieder gleicher
Lebenssituationen kommt, die letztendlich in die Selbstzerstörung hineinführen. Insofern ist der geistige Tod verbunden
mit Hass auf sich selbst und auf das Leben mit seinen Widersprüchen und seiner dynamischen Offenheit.

Der geistige Tod ist schwer zu erlösen, da der Mensch erst durch
viele negative und schmerzhafte Erfahrungen lernen muss, dass er
selbst durch seinen eigenen Willen seine Lebensumstände prägt
und weder ein anderer Mensch noch GOTT dafür verantwortlich
ist.

Wir sollten darauf achten, was wir über uns selbst, den HÖCHSTEN
GEIST und das Leben denken, um uns durch unser Denken nicht
die Möglichkeiten zur Entwicklung und zur Veränderung abzuschneiden.

Im Zusammenhang mit der Geburt der Seele kann der geistige
Tod bedeuten, dass es erst zum Zusammenbruch der bisherigen
Lebensverhältnisse und Bewusstseinsstrukturen kommen muss,
um die Verstrickung in die eigene Negativität erkennen zu können und den Teufelskreis der Wiederholungen durch Offenheit
gegenüber dem eigenen Herzen durchbrechen zu können.

TOD DES EGOS   Letztlich steht aber hinter allen Ängsten vor dem
physischen, dem seelischen, dem geistigen Tod und
der Geburt die Angst vor dem Tod unseres Egos. Der erste Tod
des Egos ist das Loslassen der auf Sprache fixierten Tätigkeit des
Verstandes, bis die tieferen Inhalte unserer Seele ohne Kontrolle
durch den Verstand durch das offene Herz aufrichtig ausgedrückt
werden können. Zu einem späteren Zeitpunkt unserer Reise
werden wir noch eine tiefere Schicht des Ego-Todes kennenlernen – den mystischen Tod des individuellen Seelenbewusstseins als Geburt des geistigen Selbst des Menschen. Vorläufig soll
es reichen festzustellen, dass wir damit beginnen müssen, unsere
biographische, intellektuelle Selbstdefinition und das damit
verbundene Gefühl der persönlichen Wichtigkeit loszulassen, um
unseren Körper und das Herz als »Geburtskanal« für die Verkörperung unserer Seele zu öffnen.

Wie erreichen wir die Tiefe unseres Seins?

In der Dimension des Herzens gibt es keine Verhaltensregeln,
Rituale, Techniken und Methoden, noch können wir mit dem
Instrumentarium des äußeren Ichs, wie z.B. dem Verstand oder
dem persönlichen Willen, unser Herz erreichen, um nach welt-
licher Art nun auch in diesem Bereich erfolgreich zu sein.
Um die Erfahrung unserer eigenen Seelenhaftigkeit machen zu
können, brauchen wir neben einer mutigen und entschiedenen
Einstellung die Bereitschaft, allein zu sein, die Sehnsucht nach
Wahrheit und Liebe und viel Geduld und Beharrlichkeit, um
unsere Einstellung zu stärken und zu festigen. Die Erwartung von
Zielen, Früchten, Ergebnissen und spektakulären Erlebnissen auf
dem spirituellen Weg ist eine Gefahr und Selbstblockade.

Mit ausgedehnten Geduldsproben zur Überprüfung der Motivation der Wahrheitssucher muss zu allen Phasen des Weges gerechnet werden.

Nach einer gründlichen körperlichen, emotionalen und mentalen Entspannung unserer äußeren Persönlichkeit brauchen wir einen guten Freund, vertrauten Menschen, Therapeuten oder Lehrer, in dessen Gegenwart wir bereit sind, der Wahrheit unseres Herzens wieder zu begegnen. Es gibt keinen Menschen, der sich allein aus seinen eigenen Verstrickungen befreien kann. Wir sind alle auf unsere gegenseitige Hilfe angewiesen. Dies ist notwendig, damit wir nicht vergessen, dass wir immer auch im Glashaus unserer eigenen Illusionen sitzen und unser Ego lernt, in den Hintergrund zu treten. Die Hilfe, die uns der HÖCHSTE GEIST im Leben durch einen anderen Menschen schickt, dient nicht zuletzt auch dem Abbau der Herrschaft unseres Egos. Wer nicht gelernt hat, um Hilfe zu bitten, dem kann auch nicht geholfen werden.
Wenn diese inneren und äußeren Voraussetzungen erfüllt sind, geht es bei der Geburt der Seele nur noch um eins:

Fallenlassen!   URVERTRAUEN

Die Geburt der Seele in die Materie geschieht im *Fallenlassen*.

Fallenlassen aus dem Unsichtbaren in das Sichtbare.

Fallenlassen aus den Gedanken in die Empfindung.

Fallenlassen aus der Egokontrolle in das Sein.

Fallenlassen aus einer Beobachter- und Überlegenheitsposition in die unmittelbare Lebendigkeit und den Kontakt mit der Tiefe des eigenen Wesens.

Fallenlassen aus Vorwänden, Entschuldigungen, Rechtfertigungen, Rationalisierungen und Erklärungen in die Unmittelbarkeit des inneren, seelischen Zustandes.

Wir müssen unsere ursprüngliche embryonale Hilflosigkeit und Bedürftigkeit aushalten, ganz fühlen, umarmen und sein lassen.

Fallenlassen heißt nichts anderes, als sich ganz anzuvertrauen und den eingesperrten Gefühlen und Empfindungen zu erlauben, bewusst zu werden, ausgedrückt und durch den Atem und die Stimme losgelassen zu werden. Fallenlassen heißt, den bisher unbewussten Kampf gegen das Leben aufzugeben. Es gibt keinen Weg zurück in den Mutterleib.

Wir lassen uns fallen.

Wir lassen uns vom Fluss des Lebens tragen.

Wir sind einverstanden.

Unsere Seele kehrt in den Körper zurück.

Die Trennung von Körper und Seele hört auf, und wir sind vielleicht zum ersten Mal endlich wieder ganz da. Wir lassen den Geburtsschmerz und Widerstand gegen das Leben los.

MUTTER DES LEBENS   Genau dieses Urvertrauen wiederzufinden und der MUTTER DES LEBENS in unserem Herzen zu begegnen, kann geschehen, wenn wir uns fallenlassen. Wenn wir uns fallenlassen, fängt die GÖTTLICHE MUTTER uns auf, und wir dürfen wieder Kind sein.
Die GÖTTLICHE MUTTER sammelt alle versprengten, lebensmüden Teile unserer Seele ein, tröstet unseren Schmerz, korrigiert unsere Irrtümer und integriert unser Sein.

Die Spiritualität der GÖTTLICHEN MUTTER kennt keine Gesetze, keine Regeln, keine Rituale, keine Methoden, keine Techniken, sondern immer nur das unmittelbare, lebendige Bedürfnis einer konkreten Situation. Der Fluss des Lebens ist Ausdruck der GÖTTLICHEN MUTTER.
Beim Anvertrauen können wir die Erfahrung machen, dass hinter den Verstrickungen und Irrungen, die uns in der Dualität zur

Trennung von uns selbst geführt hatten, ein Plan steht, ein Lehrplan zur Sammlung individueller Lebenserfahrung, Weisheit und Liebe. Wir beginnen mit den Augen des Herzens hinter die Kulissen der Bühne unseres Alltages zu schauen und erkennen die Ereignisse des oberflächlichen alltäglichen Lebens als Auslöser, Anstöße und Spiegelbilder der bislang verborgenen Geschichte unserer Seele.

Der Kampf des Menschen mit Mutter Materie ist steinalt. Im Namen eines patriarchalischen Gottes haben wir gelernt, die Materie und Mutter Erde geringzuschätzen und zu überwinden, indem wir sie bekämpft haben. Dieser Kampf hat uns zerrissen und unseren körperlichen und seelischen, unseren menschlichen und geistigen Teil gegeneinander polarisiert. Der Ursprung dafür liegt in den Kämpfen zwischen Matriarchat und Patriarchat, die nicht nur auf der historisch-physischen, sondern auch auf der geistigen und seelischen Ebene geführt wurden. Diese Kriege haben im Zeitraum der Herrschaft des Patriarchats zur Herabsetzung und Entwürdigung der weiblichen Seite des Lebens und damit der Töchter, der Frauen und der GÖTTLICHEN MUTTER geführt.

VATER- und MUTTERGOTT sind jedoch höchstens in den Vorstellungen der Menschen, nicht aber im Sein voneinander zu trennen. Das Leben ist Ausdruck des Geistes; der Geist ist das Bewusstsein des Lebens über sich selbst. Beide brauchen sich gegenseitig, gehören zusammen und sind Aspekte einer einzigen multidimensionalen Wirklichkeit. Wenn wir den Geist, die Intelligenz und die Weisheit der göttlichen Ordnung in unserem eigenen Leben erkennen wollen, müssen wir ein von innen geführtes selbstbestimmtes Leben führen. Das fängt mit der Wiedergewinnung der Lebendigkeit, Spontaneität und Gegenwärtigkeit an. Es gibt keinen Sinn außerhalb des Lebens.

Der ewige, der HÖCHSTE GEIST ist zwar auch jenseits aller Schöpfungen der ewige Zeuge, aber zugleich braucht er das Leben und besonders das menschliche Leben, um sich selbst wahrnehmen zu können und erkannt zu werden – genauso wie das Leben den Geist braucht, um Sinn, Ausrichtung und Erfüllung zu finden und sich weiter entwickeln zu können.

Das Leben selbst ist der Herzschlag der GÖTTLICHEN MUTTER, egal wie auch immer wir diese nennen mögen: ERDE, GAIA, MARIA, KALI, HIMMELSKÖNIGIN oder einfach nur LEBEN. Das Leben ist in seinem stetigen Fluss unzerstörbar. Die GÖTTLICHE MUTTER gibt immer, ohne zu fragen, wem und warum – sie ist die Überfülle des Lebens selbst. Es ist aber unsere Verantwortung zu empfangen.

Dazu müssen wir wieder fühlen, empfinden und vertrauen lernen.

Die GÖTTLICHE MUTTER ist die Schöpferin und Zerstörerin aller Dinge, die große Ernährerin und auch diejenige, die den Tod beherrscht und die Wesen wieder zu sich zurückholt, wenn die Zeit abgelaufen ist. Die GÖTTLICHE MUTTER ist die Herrscherin über Raum und Zeit.

Im sogenannten »Dunklen Zeitalter« haben wir nicht nur eine patriarchalisch geprägte Religion, sondern auch viele patriarchal dominierte esoterische und spirituelle Systeme gehabt. Unmengen von Gesetzen, Verhaltensvorschriften, Ritualen und Philosophien sind entstanden. Urmenschliche Bedürfnisse galten als minderwertig, weibisch und schwächlich und wurden bekämpft.

Dabei sind es gerade unsere sexuellen, emotionalen und seelischen menschlichen Bedürfnisse, die uns wieder zu einer inneren Führung des Herzens leiten können, denn solange diese menschlichen Bedürfnisse nicht erfüllt sind und im Herzen Frieden gefunden haben, können wir uns auch nicht in das Geistige hinein entwickeln.

Heute sind große Teile der Menschheit in ihren lebensfeindlichen und selbstzerstörerischen Denk-, Fühl- und Verhaltensstrukturen so sehr erstarrt, dass uns Hilfe nur noch von der GÖTTLICHEN MUTTER erreichen kann.

Die Spiritualität der MUTTER ist einfach. Sie gibt immer nur das, was gerade für den nächsten seelischen Entwicklungsschritt gebraucht wird – vorausgesetzt, wir schenken ihr unser Herz. Dann kehrt die Heiligkeit des Lebens auch wieder in unser eigenes Leben zurück, und unsere Tränen über die lange Zeit der Trennung, vom Leben und uns selbst, verwandeln sich in den Glanz der Wiedergeburt unserer Seele.

Zusammenfassend gesagt, besteht die Herausforderung auf der ersten Station der archetypischen Reise der Seelenentwicklung im Finden einer lebensbejahenden Entscheidung und Beziehung zum Dasein auf der Erde und in der Heilung des verletzten Urvertrauens.

Alle seelischen Beweggründe, Schmerzen, Lebenskonzepte, Bewusstseinsmuster und Blockaden, die eine grundsätzliche Lebensbejahung und Heilung des Urvertrauens bislang verhindert hatten, können Schritt für Schritt, und Schicht für Schicht in einer Tiefenentspannung losgelassen und in positive Antriebskräfte umgewandelt werden.

Die Frage, ob ich da bin oder nicht da bin, misst sich nicht am physischen Vorhandensein, sondern an der Qualität, der Intensität eines Lebens aus dem Herzen. Das Leben aus dem Herzen beginnt mit der Bereitschaft, sich fallenzulassen, die weibliche Seite des Lebens auch im eigenen Inneren wiederzuentdecken, und der MUTTER DES LEBENS als Hüterin unseres Unbewussten wieder vertrauen zu lernen.

Es lebe die GÖTTLICHE MUTTER und bringe uns Frieden und Gerechtigkeit!

Hoch lebe die GÖTTLICHE MUTTER und lasse uns teilhaben an der Schönheit ihrer Sanftmut und Barmherzigkeit!

ICH LASSE LOS...   ...*die Verantwortung für mein Leben abzuwehren...*

...*vor meiner Verantwortung davonlaufen zu wollen...*

...*nicht mehr ich selbst sein zu wollen...*

...*alle Seelenentscheidungen, ein vom Sein getrenntes Leben ohne Liebe zu führen,*

...*mich selbst, meine eigene Seele nicht mehr anschauen zu wollen...*

...*die Seelenentscheidungen, mich nicht mehr zu verkörpern...*

...*nicht mehr leben zu wollen...*

...*nicht mehr atmen, nicht mehr fühlen, nicht mehr lieben zu wollen...*

...*tot sein zu wollen...*

...*außerhalb des Körpers bleiben zu wollen...*

...*Hass auf das Leben in der Polarität...*

...*alle Entscheidungen, die Schmerzen und Schattenseiten des Lebens zu vermeiden, zu bekämpfen, zu verdrängen und von mir abzuspalten...*

...*Verwirrung und Hilflosigkeit über meine seelische Zerrissenheit und mich nicht mehr erinnern zu wollen, wie ich in diesen Zustand gekommen bin...*

...*Hass, Wut und Ärger auf die Trennung vom* EINEN SEIN...

...*den Wunsch, zurück in den Mutterleib und in die Vergangenheit gehen zu wollen...*

...*Hass, Wut und Ärger auf* GOTT, *den* SCHÖPFER, *den* URSPRUNG, DIE QUELLE MEINES SEINS...

...*die Entscheidungen,* GOTT *zu bekämpfen und ihn für die Trennung von mir selbst und für mein Leben verantwortlich zu machen,*

...GOTT *für die Dunkelheit, Gewalt und Ungerechtigkeit der Menschen verantwortlich zu machen...*

...*meinen Trotz gegen das Leben...*

...*die Entscheidung, das Leben zu bekämpfen, um Unrecht wiedergutzumachen und neues Unrecht zu vermeiden,*

...*die Angst, ausgelacht und verletzt zu werden, wenn ich mich öffne und wieder meine Seele zeige...*

...*die Angst, bestraft zu werden, wenn ich meine Seele wieder zeige...*

*...die Einsamkeit, mich fremd auf der Erde und fremd im
Himmel zu fühlen und nicht mehr zu wissen, wo mein Platz ist
und wo ich hingehöre...*
*...den Widerstand, geboren zu werden und mich auf der Erde
zu verwurzeln...*
*...die Angst, auf der Erde hängen zu bleiben und mich zu ver-
stricken...*
*...die Programmierung, dass die Erde eine Strafkolonie
gefallener Wesen ist, der ich widerstehen muss...*
*...den Widerstand, mich aus den Raum in die Materie fallen-
zulassen...*
*...den Schmerz, endlos gefallen und nicht aufgefangen und
angenommen worden zu sein...*
...alle Entscheidungen, die Materie zu bekämpfen...
*...den Wunsch, mich in anderen Ebenen, Dimensionen und
»schwarzen Löchern« außerhalb des Körpers zu verstecken...*

POSITIVE   *Die Erde ist wunderschön.*
AFFIRMATIONEN   *Ich komme gerne zur Erde.*
                  Ich komme zur Erde, um ihr zu dienen
und Bewusstsein und Liebe zu bringen.
Ich lasse mich auf das Spiel der Polarität ein.
Die Erde ist eine einzigartige Erfahrung für mich.
Ich liebe die Erde. Ich treffe die Entscheidung, mich zu erinnern
und das Spiel der Materie zu durchschauen.
Dieser Planet heißt Erde. Hallo Erde! Du bist wunderschön!
Ich bin da! Ich öffne mich für die Kraft der Erde.

2

DIE HEILUNG DER LEBENSENERGIE

DURCH HINGABE

NOCH EIN TRAUM   *Ich verließ meinen Körper und flog aus meinem Elternhaus über unser Provinzstädtchen hinweg, von der Erde fort.*

Ein unsichtbares Ziel zog mich magnetisch an und lenkte meinen Weg. Ich verließ bei vollem Bewusstsein unser Sonnensystem und begann, mir vorbeifliegende Sternenbilder zu merken, um zurückfinden zu können.

Nach einiger Zeit bewegte ich mich auf einen Planeten zu, dessen Oberfläche vollständig mit großartigen, bis zu 10.000 Meter hohen Bergen bedeckt war. Über den beiden höchsten Gipfeln drehten sich langsam zwei große, schimmernde Kreise im Sternenlicht. Ohne sich zu berühren, waren sie in stetiger Bewegung und befanden sich miteinander in ununterbrochenem symmetrischem Gleichgewicht.

Intuitiv spürte ich, dass diese Kreise Erkennungszeichen für mich waren, und ich begann, langsam zwischen den beiden Bergen unterhalb der sich drehenden Kreise tiefer hinabzuschweben und nach einer »Landemöglichkeit« Ausschau zu halten.

Als ich ungefähr drei Viertel der Höhe hinter mir hatte und mich der Schlucht zwischen den steil abfallenden Bergen auf Sichtweite zu nähern begann, bemerkte ich folgendes Phänomen: An den mir zugewandten Bergseiten liefen überdimensionale Kinofilme ab, die ungefähr im untersten Viertel aus der Bergwand herauskamen und die Bergwand wie über eine Leinwand hinunterliefen, um in der Talsohle im Planeteninneren zu verschwinden.

Die Filme zeigten nur ein einziges Thema: meine seelische Vergangenheit in allen vorstellbaren und unvorstellbaren Rollen.

Ich schaute sie mir an und realisierte, dass sie mir bekannt waren und ich mich von diesen alten Filmen jetzt nicht ablenken lassen wollte. Ich bewegte mich weiter auf die Talsohle zu und entdeckte, dass genau dort, wo die Kinofilme meines Lebens im Berginneren verschwanden, ein Höhleneingang auf eine Grotte hinzudeuten schien. Als ich gerade im Begriff war, mein Zögern zu überwinden und in die Grotte einzutreten, trat ein Mann aus ihrem Schatten, begrüßte mich herzlich und teilte mir mit, dass ich erwartet worden sei. Dann führte er mich tief in das Innere der Grotte, die sich zu einer majestätischen Halle mit indirekter Beleuchtung ausweitete. Schließlich kamen wir in einen Bereich, der offensichtlich ebenfalls zu Filmvorführungen genutzt wurde, denn im Hintergrund einiger Sitzreihen mit komfortablen Sesseln befand sich eine Kinoleinwand. Ich wurde eingeladen, es mir bequem zu machen, und kaum hatte ich Platz genommen, war ich auch schon in einem neuen Film:

Ich bewegte mich schwebend über einer mit Goldnuggets durchsetzten Wüste auf eine wildromantische Gebirgskette zu. Über die ersten Felsen, Hügel und Vorläufer der hohen Berge stieg ich schnell in Richtung der zentralen Gipfel auf, die mich sehr an Bilder von den Rocky Mountains erinnerten, die ich auf der Erde gesehen hatte. Als ich die mächtigsten Bergspitzen bereits erkennen konnte, gesellte sich ein wunderschöner weißer Adler zu mir, der zuvor seine Kreise um die Gipfel gezogen hatte.

Im selben Moment, in dem ich den Adler in meinem Herzen freudig begrüßt hatte, schien ich plötzlich durch seine Augen zu schauen und mit seinen Flügeln zu fliegen. Stumm vor Staunen konnte ich schier endlos weit in alle Richtungen blicken. Zur einen Seite war in der Ferne die Wüste zu sehen, über die ich hierhergekommen war, während zur anderen Seite des Gebirges am Horizont das frische Blaugrün des Ozeans zu erkennen war. Die Ausdehnung meiner Wahrnehmung betraf aber nicht nur die Ferne, sondern auch direkt unter mir, in der Nähe der Hochtäler zwischen den Gipfeln, »sah« ich jeden Stein, jeden Grashalm und ganze Berge »atmen« und einen Gesang der Stille ausstrahlen, der als ein weiches, tiefes Summen die ganze sichtbare Welt umgab.

Diese innige und heilige Hymne der Dankbarkeit zu sein, ergriff mich, und als ich gerade miteinstimmen wollte, bemerkte ich einen weiteren weißen Adler, der aus der Richtung des Ozeans direkt auf mich zuflog. Als wir uns schließlich begegneten, erkannten wir uns und verschmolzen ineinander zu einem einzigen Wesen, das noch einige Runden um den höchsten Gipfel drehte.

Dann nahm ich wieder die Form meines menschlichen Energie-körpers an, bewegte mich über die Goldwüste zurück zur großen Grotte mit dem multidimensionalen Kino, von dem ich aufge-brochen war. Ich bedankte und verabschiedete mich von meinem Führer und verließ wieder den Stern mit den beiden still tanzenden Kreisen. Tatsächlich halfen mir die Sternbilder, die ich mir auf meinem Hinweg eingeprägt hatte, mich zu orientieren, und ich fand die Erde und mein Elternhaus sicher wieder.

Ich war aus der Zukunft meiner Seele zurückgekehrt und machte mich auf die Suche nach meiner wahren Frau.

Wenn sich die Seele entschieden hat, zur Erde zu kommen und geboren zu werden, um sich zu entwickeln, geht die Reise erst richtig los.

MIT DEN AUGEN DES   Zu Beginn dieses Kapitels möchte ich deshalb
HERZENS REISEN   unterstreichen, dass der ganze menschliche
                         Entwicklungsweg und der parallel verlaufende
Loslassprozess von Anfang an ein Pfad des Herzens ist. Die Mitte des Herzens, das sogenannte Herzzentrum, und die damit verbundene Dimension der Seele sind es, die die unteren und oberen Lebensbereiche und Stationen der Entwicklung integrieren, verwandeln und erhöhen.
Die Öffnung des Herzens ist die Voraussetzung zur Geburt des Seelenbewusstseins, zur Heilung der Sexualität und der Emotionen und zur Bewältigung jeder anderen Herausforderung und Lektion auf dem Weg. Das Herz steht am Anfang, in der Mitte und am Ende und ist der entscheidende qualitative Unterschied zwischen dem Gefängnis der Wiederholungen des dreidimensionalen Bewusstseins und der Brücke der Liebe zum Leben und zum HÖCHSTEN GEIST. Nur wenn wir unser Herz für die zahlreichen Verdrängungen und Identifikationen unseres polarisierten Bewusstseins öffnen, kann der unterdrückte Schmerz befreit und die gebundene Energie erlöst werden. Das Herz ist das Organ der Wahrnehmung und Erkenntnis, um unsere Seele zu realisieren und dem HÖCHSTEN GEIST, unserem Ursprung, in uns begegnen zu können.

KÖRPER-SEELE-   Das Thema der zweiten Station unserer Loslassreise
BEZIEHUNG   ist die Öffnung des Herzens für die Heilung der Be-
                        ziehung zwischen unserer Seele und dem physischen
Körper. Der physische Körper ist das Gefährt der Seele für ihre Reise durch die Dualität, wobei in der Regel der Zustand des Körpers ein Spiegel des seelischen Zustandes ist.
Der Körper ist das Instrument der Seele für ihre Aufgabe in der dreidimensionalen Welt.
Die Seele durchschreitet die »Schleier des Vergessens« früherer Erinnerungen, verkörpert sich mit dem ersten Atemzug und gerät durch zunehmende Identifikation mit dem physischen Körper

unter den Einfluss der Schwerkraft und der physikalischen Gesetze von Zeit, Raum und Materie. Das Bewusstsein beginnt sich zu polarisieren in oben und unten, innen und außen, links und rechts, gestern und morgen, männlich und weiblich.

Das zentrale Thema zur Heilung der Beziehung von Seele und Körper und die Herausforderung auf dieser Station der Reise besteht in der Integration der sexuell polarisierten Lebenskraft in das Herzzentrum und in der Ausrichtung der sexuellen Kraft auf die Lebensaufgabe, für die sich die Seele verkörpert hat.

In einer sehr unglücklichen geistesgeschichtlichen Tradition wurde die Polarisierung des menschlichen Körpers in ein weibliches und ein männliches Geschlecht als Ursünde und damit als Ursache für die Zerrissenheit und Problematik des menschlichen Lebens betrachtet. »Im Namen GOTTES« wurden die Körperlichkeit, die Geschlechtlichkeit und die Sexualität bekämpft und in den Bereich des Niederen, des Schmutzigen, der »Sünde« abgewertet. Im Zuge der patriarchalen Instrumentalisierung des Christentums wurde der männliche Körper gegenüber dem weiblichen Körper als geistig wertvoller angesehen. Dabei wurde besonders die weibliche Sexualität verteufelt und verfolgt. Diese jahrtausendealten Strukturen der Körperfeindlichkeit prägen auch nach dreißig Jahren sexueller Revolution noch immer das Unbewusste vieler Menschen.

Die Schwierigkeit, heutzutage über Sexualität zu sprechen, besteht allerdings darin, dass die Lautstärke und Penetranz des öffentlichen Redens über Sexualität dermaßen zugenommen haben, dass der Eindruck entsteht, zum Thema sei alles gesagt und jeder wisse Bescheid. Nach der früheren Tabuisierung des sexuellen Lebens haben wir es heute offensichtlich mit dem anderen Extrem, einer medialen Überflutung des öffentlichen Raumes mit sexuellen Themen, zu tun.

Beide Extreme haben eines gemeinsam: Sie existieren auf der Grundlage einer Illusion. Diese Illusion heißt Reduzierung der schöpferischen Kraft des Lebens auf den »unteren« geschlecht-

lichen Körperbereich. Die geistigen und seelischen Bewusstseinsräume und Bedürfnisse des Menschen werden ausgeklammert,
und die Sexualität wird entweder als Wurzel allen Übels dämoni-
siert oder als letztes Asyl des Lebendigen in einer ansonsten sinnlos gewordenen Welt idealisiert.

In gewisser Weise ist aber nicht nur unser Geschlechtsleben,
sondern das ganze Leben sexuell. Das gesamte Leben spielt sich
ununterbrochen in der Spannung der Gegensätze von Geburt
und Tod, Werden und Vergehen, Ein- und Ausatmen ab. Jede
menschliche Aktivität und Äußerung ist Ausdruck der dynamischen männlichen Seite des Lebens, und jedes Innehalten,
Sammeln, Zuhören und Schweigen ist eine Erfahrung der
magnetischen, anziehenden, sogenannten weiblichen Seite des
Lebens. Die Reduzierung der Sexualität auf das Materielle und
Geschlechtliche ist sowohl lebensfeindliches Relikt einer patriarchalen Priesterkaste als auch Ausdruck der Dekadenz der
materialistischen Gesellschaft. Die Antwort auf diese Reduktion
des Sexuellen in der westlichen Kultur ist nicht das unkontrol-
lierte Ausleben unbewusster Triebe, sondern die Integration der
Triebkraft in die Liebesfähigkeit des Herzzentrums und ihre
gemeinsame Ausrichtung auf die schöpferische, handelnde und
dienende Lebensaufgabe.

TRENNUNG VON   Die Programmierung der Trennung von Körper
KÖRPER UND SEELE   und Seele beginnt schon unmittelbar nach der
                     Geburt des Kindes.
Im Idealfall ist der Geburtsvorgang sanft, bewusst und im Wissen
um die spirituellen Hintergründe der Inkarnation auf natürliche
Weise geschehen. Das Baby erlebt dann noch einige Zeit die Einheit seines spirituellen Ursprungs, die Liebe der Mutter und des
Vaters und die Vitalität des neugeborenen Körpers. Die elemen-
tare Kraft der Geburt, die Verbundenheit zwischen Mutter und
Kind und die stille Gegenwart des HÖCHSTEN GEISTES werden
nicht als getrennt voneinander, sondern als sich ergänzende
Kräfte des einen Seins erfahren, und der Glanz dieser Einheits-
erfahrung kann Eltern und Kind noch Tage, Wochen, Monate, ja
sogar Jahre tragen.

In einer sich einseitig rational und materialistisch definierenden westlichen Kultur, die von Ignoranz gegenüber den geistig-seelischen Hintergründen des Lebens geprägt ist und in der ein rein technisches Verständnis von Schwangerschaft, Geburt und Kindheit vorherrscht, entstehen schon früh tiefe Verletzungen in der Beziehung zwischen Seele und Körper.

Je nachdem, ob die neugeborene Seele in einem weiblichen oder männlichen Körper zur Welt kommt, löst dieser Umstand auch heute noch, zumindest unbewusst, Freude oder Enttäuschung aus.

Dabei hängt die Antwort auf die Frage, ob eine Seele sich in einem männlichen oder einem weiblichen Körper inkarniert, davon ab, ob sie mehr männliche oder weibliche Qualitäten entwickeln und in ihr Selbstbewusstsein integrieren muss. Das Kind wird in den Körper geboren, der für seine seelische Entwicklung am geeignetsten ist. – Es wird nicht geboren, um die Wünsche und Erwartungen der Eltern zu erfüllen.

Die meisten Eltern befassen sich mehr mit der Frage, ob das Neugeborene ein Junge oder ein Mädchen ist, als mit dem Charakter und den Anlagen des Wesens, das zu ihnen kommt.

Auf diese Weise beginnen frühzeitig familiäre und gesellschaftliche Rollenvorstellungen und Konditionierungen zu wirken, wie das Kind als Junge oder Mädchen zu sein hat. In der frühkindlichen Seele bleibt dadurch eine große Enttäuschung zurück, nicht als geistig-seelisches Individuum mit Empfindung und Bewusstsein wahrgenommen, sondern nur von außen, als körperliches, geschlechtliches Wesen gesehen zu werden. Die Differenz zwischen der Wahrnehmung von Außen, die an physisches Bewusstsein gebunden ist, und den tatsächlichen, inneren, vitalen und seelischen Bedürfnissen des Kindes kann zu seelischer Isolation und Bewusstseinsspaltung führen. Es entsteht eine Bewusstseinskluft zwischen den Projektionen und Wahrnehmungen der Eltern von »ihrem« Kind und seinen tatsächlichen vitalen und seelischen Bedürfnissen.

Dabei wird der Körper als unüberwindbares Kommunikationshindernis, als Trennwand zwischen den eigenen Bedürfnissen und den bewussten und unbewussten Erwartungen der Eltern erfahren. Das Kind empfindet seinen Körper als Fremdkörper zwischen sich, den Eltern und der äußeren Welt und beginnt, ihm gegenüber eine feindliche Einstellung zu entwickeln.

Viele Eltern konnten durch ihre eigene Biographie niemals lernen, dass Babys und Kleinkinder zwar physisch klein sind, ihr Bewusstsein aber vollständig vorhanden ist und die nonverbalen Fähigkeiten ihrer Wahrnehmung und Kommunikation nicht nur besser ausgebildet sind als bei den Erwachsenen, sondern auch die einzige Möglichkeit, sich überhaupt auszudrücken und zu kommunizieren. Darüber hinaus sind vor allem jüngere Kinder in der Lage, alle Äußerungen, gerade auch die unbewussten Ausstrahlungen der Erwachsenen, aufzunehmen und darauf zu reagieren. Die »gutgemeinten« Absichten und Verhaltensweisen der Eltern können in schroffem Gegensatz zu ihrer unbewussten menschlichen Ausstrahlung stehen. Mutter oder Vater, die ihr Kind im Alltag lieben und sogar »vergöttern«, können ihr Kind weder erreichen noch seine Bedürfnisse erfüllen, solange sie noch Hass auf sich selbst, ihre eigene Kindheit und seelische Bedürftigkeit in sich tragen. Wer kleine Kinder als Trostpflaster für eigene Entbehrungen missbraucht, kompensiert und überträgt nicht nur seine eigene Not auf das Kind, sondern wird sich selbst und dem Kind auch nicht gerecht. Eltern, die nicht in Kontakt mit ihren eigenen seelischen Bedürfnissen und ihrem inneren Zustand sind, werden deshalb immer Schwierigkeiten haben, die nonverbale Sprache ihrer Kinder zu verstehen und auf einer gleichberechtigten Ebene mit ihnen zu kommunizieren. Insofern kann die Geburt eines Kindes willkommener Anlass zur physischen und psychischen Heilung und Bewusstwerdung der Eltern sein.

Was passiert mit Kindern, die in ihrer seelischen Identität oder aufgrund ihres Geschlechts abgelehnt werden?
Eine kindliche Seele, deren Bedürfnisse nicht gestillt werden und deren Identität nicht gesehen, erkannt und begrüßt wird, entwickelt anstelle von Urvertrauen Selbstverleugnung und Überlebenskampf. Es entstehen Aggressionen gegenüber dem Körper, seinen Bedürfnissen und sich selbst. Um die Erwartungen der Eltern nicht zu enttäuschen, sind Selbstkastration im Sinne der

Unterdrückung der Lebensenergie und angepasstes, »domestiziertes« Verhalten nach außen die Folge. Die fatale Tradition der abendländischen Doppelmoral hat hier ihre frühkindlichen Anfänge. Die Konsequenz ist immer dieselbe: Das Vertrauen der Seele in die Eignung des Körpers als sichere Basis und als Gefährt für ihre Lebensreise ist gestört. Es entsteht eine mit Schuld, Scham und Tabus überfrachtete Trennung zwischen Innen und Außen. Die Seele im neugeborenen Körper, das »Baby«, ist nicht genährt, nicht »gestillt«. Der Kontakt mit ihren vitalen und seelischen Bedürfnissen rückt ins Unbewusste und kann später nur durch eine behutsame, bedingungslos mitfühlende Bewusstmachung geheilt werden.

Paradox ist, dass auch eine seelische und damit menschliche Entwicklung nicht mehr möglich ist, wenn die eigene Geschlechtlichkeit abgelehnt wird, da diese Kraft die Basis für seelische Entwicklung ist. Wir haben keine andere Kraft zu handeln und die Vision unserer Seele in die Tat umzusetzen. Die Einheit von Körper und Seele existiert in dem Maße, in dem wir lernen, unsere Geschlechtlichkeit und sexuelle Kraft anzunehmen und zu lieben.

Nicht der Körper und die Sexualität sind die Ursache für menschliches Leid, sondern die starre traditionelle Fixierung auf die sichtbare körperliche Welt und die damit verbundene dreidimensionale Wahrnehmung. Das einseitig körperliche Bewusstsein ist es, das nicht nur zu einem introvertierten Rückzug und zur Unterdrückung der eigenen Seele, sondern auch zu einer Schwächung unserer gesamten physischen Kräfte führt. Ohne Körper kann sich die Seele nicht entwickeln, und ohne Seele degeneriert der Körper zum seelenlosen Roboter.

Die evolutionäre Kraft des Lebens, die seelische Entwicklung im Körper überhaupt erst möglich macht, ist die sexuelle Kraft. Unterdrücken wir diese, zerstören wir nicht nur die Gesundheit unseres physischen Körpers, sondern nehmen uns auch die Möglichkeit zur weiteren seelischen Entwicklung.

Wenn wir die Sexualität bekämpfen, kämpfen wir gegen die evolutionäre Ausdehnung des Lebens. Dieser Kampf fällt als Selbstzerstörung auf uns zurück.

Identifizieren wir uns dagegen nur noch mit der eigenen Körperlichkeit und Geschlechtlichkeit, reduzieren wir Sexualität auf eine rein materielle Veranstaltung im Dienste des eigenen Egos.

Alle Schmerzen, Blockaden, Programme, Muster und Erinnerungen frühkindlicher Selbstkastration unserer physisch-sexuellen Lebenskraft können wir lernen loszulassen.

PUBERTÄRE
PRÄGUNGEN

Die nächste große Konfrontation mit dem Körper und seiner Sexualität kommt in der Zeit der Pubertät. Die individuelle Beziehung zur Sexualität in der Pubertät wird wesentlich von den Erfahrungen und Einstellungen der Eltern bestimmt, die wiederum von deren körperlicher Erziehung und Aufklärung abhängig sind. Die sexuelle Vorgeschichte der Eltern spiegelt sich in der Qualität ihrer geschlechtlichen Beziehung wider.

Leidet z.B. ein Elternteil unter einer unerfüllten oder seelisch kalten sexuellen Beziehung, kann dieses Leid vom Kind aufgenommen werden. Es identifiziert sich mit der Sexualität dieses Elternteils und erlebt den anderen Elternteil als sexuell gefährlich und verletzend. Später macht das Kind als Erwachsener dann so lange dieselben Erfahrungen wie die Eltern, bis es aus diesen Erfahrungen gelernt und sie überwunden und losgelassen hat.
Wenn die Beziehung zwischen den Eltern darüber hinaus nur eine körperliche, emotionale oder materielle Interessengemeinschaft ist und nicht in wirklicher Liebe gründet, muss das Kind unter extremen, bewussten oder unbewussten, Spannungen im Elternhaus aufwachsen. Abhängig vom eigenen Geschlecht kann dies zu einer völligen Identifikation oder Kompensation mit einem Elternteil führen. So ist es möglich, dass kleine Mädchen die verdrängten Depressionen und Aggressionen ihrer Mutter übernehmen und sie ihrerseits aus Angst vor einem dominierenden und oft gewalttätigen Vater ins Unbewusste verdrängen. Das Mädchen identifiziert sich dann mit dem seelischen Zustand der

Mutter, beginnt diese zu schützen und ihr Leid zu übernehmen. Es entwickelt eine dementsprechend feindliche Haltung gegenüber der eigenen Weiblichkeit und Angst vor männlicher Sexualität. Weiblichkeit wird dann gleichgesetzt mit Unterlegenheit und Schwäche.

In vielen Fällen setzt sich in der Pubertät die seelische Isolation weiter fort, und die Seele fühlt sich mit ihren Fragen und Bedürfnissen alleingelassen und hilflos.

Je nach Vorgeschichte sammelt die Seele Erfahrungen zwischen den Polen einer sich selbst unterdrückenden Dämonisierung und einer sich verselbständigenden Idealisierung der sexuellen Kraft. Entweder dient die Sexualität als Sündenbock für seelische und zwischenmenschliche Probleme, wird verdrängt, bekämpft und tabuisiert, oder sie muss zur Überdeckung innerer Leere und zur Kompensation sozialer Defizite herhalten und erfährt eine extreme Überbewertung.
In diesem Zusammenhang spielen patriarchale und matriarchale kollektive Konditionierungen eine bedeutende Rolle. Die Extrempositionen männlichen und weiblichen Rollenverständnisses begründen dabei die Illusion eines Kampfes der Geschlechter.

Bei Frauen finden wir diese Extreme einmal in   GESCHLECHTLICHE
der sich selbst aufopfernden, immer dienst-   ROLLENSPIELE
bereiten, »liebenden« Hausfrau, die unbewusst
einem Märtyrerinnen- und Heiligenideal folgt und auf der anderen Seite in der Prostituierten, die sich die Bedürfnisse von Männern zunutze macht, indem sie sie erfüllt, um dadurch ihre eigene materielle und soziale Sicherheit zu gewährleisten.
Als Seele in einem weiblichen Körper verbirgt sich die Frau hinter patriarchalen Verletzungen ihrer Weiblichkeit und Ängsten vor neuen Demütigungen durch eine Sexualität, die nicht in seelischer oder spiritueller Liebe gegründet ist. Gleichzeitig entsteht im Unbewussten die entgegengesetzte Rolle der Täterin durch die Bereitschaft, sich seelisch und sexuell zu prostituieren und von außen herangetragene männliche Ansprüche zu befriedigen, um sich Schutz, Macht und Anerkennung zu sichern.

Heilige und Hure möchten aber aus ihrer jeweiligen Isolation herausfinden und Erfüllung und Frieden in einer seelisch integrierten und geistig verantworteten Sexualität erfahren.

Bei Männern finden wir diese Extreme zum einen im Macho-Verhalten und Chauvinismus und zum anderen im postmodernen Softie, der als Reaktion auf das Patriarchat das Kind mit dem Bade ausschüttet und den Bezug zu seiner männlichen Energie verloren hat. Der Macho sucht als Ersatz für den verlorengegangenen Kontakt zu seiner eigenen Weiblichkeit, der Seele, innere Erfüllung durch sexuelle Befriedigung und übergeht und verletzt dabei die seelische Integrität von Frauen und sich selbst. Im anderen Extrem unterdrückt der Mann die eigene Sexualität, schneidet sich von der schöpferischen Kraft ab, kastriert sich selbst und bleibt in seelischer Isolation. Macho und Softie sind zwei Seiten einer Medaille, die durch die Mitte des Herzens integriert sein wollen.

Kennzeichnend für alle Extreme dieser Rollen und die Grauzonen und Mischformen dazwischen ist immer die Trennung der Sexualität von der Mitte des Herzens,
von der Qualität der liebenden Selbstannahme und
von ihrer Ausrichtung auf den GEIST.

Viele Menschen glauben, zumindest unbewusst, sie könnten die Trennung von sich selbst durch eine Partnerschaft kompensieren. In der klassischen Rollenverteilung suchen dazu die Männer ihren verlorengegangenen weiblichen Teil in der äußeren Welt bei Frauen, und umgekehrt suchen Frauen die Verbindung zu ihrem eigenen verlorengegangenen männlichen Pol durch eine Beziehung zu Männern. Was dabei entsteht, sind in der Regel lediglich sexuelle, emotionale, seelische oder ideelle Tausch- und Handelsgeschäfte, aber keine Liebe.

Auch wenn ich ein Leben lang zahlreiche sexuelle Erfahrungen mit verschiedenen Partnern gesammelt habe, kann ich am Ende meines Lebens ohne eine wirklich erfüllte sexuelle Erfahrung dastehen, wenn meine Sexualität nicht von Herzensqualitäten getragen war.

Lange bevor die Einheit von sexueller, seelischer und spiritueller Kraft mit einem anderen Partner erfahrbar ist, müssen wir lernen, unsere Sexualität im Herzen anzunehmen. Erst wenn wir eigenverantwortlich und liebevoll mit der eigenen Sexualität umgehen, kann diese Qualität auch mit einem entsprechenden Partner geteilt werden.

Vergegenwärtigen wir uns vor diesem Hinter-   DIE GEGENSÄTZE
grund die grundsätzlichen Qualitäten des Spieles der Gegensätze. Wir erkennen durch Beobachtung und Erfahrung, durch Distanz und Teilnahme, zwei Grundkräfte des Lebens, die in ihrem Zusammenspiel ununterbrochenen Wandel bewirken:
Die eine Kraft nennen wir Werden, Dynamik, Aktivität, Tag, Wille, Helligkeit, inspirierend, befruchtend, männlich, und die andere Seite nennen wir Vergehen, Lassen, Empfänglichkeit, Nacht, Dunkel, gebärend, weiblich. Beide gemeinsam bilden auf allen Stufen des Lebens natürliche Zyklen der Wandlung. Diese ist charakterisiert durch das Streben nach Ausgleich zwischen den Gegensätzen, d.h. Bewegung und Entwicklung findet immer in Richtung desjenigen Poles statt, dessen Potentialität am geringsten entwickelt und damit am wenigsten sichtbar ist. Der Sommer verwandelt sich auf seinem Höhepunkt in eine herbstliche Bewegung in Richtung Winter und umgekehrt.
Entscheidend für unseren Zusammenhang ist, dass keine der beiden Kräfte zu irgendeinem Zeitpunkt isoliert und getrennt existiert.
Erst die Gleichzeitigkeit und das Zusammenspiel der Gegensätze ermöglichen Leben, Tod und geistig-seelisches Wachstum des Menschen. Die Gegensätze sind immer und überall gleichzeitig, wobei immer eine Seite überwiegend sichtbar ist, während sich die andere Seite überwiegend im Unsichtbaren befindet. Dennoch sind die Gegensätze nicht nur miteinander verbunden, sondern voneinander abhängig – DAS PARADOXON DES SEINS.
Deshalb heißt es auch, dass sich Wahrheit niemals sprachlich abbilden lässt, da Sprache nur zu einer Seite der Medaille gehört und das Gegenteil genauso wahr und unwahr ist. Das ist der tiefere Grund dafür, dass die weisen Menschen und die Dichter

zu allen Zeiten am liebsten in Paradoxien und Gleichnissen gesprochen haben.

Die Trennung der Gegensätze ist eine Sinnestäuschung und entsteht durch die Fixierung und Beschränkung der Wahrnehmung auf die sichtbare, die materielle, physische Seite des Lebens. Nur wenn ich mich völlig mit meinem Körper identifiziere und den entgegengesetzten Pol meiner energetischen Polarisierung in mir nicht kennenlerne, werde ich abhängig vom anderen Geschlecht in der äußeren Welt. Das bedeutet aber nicht, ein geschlechtsloses »New-Age-Neutrum« werden zu müssen. Nur wenn männliche und weibliche Energien sich in ihrer gegenseitigen Abhängigkeit kennenlernen und begegnen, befreie ich mich vom Diktat des Körperbewusstseins und gewinne innere Flexibilität.

Ich verwandle mich in einen immer noch energischen, aber auch empfänglichen Mann bzw. in eine immer noch empfängliche, aber gleichzeitig auch kraftvolle Frau.

HINGABE   Der Schlüssel zu dieser Erfahrung der dynamischen Ganzheit und die Lektion an dieser Station unserer Reise heißt Hingabe.

Hingabe an den bislang nach außen projizierten Gegenpol in mir. Hingabe an mich selbst, Hingabe an die Ganzheit meines Partners und Hingabe an den ewigen Wandel des Lebens als Strom und Lehrer meiner Erfahrungen und meines Wachstums.

Auf der körperlichen Ebene bedeutet diese Hingabe die Fähigkeit, Lust und Freude zu erfahren und einen sexuellen Orgasmus erleben zu können. Ohne die heilende Erfahrung, einen Orgasmus geschehen lassen zu können, bleiben die Körperzellen ohne die Freude und Kraft der Ganzheitserfahrung. Das Herz bleibt einsam und der Kopf in der Theorie gefangen und vom übrigen Körper getrennt. Gerade die heute übliche Fixierung auf die körperliche Dimension der Sexualität und das Fehlen von Bewusstheit und Feingefühl blockieren die Lustempfänglichkeit und den ganzheitlichen Genuss. Die sexuelle Energie braucht die Wärme der Liebe des Herzzentrums und ein sich selbst bewusstes stilles Gewahrsein, um von unten nach oben durch den gesamten Körper fließen zu können. Ohne sexuelle Heilung durch Ver-

trauen und Hingabe wird es auf den späteren Stufen des Weges
sehr schwer, das Ego und die eigene Seele dem HÖCHSTEN GEIST
ganz hinzugeben, da nie gelernt wurde, dem Fluss der Lebensenergie und der Entwicklung des Lebens insgesamt zu vertrauen.

Im Zuge der Patriarchalisierung des Christentums haben wir uns
von der Schönheit und Heiligkeit, Lust und Lebensfreude der
sexuellen Kraft entfernt. Wir wagten nicht mehr, unsere ganze
Leidenschaft in unserem Herzen vor unser eigenes Angesicht und
vor das Angesicht des HÖCHSTEN GEISTES zu bringen. Ohne
Leidenschaft bleibt unser Leben aber ein laues Lüftchen und wir
erschaffen nichts. Unsere Lust und Leidenschaft ist dieselbe
Kraft, die das gesamte Universum erschaffen hat und uns zur individuellen Erfahrung in die Unendlichkeit von Zeit und Raum
hinausgeworfen hat. Diese unsere individuelle Lebenskraft
möchte auf dem Altar der Stille unseres Herzens geopfert und zur
Quelle des HÖCHSTEN GEISTES in uns zurückgeführt werden, um
den Zyklus der Trennung von unserem Ursprung zu beenden.
Nur wenn wir unsere ganze Lebenskraft einsetzen, wird unsere
mystische Liebesbeziehung zum HÖCHSTEN GEIST die heiße und
himmlische Affäre, nach der wir uns sehnen und deren Magnetismus uns nach Hause in das Bewusstsein des Einsseins führt.

*Jede Angst vor Leidenschaft, Lust, Lebendigkeit und
Lebensfreude können wir lernen loszulassen, indem wir
uns selbst wieder die Erlaubnis geben, mit dieser Kraft zu
fließen, sie mit unserem Herzen zu empfangen und mit
unserem Bewusstsein zu begleiten.*

Es gibt keine tiefere, befriedigendere und erfüllendere sexuelle
Praktik, als dem Fluss der Lebensenergie ganz von selbst zu folgen
und sich von ihr tragen zu lassen.
Auch an diesem Punkt müssen wir wieder die Angst vor dem Verlust der Kontrolle unseres Egos loslassen und lernen, der Lebenskraft zu vertrauen. In dem Moment, in dem wir unser Herz für
die sexuelle Kraft öffnen, zeigt sie uns nicht nur den Weg zu den
Höhen ungeahnter sinnlicher Freuden, sondern kehrt sich in ein
Feuer der Verwandlung um, in dem unsere Ängste und Schmer-

zen, unsere Zerrissenheit, Einsamkeit und Trennung transformiert werden. Eine einzigartige Begegnung des Einsseins mit unserem Partner geschieht dann von selbst.

Die heutige ergebnisorientierte Sexualität mit ihrem postfaschistoiden Jugendkult und ihrem medialen Getöse ist gerade durch die Fixierung auf körperliche Formen und sexuelle Leistungskraft orgasmusfeindlich. Der Lebensenergie ist es egal, wie alt der Körper ist und wie er aussieht; viel wichtiger ist, dass der Energie erlaubt wird zu fließen. Das geschieht nur durch Selbsterlaubnis, denn Hingabe ist *Sein im Fluss der Kraft.*

Vor die Transzendierung haben die Götter die menschliche Erfahrung, die Integration und Transformation der Sexualität gesetzt. Erst was ich erfahren habe, kann ich auch loslassen, sonst bleibt ungelebtes Leben zurück. In der Tat sind heute viele Seelen verkörpert, die ein aufrichtiges Bedürfnis nach einem spirituellen Leben haben, aber die unteren Bereiche des Körpers und des Lebens niemals erfahren haben. Manche wundern sich noch immer, warum sie hier sind.

Ich halte es aber gleichzeitig für sehr wichtig, darauf hinzuweisen, dass es für westliche Menschen eine gefährliche Illusion ist, durch seelisch integrierte Sexualität geistige Höhen erreichen zu wollen. Heutzutage werden gerne sexuelle, seelische und spirituelle Erfahrungen und Energien im Namen einer fragwürdigen Selbstverwirklichung und pseudotantrischer Experimente miteinander vermischt. Es soll »Experten« geben, die dabei sexuelle und geistige Höhen nicht voneinander unterscheiden können.

Unsere spirituellen Ahnen hatten sich schon etwas dabei gedacht, als sie sexuelle Enthaltsamkeit als Bedingung und wesentliche Erleichterung auf dem geistigen Pfad lehrten.

Das hat vielleicht ja etwas damit zu tun, dass uns immer nur das gehört und wir immer nur die Kräfte beherrschen, die wir losgelassen haben.

Die Lehre vom Verzicht ist zwar nicht sehr beliebt, wird sich unter den bleibenden Wahrheitssuchern aber aufgrund ihrer

Plausibilität zum Ende des geistigen Weges wieder durchsetzen. Wichtig ist für unseren jetzigen Zusammenhang, dass wir sexuelle Heilung und Integration nicht mit spiritueller Erfahrung verwechseln und vermischen dürfen.

In manchen Kreisen wird übrigens manchmal auch die komplementäre Einheit der Gegensätze mit der Illusion einer spannungsfreien Verschmelzung der Polaritäten verwechselt. Dies gilt besonders für Seelen, die männliche Energie bekämpfen und ihre Angst vor dem wechselvollen Leben mit seinen Konflikten in symbiotischer Abhängigkeit und Harmoniesucht verbergen. Eine geschlechtslose Neutralisierung der Gegensätze innerhalb der Dualität kann es nicht geben, da der rhythmische Atem zwischen den Polen der Dualität sonst aufhören würde, sich zu bewegen, was das Ende des Lebens und aller Entwicklung wäre. Die zyklische Bewegung des Kreislaufs des Lebens ist unendlich und kann nicht durch Widerstand vermieden, sondern nur durch Hingabe verwandelt und transzendiert werden. Je mehr wir loslassen, desto bewusster wird unsere Ausrichtung in der Mitte des Herzens auf den HÖCHSTEN GEIST. Je intensiver wir die Gegensätze erfahren, desto mehr wächst unsere Neutralität gegenüber ihren Extremen und die Erkenntnis der Einheit des Seins.

Die vielen Frustrationen, die die Seele in zahllosen Möglichkeiten im Spannungsfeld sexueller Extreme und Rollenspiele mit dem anderen Geschlecht erlebt, führen schließlich zur Verwandlung und Transzendierung der Beziehung zur Sexualität und zum anderen Geschlecht. Die menschliche Seele lernt ihre Erfüllung nicht mehr im Außen zu suchen, sondern in der Beziehung zu sich selbst. Sie lernt die Leidenschaft der sexuellen Kraft durch Hingabe an die Liebe zurück in das Herz zu führen. Dadurch verwandelt sich die Sexualität zunehmend in eine das ganze Leben erfassende und durchdringende leidenschaftliche Lust und Kraft, den Herausforderungen und Prüfungen des Alltages zu begegnen, die Lebensaufgabe zu erfüllen und im gesamten Lebensvollzug eine einzige Liebesbeziehung mit dem Leben und seinem Schöpfer zu erkennen.

DAS LEBEN ALS   Das Leben selbst ist die dynamische Liebes-
LIEBESBEZIEHUNG   beziehung des Ein- und Ausatmens zwischen
Schöpfer und Geschöpf, Geist und Seele. Alles
Leben besteht in dieser dreieinigen Liebesbeziehung zwischen
geistigem Ursprung, individualisierter Form und der Beziehung
zwischen beiden: Liebender, Geliebter und das Lieben selbst.

Wenn die Seele gelernt hat, was sie im Außen nicht fand, im Innen
zu suchen und eine Beziehung zu sich selbst zu leben, wird sie reif
für eine spirituelle Partnerschaft, die in Freiheit und gemeinsamer
Liebe zum HÖCHSTEN GEIST begründet ist und ein Gleichgewicht
zwischen Nähe und Distanz schafft.
Glücklicherweise leben wir heute in einer Zeit, in der wir uns mit
unserem Partner gemeinsam auf den geistigen Pfad begeben können.

An dieser Stelle müssen wir einmal mehr alte Vorurteile vergessen,
denn der HÖCHSTE GEIST kann uns nicht nur als GÖTTLICHER VATER
oder als GÖTTLICHE MUTTER begegnen, sondern an der zweiten
Station unserer Reise wird es, wenn wir das Glück, die Gnade und
das notwendige Bemühen haben, dazu kommen, dass uns der
HÖCHSTE GEIST auch als GELIEBTER und GELIEBTE begegnet, sei es in
uns, in Träumen, Visionen oder außerhalb in Form eines konkreten,
materialisierten Partners. Voraussetzung dafür ist die charakterliche
Reife, die sich in der Bereitschaft zur Hingabe an den Partner zeigt,
eine gemeinsame partnerschaftliche transzendente Ausrichtung,
eine gemeinsame Vision und die Bereitschaft, durch kontinuierliche
Arbeit an sich selbst gemeinsame innere und äußere Ziele zu erreichen.

Unabhängig aber von unseren irdischen Beziehungsspielen und der
geschlechtlichen Polarisierung des Körpers sind alle Menschen aus
geistiger Sicht als Frau anzusehen, da die Seele aller Menschen in
Beziehung zum HÖCHSTEN GEIST durch die Liebe weiblich gepolt ist.
Aus geistiger Sicht existiert nur eine einzige Polarität, und das ist
nicht das Spiel der vielen tausend gegensätzlichen Möglichkeiten
innerhalb der Dualität, sondern die Polarität zwischen der dualen
Welt und dem HÖCHSTEN GEIST.

Die evolutionäre Kraft des Lebens, die in der Sexualität ihren Ausdruck findet, führt die Seele durch die materielle Welt der Polarität, so dass die Seele durch viele Erfahrungen desillusioniert wird und lernt, die ursprüngliche Einheit von HÖCHSTEM GEIST, ihrem Selbst und dem Körper wiederherzustellen.

Der Unterschied zwischen Mann und Frau besteht in den verschiedenen Graden der »Aufhängungspunkte der Wahrnehmung«, so dass in dem Maß von männlich und weiblich gesprochen werden kann, wie das Bewusstsein der Seele über sich selbst zum einen oder anderen Pol tendiert. Die Ausprägung dieser Tendenz determiniert den jeweiligen physischen Körper und schafft so die Instrumente, die der individuellen geistig-seelischen und materiellen Aufgabenstellung auf dem Weg gerecht werden. Eine erwachte Beziehung zwischen Mann und Frau durchschaut das Spiel der Gegensätze und gipfelt in der gemeinsamen Liebesbeziehung zum HÖCHSTEN GEIST, der nun zunehmend als die Gleichzeitigkeit und das Gleichgewicht der männlichen und weiblichen Energie erfahren wird. Es versteht sich, dass eine menschliche Beziehung für diese Erfahrung weder Bedingung noch Begrenzung ist.

Ein verwandelter Erfahrungsraum der zweiten Station der seelischen Reise durch das Leben – ein verwandeltes Körperbewusstsein – lebt deshalb durch die Tiefe der Liebesbeziehung der reintegrierten Seele, die gelernt hat, die Lebenskraft durch Hingabe an das Herz in das Bewusstsein zu integrieren.

Der gesamte Loslass-Prozess, durch den die menschliche Seele während ihrer irdischen Entwicklung hindurchgehen muss, ist mit wachsender Intensität ein Prozess der Hingabe. Diese verwandelt sich von sexueller und emotionaler zu seelischer und spiritueller Hingabe.

Gerade wenn wir uns in der Bundesrepublik Deutschland befinden, darf nicht in Vergessenheit geraten, dass mit dem Prinzip der Hingabe auch die grausamsten Erfahrungen verbunden sind, die Menschen bisher überhaupt gemacht haben: die unerlöste, die blinde Hingabe an ein äußeres Führerprinzip.

SCHATTEN DER HINGABE

Diese Form der Hingabe findet sich weit subtiler noch heute in den institutionalisierten Religionen, im Glauben des Bürgers an gesellschaftstragende Autoritäten und in der unreflektierten Verehrung zahlreicher Gurus, seien sie nun integer oder nicht. Es sei deshalb noch einmal ausdrücklich festgestellt, dass hier nicht von einer äußerlichen autoritätsorientierten Hingabe die Rede ist, sondern von einer Hingabe und Offenheit uns selbst gegenüber. Es ist die Hingabe des Herzens, in der zwar die Kontrolle durch den logischen Verstand losgelassen, aber das Bewusstsein und Unterscheidungsvermögen nicht ausgeschaltet werden. Diese Hingabe uns selbst gegenüber kann immer nur aufrichtig sein, da bedingungslose Offenheit ihre Voraussetzung ist.

Wir können uns nur ganz oder gar nicht hingeben.

Wir können uns nur ganz oder gar nicht begegnen.

Wir können nur ganz oder gar nicht vertrauen.

Dazwischen gibt es nichts.

Natürlich brauchen wir Zeit und Geduld, um die Ganzheit des Herzens durch Vertrauen und Hingabe wiederherzustellen, aber die Richtung muss klar und entschieden sein, auch wenn der Grad der Verwirklichung sich von Zeit zu Zeit vertieft.

Aber auch in menschlichen Liebesbeziehungen und in der Beziehung zum HÖCHSTEN GEIST versuchen viele Menschen, sogar die Hingabe zu instrumentalisieren, nach dem Motto: »Ich gebe mich Dir etwas hin, lieber GOTT, und dann will ich erst mal sehen, was ich dafür bekomme.« – Das ist Berechnung, Verhandlung und Diskussion, aber keine Hingabe.
Wahre Hingabe gibt alles und erwartet nichts, sie findet ihre Erfüllung in sich selbst, weil der Mensch gelernt hat, dass er ohne Hingabe für immer ein isoliertes, einsames, unwissendes und trauriges Wesen bleiben wird. Hingabe ist deshalb letztendlich nicht davon abhängig, ob ich einen Partner habe oder nicht, sondern bezieht sich auf das Leben selbst.

Hingabe ist also kein Mittel zum Zweck, auch nicht zum spirituellen Zweck, sondern findet ihre Erfüllung in der Freude, der Leichtigkeit des Seins. In dieser Leichtigkeit begegnet uns der HÖCHSTE GEIST als GÖTTIN, GELIEBTE und GELIEBTER, in welcher Form und unter welchem Namen auch immer. Durch diese Begegnung relativiert sich unsere eigene geschlechtliche Polarisierung und Sexualität, und am Ende unserer weltlichen Erfahrungen können wir erkennen: Jeder Mensch, unabhängig ob in einem männlichen oder weiblichen Körper, ist durch seine Seelenhaftigkeit weiblich gepolt und dazu bestimmt, sich dem HÖCHSTEN GEIST DES LEBENS hinzugeben. Durch Hingabe finden unser seelisches Sein und unser geistiges Bewusstsein wieder zueinander, und die Gegenwart des HÖCHSTEN GEISTES trifft in der Mitte unseres Herzens die Kraft des Lebens aus unserem Becken. Oben und Unten begegnen sich in Liebe. Dadurch bekommt unsere Sexualität eine Richtung, ein Ziel, Frieden und Fruchtbarkeit, und der HÖCHSTE GEIST bekommt die Möglichkeit in unserem Herzen zu landen. Wir erhalten Kraft zum Handeln, Leben und Dienen.

Alle Ängste, Komplexe, Schamgefühle, sexuellen Verletzungen und Ideologien, die uns an der Hingabe in der Sexualität und der Hingabe an den Fluss des Lebens hindern, können wir lernen loszulassen!

Nimm Deinen Platz ein im Tanz der Ganzheit!

Tanze Deinen eigenen Tanz – den Tanz der Lebenslust, der Hingabe und des Lebens!

Gib Dich hin und lebe ganz!

Finde im Tanz die Ganzheit Deines Seins!

Hoch lebe der Tanz des universalen Gleichgewichtes!

ICH LASSE LOS...   *...die Seelenentscheidungen, mich nie*
wieder in einem weiblichen/männlichen
Körper zu inkarnieren...
...die Programmierung, dass der physische Körper eine Strafe
Gottes ist...
...die Angst, im dichten materiellen Körper den Kontakt zum
Licht in der Seele zu verlieren...
...die Programmierung, dass es seelische Reinheit nur außerhalb
des Körpers gibt...
...den Widerstand, den Körper meiner Mutter zu verlassen...
...die Schmerzen, Ängste und Widerstände meiner Mutter bei
der Geburt zu übernehmen...
...die Angst zu ersticken und alle anderen möglichen
Auswirkungen von Geburtstraumata...
...die Angst vor der Welt und vor der Ablehnung meiner
Umgebung...
...das Gefühl, bei der Geburt außerhalb meines Körpers
geblieben zu sein...
...das Leben im Körper schon immer nur aus der Beobachter-
und/oder Warteposition zu erleben...
...das Gefühl, schon so lange vergessen worden zu sein, dass ich
mich selbst vergessen hatte, um die Einsamkeit des Nicht-gewollt-
Werdens nicht mehr fühlen zu müssen...
...den Schmerz, dass meine Eltern nur meinen Körper gesehen
haben – und nicht meine Seele und die Liebe, die ich für sie
mitgebracht habe...
...Traurigkeit, Schmerz, Hilflosigkeit, Ärger, Wut, Hass und
Selbsthass, weil mein Eltern lieber einen Jungen/ein Mädchen
haben wollten...
...die Entscheidungen, mich deshalb aus dem Körper zurückzu-
ziehen, um die Erwartungen meiner Eltern nicht zu ent-
täuschen...
...die Angst, von Männern/Frauen sexuell missbraucht zu
werden...
...den Kampf gegen das eigene Geschlecht...
...die Entscheidungen, mich von meiner Lebensenergie
abzuschneiden und meine unteren Chakren zu blockieren...
...die Angst vor meiner Kraft...

...Hilflosigkeit, Schmerz und Überforderung, weil ich mich in der Pubertät allein gelassen fühlte...

...alle Entscheidungen, nicht erwachsen zu werden und nicht mehr fruchtbar zu sein, um die Fehler früherer Generationen nicht zu wiederholen...

...Trauer, Schmerz und Wut über die Trennung der Sexualität von der Liebe und der Spiritualität im Patriarchat...

...die Auswirkungen sexueller Misshandlungen durch Männer und Frauen...

...die Aggressionen und Depressionen, die ich aufgrund der leidvollen sexuellen Beziehung meiner Eltern aufgenommen habe...

...Ekel und Schamgefühle über sexuelle Erfahrungen ohne Liebe...

...alle fremden Energien, die Männer in meinem Körper hinterlassen haben, um mich zu kontrollieren...

...die Entscheidungen, Männern bzw. Frauen zu erlauben, mich sexuell zu kontrollieren...

...die Entscheidungen, für die körperlichen Bedürfnisse meines Partners Verantwortung zu übernehmen...

...meine sexuellen Wünsche und Phantasien zu unterdrücken und mich für meine unterdrückten sexuellen Bedürfnisse selbst zu bestrafen...

...Schuld- und Schamgefühle über meine Sexualität...

...den Wunsch, andere Menschen sexuell zu manipulieren, um sie zu besitzen...

...meine sexuelle Abhängigkeit nicht sehen, wahrhaben und loslassen zu wollen...

POSITIVE
AFFIRMATIONEN

Ich begrüße meine Kraft.
Ich nehme meine Kraft an.
Ich nehme meinen Körper an und fülle ihn mit meiner Liebe aus.
Ich schenke meiner Seele den Raum meines Körpers.
Ich genieße meine Lebendigkeit.
Ich bin eins mit dem Fluss des Lebens.
Ich lasse meine Leidenschaft in Liebe fließen.
Ich gebe mich dem Leben hin. Ich gebe mich mir selbst hin.
Ich genieße meine Kreativität.
Ich drücke meine Kraft aus.
Ich bin lebendig.
Der Ausdruck meiner Lebendigkeit ist Schönheit.
Das Leben ist ein Tanz.
Das Leben ist mein Geliebter, meine Geliebte.
Ich schreie meine Lebendigkeit zu den Sternen hinauf!

3

DER ORT
DER PERSÖNLICHEN KRAFT:

MITGEFÜHL, GELASSENHEIT UND MUT

NOCH EIN TRAUM *Ich befand mich mit einer kleinen Reisegruppe meiner engsten Freunde auf der Durchreise zwischen zwei Ländern im Gebäude eines großen internationalen Flughafens. Die Atmosphäre war kalt, anonym, abweisend und bedrohlich, da der Flugplatz zu einem totalitären Militärstaat gehörte. Zur Prozedur der Abfertigung gehörte auch die Leibesvisitation eines jeden Reisenden in speziell für diesen Zweck gebauten und von außen nicht einsehbaren Kabinen. Nachdem ich bereits mit fast allen Mitgliedern unserer Reisegruppe ohne Beanstandungen die Kontrollen passiert hatte, warteten wir nur noch auf einen Freund, dessen Überprüfung offensichtlich länger als üblich dauerte. Er war der einzige Dunkelhäutige unserer Gruppe, so dass erste Befürchtungen aufkamen, er könnte aufgrund seiner Hautfarbe Schwierigkeiten bekommen haben.*

Als ich mich in der Nähe der Untersuchungskabinen beim zuständigen Personal nach seinem Verbleib erkundigen wollte, hörte ich plötzlich seine Schreie. Durch eine offenstehende Tür konnte ich sehen, dass unser »schwarzer Freund« gefoltert wurde. Die verantwortlichen Soldaten drängten mich sofort zu verschwinden, drohten mir und teilten mir mit, dass unser Freund die Grenze nicht passieren könne, ein Krimineller sei und in Haft genommen werden würde. Mittlerweile wurden die Schreie aus dem Hintergrund lauter, und in mir entstand ein ungeheurer Gewissensdruck. Ich schwankte zwischen dem Impuls zu fliehen und wenigstens mein eigenes Leben zu retten und dem Wunsch zu helfen. Was konnte ich tun? Im Bruchteil von Sekunden versuchte ich mich an alles zu erinnern, was ich bisher auf meinem Weg gelernt hatte, und der zentrale Satz war: »Widerstehe nicht dem Übel, sondern verwandle die Dunkelheit durch Licht!«

*Mit Hilfe meines Atems entleerte ich mein Bewusstsein von hekti-
schen Gedanken und ängstlichen Gefühlen und konzentrierte meine
Kräfte auf die Gegenwart der Stille. Dann öffnete ich mein Herz für
den HÖCHSTEN GEIST und bat darum, Instrument für seine bedingungslose Liebe sein zu dürfen und sie durch meinen Körper zu
meinem bedrängten Freund und seinen Gegnern ausstrahlen zu
dürfen. Plötzlich stürmten von allen Seiten Flughafenbedienstete auf
mich zu, die nun nicht mehr militärisch, sondern in die rosaroten
Gewänder einer Sekte gekleidet waren. Zunächst versuchten sie,
mich durch Waffengewalt einzuschüchtern, doch durch den Bann-
kreis der Stille war ich offensichtlich nicht zu erreichen.*

*Dann wurde mir moralisch gedroht, dass ich gegen GOTTES Gesetze
verstoßen würde, wenn ich weiter Licht ausstrahlen und dadurch ihr
Leben zerstören würde. Als das nicht half wurde mir Macht, Ruhm
und Reichtum versprochen, wenn ich sie verschonen und am Leben
lassen würde. Schließlich wurde mir gesagt, dass sie ursprünglich
Familienmitglieder von mir seien, und ich nicht gegen meine eigene
spirituelle Familie kämpfen dürfe.*

*Ich wusste nur, dass ich überhaupt keine Reaktionen auf das
Geschehen um mich herum zeigen durfte und blieb ganz in der
Gegenwart der liebenden Stille zentriert.*

Daraufhin geschah etwas vollkommen Unerwartetes.

*Wie aus einer Luftmatratze, aus der plötzlich die Luft abgelassen
wird, wich jedes Leben aus den rosaroten Gestalten. Ihre Gewänder
und Waffen sanken zu Boden und verwandelten sich unter einem
lauten Zischen in kleine Aschehäufchen.*
*Unser dunkelhäutiger Freund war befreit, und fortan diente der
innere Feind mir, anstatt umgekehrt.*

Die dritte Station unserer Reise ist in ihrer Struktur deutlich komplexer als die Vorhergehenden und führt uns analog zum Nervenzentrum des Sonnengeflechtes im Bauch durch das sogenannte 3. Chakra zum Zentrum der persönlichen Macht. Wir können es als psychische Mitte des Menschen betrachten, in der die seelische Beziehung zwischen äußerer und innerer Welt reguliert wird.

Hier zeigen sich folgende Themen:

· *die Welt der Gefühle*

· *die Beziehung zu Vater und Mutter*

· *der persönliche Wille*

· *der Schatten (bzw. der innere Feind oder Gegenspieler)*

· *die dunkle Seite der Macht*

Gefühle sind entgegen der vorherrschenden rational-patriarchalen Konditionierung eine nicht zu vernachlässigende Größe des Menschseins. In ihnen sind Informationen über die unsichtbare Geschichte unseres Lebens und unserer Seele gespeichert. Wenn wir sie zum Ausdruck bringen, können wir lernen, wie die Geschichte unserer Seele verlaufen ist. Gefühle sind die Nahtstelle, die die innere seelische und äußere biographische Lebensgeschichte wieder zusammenbringen.

GEFÜHLE ALS TRÄGER SEELISCHER INFORMATION

Wir können unsere Gefühle auch als ein seelisches Radarsystem ansehen, das uns den Weg vom Unbewussten ins Herz und in das Bewusstsein zeigt. Nur wenn eine Lektion des Lebens auch gefühlt wurde, können wir daraus lernen, denn im Unterschied zu unserem Bewusstsein lernt unsere Seele nicht nur durch Erkenntnis, sondern auch durch Erfahrung.

Unser Gefühlsleben entwickelt sich in der Kindheit durch die emotionale Beziehung zu den Eltern. In dem Maße, wie wir als

individuelle Seele von unseren Eltern gewollt, gesehen, geliebt
und angenommen wurden, wir unsere Kraft und den Gefühlsreichtum als Kinder ausleben durften, in dem Maße besitzen wir
auch Vertrauen in die Vielfalt unserer Gefühle.

NÄHE-DISTANZ-   Dabei spielt das Verhältnis von Anziehung und
VERHÄLTNIS   Abgrenzung, von Nähe und Distanz eine ent-
                 scheidende Rolle für das emotionale Selbstbild, das
in dieser Lebensphase entsteht. Durch Ablehnung oder Akzeptanz des Kindes in der äußeren Welt konkretisieren sich aus der
Beziehung der Seele zu Vater und Mutter die vielfältigen Möglichkeiten des emotionalen Spektrums von Freude und völliger
Offenheit bis hin zu Schmerz, Trauer, Angst, Ärger, Trotz, Wut
und Hass.

Dazu müssen wir uns in die Lage der kindlichen Seele versetzen
und uns vorstellen, dass die weitaus überwiegende Anzahl der
Seelen trotz aller mitgebrachten Handicaps gerne zur Welt
kommt, um sich zu entwickeln. Diese grundsätzliche Bejahung
des Lebens, die sich durch die Geburt und auch die Wahl des
Elternhauses manifestiert, drückt sich in der frühen Kindheit
durch eine uneingeschränkte und unreflektierte Liebe zu den
Eltern aus.

In den vielen Jahren der Loslassarbeit mit vielen Tausend Teilnehmern ist mir noch niemals eine Seele begegnet, die nicht,
zumindest als Kind, ihre Eltern bedingungslos geliebt hätte.
Selbst wenn schwerwiegende Zerwürfnisse aus früheren Inkarnationen vorhanden sind (was übrigens eher die Regel als die Aus-
nahme zu sein scheint), so kommen die Seelen doch mit offenem
Herzen und gutem Willen in die neuen Familienverhältnisse, um
aus der Vergangenheit zu lernen und durch Liebe gemeinsam
darüber hinauszuwachsen.

Der Wunsch der kindlichen Seele, ihr Leben und ihre Liebe mit
den Eltern zu teilen, bedarf allerdings der elterlichen Erwiderung
und Anerkennung. Je jünger ein Kind ist, desto mehr Berührung,
Kontakt, Nähe, Anerkennung und Geborgenheit braucht es,
damit sein seelisches Potential den kindlichen Körper ausfüllen

und zu einer Persönlichkeit heranwachsen kann. Ohne die emotionale und seelische Bestätigung durch die Eltern bleibt die Seele ohne Bezug zur Welt und sich selbst, da sie niemals eine Möglichkeit hatte, ihre Identität durch den Spiegel eines liebenden Gegenübers zu erfahren.

Als Kinder haben wir, von einigen wenigen weiterentwickelten Seelen einmal abgesehen, in der Regel keine Möglichkeit, uns vor dem Verhalten unserer Eltern zu schützen. Wir haben nicht nur keine Chance uns abzugrenzen, wir sind sogar von der äußeren Anerkennung durch unsere Eltern abhängig. Das führt dazu, dass wir die Gefühle, Wünsche und Verhaltensweisen unserer Eltern aufnehmen und zu unseren eigenen machen, um dadurch den Erwartungen der äußeren Welt zu entsprechen und einen Platz in der Familie finden zu können. Dadurch beginnt ein Prozess der Selbstkorrumpierung, in dem die ursprünglichen, von der Seele empfundenen Gefühle und Bedürfnisse unterdrückt werden und zur schleichenden psychischen Selbstzerstörung führen, während die emotionalen Muster der Eltern übernommen werden.

Betrachten wir vor diesem Hintergrund einige extreme emotionale Muster und seelische Positionen, die durch die kindliche Bindung an die Eltern entstehen können. Jeder interessierte Leser, für den diese Station der Loslassreise ein aktuelles Thema ist, kann dann durch eigene Erinnerungen und Assoziationen überprüfen, inwiefern er eine Resonanz zu den dargestellten emotionalen Rollenspielen verspürt und alte Rollen reif zum Loslassen sind.

Weit verbreitet und bekannt ist z.b. der seelisch abwesende Vater, der seine väterliche Aufgabe allein in der Aufrechterhaltung des materiellen Familienbetriebes sieht. Solch ein Vater mag durchaus tagtäglich physisch anwesend sein. Hat er aber selbst nicht gelernt, emotionale Bedürfnisse und seelische Nähe zu zeigen, werden seine Kinder sich zeitlebens emotional »außen vor« und innerlich von ihm verlassen fühlen.

EMOTIONALE VATERBEZIEHUNG

Infolgedessen kann das Kind zeitlebens unbewusst der Anerkennung seitens des Vaters hinterherlaufen oder sich in vielen

Lebenssituationen von anderen Menschen übersehen fühlen. Es zieht sich enttäuscht und frustriert zurück, um zu warten, zu warten und zu warten, bis die Wahrnehmung seiner Bedürfnisse und brachliegenden Gefühle zur Vaterfigur absterben und sich in das Unbewusste zurückziehen. Der seelische Zustand entspricht dann in etwa dem Gefühl, »bestellt und nicht abgeholt« worden zu sein.

Das andere Extrem ist ein Vater, der die Bedürfnisse und den Willen des Kindes nicht achtet und die Grenzen des Kindes verletzt, um es zu besitzen und zu beherrschen. In diesem Fall haben wir zu viel Nähe und zu wenig Distanz väterlicherseits. Das ist vor allen Dingen dann der Fall, wenn Eltern die Bedürftigkeit und emotionale Abhängigkeit ihrer Kinder missbrauchen, um sie durch Drohungen und Strafen in das Bild zu zwängen, das sie sich von ihnen gemacht haben. In einem solchen Fall kann dem Vater z.B. die Darstellung und Außenwirkung seiner Familie wichtiger sein als die seelische Wahrheit seines Kindes und seine Beziehung zu ihm. Solche Väter werden von ihren Kindern im Unbewussten häufig als »Gefängniswärter« und als Quelle ständiger Bedrohung empfunden.

An dieser Stelle sollte erwähnt werden, dass es für den Loslassprozess keine Rolle spielt, warum und weshalb die Eltern sich so verhalten haben. Es geht nicht darum, Entschuldigungen, Erklärungen und Rechtfertigungen für das elterliche Verhalten in deren Biographie zu suchen, genausowenig wie die Eltern auf die Anklagebank gehören. Von entscheidender Bedeutung für den emotionalen Ausdruck im Loslassprozess ist die kindliche Perspektive und das unmittelbare emotionale Erleben des Kindes. Die Gefühle des Kindes, das wir selbst gewesen sind, möchten nicht erklärt, sortiert und rationalisiert, sondern gefühlt und ausgedrückt werden.
Viele Menschen, die mit einer Attitüde rationaler Überlegenheit oder religiöser »Selbstlosigkeit« versuchen, ihre Gefühle und fremde Verhaltensweisen zu entschuldigen, fliehen lediglich vor der überfälligen Konfrontation mit der elementaren Kraft ihrer Gefühle gegenüber den beteiligten Personen.

*Erst wenn wir diese Gefühle ausgedrückt haben, können
wir sie loslassen und erst wenn der verdrängte Anteil der
eigenen seelischen Wahrheit ans Licht gekommen ist,
können Loslassen und Vergebung wirksam werden.*

Es kann deshalb durchaus sinnvoll sein, auch noch in späteren
Lebensphasen eine mündliche, schriftliche oder therapeutische
Aussprache mit den Eltern zu suchen. Ihre physische Anwesenheit ist dazu nicht zwingend erforderlich, in vielen Fällen aber
ratsam.

Betrachten wir nun extreme mütterliche Ver-   EMOTIONALE
haltensweisen, die zu emotionalen Belastungen   MUTTERBEZIEHUNG
des Kindes führen können.

Im allgemeinen nicht so häufig wie bei den Vätern, kommt es
auch bei Müttern vor, dass sie emotionale Distanz und Kälte
gegenüber ihren Kindern zeigen. Dies geschieht besonders dann,
wenn das Kind als »Störenfried« für die ursprüngliche Lebensplanung der Mutter angesehen wird. Vielleicht hatte die Mutter
noch Vorstellungen und Wünsche an ein Leben ohne Kinder,
vielleicht wollte sie den Vater des Kindes nicht länger als Partner
haben – das Kind wird jedenfalls als biographischer Betriebsunfall angesehen und deshalb nicht mit der notwendigen emotionalen und individuellen Zuwendung bedacht.

Der gegenüberliegende Pol der gefühlskalten Mutter ist die keine
kindlichen Grenzen achtende »Glucke«, die Übermutter, die
kindliche Bedürftigkeit ausnutzt, um das Kind emotional zu manipulieren und zu besitzen. Das geschieht gerade bei Müttern, die
»es besonders gut meinen« und dabei nicht mitbekommen, dass
sie ihr Kind zur Unselbständigkeit erziehen, um ihre eigene
innere Leere und ihr nicht gelebtes Leben zu überdecken. Dieser
Muttertypus setzt seelische Nähe unbewusst berechnend ein, um
dem Kind zu geben, was es braucht, aber eben immer nur zu den
Bedingungen der Mutter, die eine wie auch immer geartete
Gegenleistung und »Dankbarkeit« erwartet. Die Mutter wirft
ähnlich einer Spinne ein emotionales Netz von Erwartungen und

moralischen Idealen um ihr Kind, welches häufig auch noch den Namen der Liebe trägt. Es ist aber höchstens bedingte Liebe, wenn nicht Macht- und Besitzanspruch. Als Konsequenz wird das Kind bei der ersten Gelegenheit seine emotionalen Bedürfnisse verleugnen, um frei zu sein. »Liebe« erscheint diesem Kind nur als zynisches Mittel zur gegenseitigen Manipulation, so dass es von Gefühlen und »Liebe« verständlicherweise für lange Zeit nichts wissen will.

BEDEUTUNG DER ELTERNBEZIEHUNG Die Entwicklung der kindlichen Emotionalität wird aber nicht nur durch die Beziehung zu Mutter und Vater geprägt, sondern auch durch die Qualität der Beziehung, die die Eltern untereinander führen. Besonders schwer, um nicht zu sagen fast unmöglich, ist eine selbstbestimmte emotionale Entwicklung für Kinder, die unter starken psychischen Spannungsverhältnissen zwischen den Eltern aufwachsen müssen, wobei es für die emotionale Wirklichkeit unerheblich ist, ob diese Spannungen ausgelebt oder verleugnet und unterdrückt werden. Auch die den Eltern nicht bewussten Ausstrahlungen ihres Unbewussten werden vom Kind gefühlt und aufgefangen, was spätere Unterschiede in der Wahrnehmung der familiären Wirklichkeit zwischen Eltern und Kindern verständlich macht.

Gerät ein Kind in die unbewussten oder offenen Streitereien, Kämpfe und emotionalen Spannungen zwischen den Eltern, kann dies sein Gefühlsleben polarisieren und schließlich zerreißen, da es mitbekommt, dass Vater und Mutter gleichzeitig im Recht und im Unrecht sind. Das Kind ist überfordert, die eigenen Eltern zunächst zu lieben und in der Folge der familiären Spannungen hassen lernen zu müssen, um sich selbst abzugrenzen, zu schützen und überleben zu können.

Die Erfahrung, die eigenen Eltern gleichzeitig zu lieben und zu hassen, sich gleichzeitig nach ihnen zu sehnen und sie abzulehnen, führt in den meisten Fällen zu sehr starken unbewussten Seelenentscheidungen, überhaupt keine Gefühle mehr zu zeigen, sie zu unterdrücken und zu kontrollieren, um keine Blöße und keine Angriffsfläche mehr zu bieten und die emotionale Verwirrung nicht mehr ertragen zu müssen.

Fast noch deprimierender für das kindliche Erleben und   ELTERLICHE
im nachhinein noch schwieriger zu erreichen und zu   IGNORANZ
heilen ist die vollkommene Ignoranz der Welt der
Erwachsenen gegenüber den kindlichen Gefühlen.
Wird das Kind in seinen Gefühlen manipuliert, unterdrückt und
bestraft, kann es dies später immer noch bewusst machen, heilen
und daraus etwas für das Leben lernen.
Wird die kindliche Seele aber in ihrer Lebendigkeit und ihrem
Gefühlsreichtum überhaupt nicht wahrgenommen, übergangen,
vergessen und ignoriert, so zieht sie sich spätestens bis zum siebten Lebensjahr sehr weit von der physischen Verkörperung und
der Alltagswelt zurück und ist auch später nur schwer wieder ins
Leben zurückzuholen, da sie nicht ein einziges Mal das Gefühl
ihrer individuellen Bedeutung und Achtung kennengelernt hat.
So gesehen können sich Seelen auch dann emotional als Waisen-
kinder fühlen, wenn sie in der physischen Gegenwart ihrer Eltern
aufgewachsen sind. Das Bewusstwerden des Schmerzes der vollkommenen Verlassenheit und Einsamkeit kann für solche
Menschen das Tor zur Wiederbelebung der Seele werden.

Es liegt mir fern, hier eine vollständige Auflistung psychologischer Typen zu leisten. Die Ursachen für eine harmonische oder
disharmonische emotionale Entwicklung sind niemals mono-
kausal in der Beziehung zu den Eltern zu sehen, sondern hängen
genauso mit emotionalen Rollenspielen früherer Inkarnationen
und entsprechenden unbewussten, polaren Reaktionsmechanis-
men und geistigen Aufgabenstellungen im jetzigen Leben zusammen. Die aufmerksame und feinfühlige Betrachtung des individuellen Menschen ist entscheidend.

Maßgebend für das Verständnis der Eigendynamik der emotionalen Entwicklung ist die Beobachtung, dass die Qualitäten von
Nähe und Distanz, durch die auf emotionaler Ebene die Polarität
erfahren wird, in sich wertneutral sind. Das ist insbesondere für
die Erziehung und das Zusammenleben mit Kindern von maßgeblicher Bedeutung.
Nähe kann sowohl nährend, heilend, tröstend und belebend als
auch bedrohlich, einengend und besitzergreifend sein. Distanz

kann sowohl Gleichberechtigung, Partnerschaft, Freiheit, Achtung und Respekt schaffen als auch gleichgültig, kalt und herzlos sein.

Das richtige Maß von Nähe und Distanz wird nicht von einer pädagogischen Theorie bestimmt und ist auch nicht auf Rezepten erhältlich, sondern richtet sich nach den Erfordernissen der jeweiligen, konkreten Situation.

ERZIEHUNG DER MITTE
Um situationsbezogen sinnvoll und weise agieren zu können, sind Mitgefühl und Unterscheidungsvermögen nötig. Dazu müssen wir den überholten Gegensatz zwischen autoritärer und antiautoritärer Erziehung überwinden und von beiden Richtungen das Beste behalten.

Die Reaktion auf die seelenlose autoritäre Erziehung, besonders der deutschen preußisch-faschistischen Tradition, war die antiautoritäre Erziehung. Hier wurde das Kind mit dem Bade ausgeschüttet. Anstelle von historisch überholten Erziehungsidealen und sinnlosen autoritären Ritualen wurde die persönliche Freiheit und »Selbstverwirklichung« des Kindes absolut gesetzt. Langsam und mühselig setzt sich in unseren Tagen die Einsicht durch, dass Freiheit ohne Verantwortung nicht zu haben ist. Verantwortung ist die einzige Beschränkung und Bedingung der Freiheit und das Scharnier zwischen den Begrenzungen der vergänglichen, materiellen Welt und der Grenzenlosigkeit der spirituellen Dimensionen.

Kinder brauchen beides: bedingungslose elterliche Wärme und Geborgenheit, um Selbstvertrauen zu entwickeln, und auch klare, in der Sache begründete Abgrenzungen und Werte, um sich selbst durch ein Gegenüber begegnen, reiben und entwickeln zu können. Ohne Gegenüber und klare, durch Werte sachlich begründete Grenzen, sind kleine Kinder überfordert, fühlen sich alleingelassen, reagieren aggressiv und haben im späteren Leben große Orientierungsschwierigkeiten, da sie niemals Konfliktfähigkeit und Wertentscheidungen kennengelernt haben.

Seelen, die in ihrer Kindheit emotional verletzt und missbraucht wurden, können mit etwas Glück, Geduld, Mitgefühl und Liebe geheilt werden. Seelen, die als Kinder verwöhnt wurden, sind schwierigere Fälle, da ihnen jeder Bezug zu sich selbst und den Konsequenzen ihrer Handlungen fehlt. Kinder, die nie gelernt haben, sich in den Gesamtzusammenhang der gegenseitigen menschlichen Verantwortung einzuordnen, sind genauso unselbständig wie diejenigen Kinder, die unter einer sinnlosen autoritären Erziehung gelitten haben, ihre Aggression durch Selbstunterdrückung gegen sich selbst richten und in der Gesellschaft nur die Rolle von sklavischen Rädchen im großen Getriebe spielen.

Unsere Gefühle sind in diesem Spiel wert-   VERBOTE LOSLASSEN!
neutral. Heutzutage folgen uns noch die
Echos aus einer Vergangenheit, in der bestimmte Gefühle durch Tabus und Verbote verdrängt wurden. Das gilt bei Männern insbesondere für Gefühle von Trauer, Schmerz, Schwäche und Bedürftigkeit und bei Frauen für Wut, Hass und Aggression. Dabei sind eben nicht die Gefühle unser Problem, sondern der Umgang mit ihnen.
Solange wir sie unterdrücken, blockieren wir unsere Lebendigkeit und können uns nicht weiterentwickeln. Solange wir sie missbrauchen, um sie auf andere Menschen zu projizieren, und andere für unseren Zustand verantwortlich machen, drehen wir uns ebenfalls im Kreis und können uns nicht entwickeln.
Insofern können wir Gefühle sowohl egozentrisch missbrauchen und als Waffe gegen Außenstehende für Ziele des Egos einsetzen als auch unseren seelischen Selbstausdruck in unterdrückten Gefühlen einsperren.

Die Gegensätzlichkeit des emotionalen Erlebens und die mangelnde Bewusstheit der Eltern führen oft dazu, dass Kinder sich in ihrer Seele bewusst oder unbewusst entscheiden, überhaupt nicht mehr zu fühlen, um schon »vernünftig«, »verantwortlich« und »erwachsen« zu sein, bevor die eigentliche Kindheit und ihre Gefühle richtig ausgelebt wurden. Dadurch bleiben im Unbewussten unerfüllte Wünsche nach elterlicher Liebe, Wahrhaftigkeit und Unterstützung bis zum Zeitpunkt einer späteren Erkenntnis und Integration bestehen, wenn das Kind bzw. der spätere Erwachsene nicht realisiert, dass er noch immer in den emotionalen Strukturen seines Elternhauses lebt.

Festzuhalten bleibt, dass unser bisheriger Umgang mit der kindlichen Emotionalität vor allen Dingen durch Verbote geprägt war: Du sollst nicht ängstlich sein, du sollst keine Schwächen haben, du sollst keine Verletzungen zeigen (ein Indianer kennt keinen Schmerz), du darfst nicht wütend sein, usw., usf. Diese Verbote führen zur Verselbständigung von seelischen Aspekten in unserem Unbewussten, wie z.B. der Selbstunterdrückung von Ängsten, Schmerzen oder Aggressionen, die dann unterhalb des Alltagsbewusstseins ihr Eigenleben führen. Solange diese alten Gefühle verleugnet, verdrängt, nicht bewusst gemacht und ausgedrückt werden, führen sie ein Schattendasein im Unbewussten, und der frühkindliche Wunsch nach emotionaler Anerkennung wird durch äußere, weltliche Ziele kompensiert. Gleichzeitig spiegeln die in der Kindheit unterdrückten Gefühle auch die tiefsten Ängste des physisch erwachsen gewordenen Menschen wider. Die Struktur des unbewussten Gefühlslebens ist für viele Erwachsene dann auch der unbewusste Hintergrund, vor dem sich das Weltbild, die Lebenseinstellung und die Weltanschauung formen.

Dabei werden schmerzhafte, emotionale Kindheitserfahrungen rationalisiert und bekämpft, und der Wunsch sie zukünftig zu vermeiden, führt zu Moral- und Wertvorstellungen einer entsprechenden Philosophie und eines persönlichen Weltbildes. Viele Intellektuelle würden sich wundern, wenn sie erfahren müssten, dass ihre rationalen Ideale im krassen Gegensatz zu ihrem tatsächlichen unbewussten seelischen Zustand stehen. Die Welt der Erwachsenen der westlichen Kultur erliegt im Allgemeinen noch völlig der Illusion, durch Verbalisierung und sprachliche Abbildung die Kräfte des Unbewussten bannen zu können. Das funktioniert nur bis zu dem Tag, an dem sich die eigenen verdrängten Ängste, Schmerzen und seelischen Bedürfnisse in Form ungewohnter, nicht zu kontrollierender Ereignisse im alltäglichen Leben manifestieren und das bisherige Weltbild und Lebensgefüge bedrohen.

Gerade unsere Gefühle sind es, die die Wahrnehmung verschleiern und uns eine objektive Realität vorgaukeln, die in Wirklichkeit oft genug nur in unserem subjektiven Unbewussten besteht. Die in der modernen, patriarchalen Zivilisation bestehende klare Trennung zwischen »subjektiver« innerer, privater und »objektiver« äußerer, gesellschaftlicher Wirklichkeit ist so gesehen nur eine Illusion, die auf einer kulturellen Massenübereinkunft beruht.

Die Voraussetzung dafür, die Grenzen zwischen innen und außen wieder durchlässiger zu gestalten, ist, Selbstverantwortung für unser Gefühlsleben zu übernehmen, »unsere Gefühle im Herzen anzunehmen«, auszudrücken und ihnen dadurch eine kreative und schöpferische Richtung zu geben.

Die Qualität, die wir dazu entwickeln müssen, heißt Mitgefühl. Bedingungsloses, zuhörendes, aufnehmendes Mitempfinden aus der Mitte des Herzens für unsere eigenen verletzten Seelen und die unserer Mitmenschen ist der Schlüssel, der uns aus emotionaler Selbstbespiegelung und der Wiederholung unerlöster Lebenssituationen in einen Bewusstseinszustand der Gelassenheit führt. Gelassenheit ist Ausdruck eines seelischen Entwicklungsstandes, der erkannt hat, dass Gefühlszustände immer auch Ausdruck einer Bewusstseinseinstellung sind, in sich keine Wirklichkeit besitzen und als Radarsystem im Alltag unser Bewusstsein widerspiegeln. Nur durch Selbstverantwortung und bedingungsloses Mitgefühl können unsere Gefühle aus den Polarisierungen zwischen Unterdrückung und Projektion erlöst werden

MITGEFÜHL UND GELASSENHEIT

Alle emotional unterdrückten Aspekte von uns selbst
können wir wieder lernen zu fühlen, auszudrücken,
loszulassen und ihre Erfahrung in das Bewusstsein
zu reintegrieren und über uns selbst hinauszuwachsen.

An dieser Stelle der Seelenreise wird uns zum ersten Mal der Zusammenhang zwischen unseren Gefühlen und Gedanken bewusst. Das Ausdrücken und Loslassen bislang nicht gelebter

Gefühle sollte auch mit der Bewusstwerdung entsprechend negativer, selbstzerstörerischer und lebensfeindlicher Gedankenmuster verbunden sein, die die früheren schmerzhaften Erlebnisse durch ihre Aktivität ständig als negative Selbstsuggestionen wiederholen und reproduzieren.

Wenn ich mich z.b. als Mädchen vom Vater emotional abgelehnt gefühlt habe, muss zum Ausdrücken dieses Schmerzes auch das Loslassen entsprechend negativer Gedankenformen kommen, wie z.b.: »Ich bin als weibliches Wesen für Väter, Männer und GOTT nicht liebenswert, etc.«

DER WILLE   Durch das Spiel von Akzeptanz und Ablehnung der emotionalen Bedürfnisse von außen entwickelt sich zugleich die individuelle Ausprägung des persönlichen Willens. Die Seele muss lernen, zwischen ihren körperlichen und emotionalen Bedürfnissen und den Ansprüchen ihres Willens zu unterscheiden bzw. differenziert damit umzugehen.

Was auf der emotionalen Ebene über die Wechselbeziehung und das notwendige Gleichgewicht von Nähe und Distanz gesagt wurde, gilt in gleichem Maß für das Verhältnis von Akzeptanz und Ablehnung für die Entwicklung des Willens.

Ein Kind, das nur Ablehnung erfährt, wird, um dennoch anerkannt zu werden und überleben zu können, seine ganzen dazu Kräfte einsetzen, den eigenen Willen zu unterdrücken und nicht ständig neue frustrierende Erfahrungen der Ablehnung machen zu müssen. Eine Seele, die in dieser Weise geprägt wurde, wird sich selbst versklaven und als Erwachsener zu einem willfährigen und angepassten Untertanen seiner Umgebung werden.

Das Gefährliche und Selbstzerstörerische an diesem Verhalten ist, dass ein solcher Mensch alles tun und lassen wird, um in irgendeiner Weise Anerkennung, Aufmerksamkeit und Bedeutung in der Welt zu erlangen. Das muss nicht zwangsläufig auf aktive kriminelle Art und Weise geschehen. In Folge einer heuchlerischen religiösen Tradition, in der die Unterdrückung des persönlichen Willens mit Selbstlosigkeit verwechselt wurde, kann dies auch durch sogenannte soziale und selbstaufopfernde Dienste geschehen. Durch diese Selbstaufopferung kann sich die betreffende Seele der allgemeinen Anerkennung ihrer Umgebung sicher sein, während sie tatsächlich nur zu schwach ist, durch einen selbstverantworteten Willen ein selbstbestimmtes Leben zu führen. Gerade bei religiös veranlagten oder spirituell unreflektiert lebenden Menschen wird oft der Satz »Dein Wille geschehe« missbraucht, um die eigene Selbstunterdrückung und Unverantwortlichkeit zu idealisieren und moralisch zu begründen. Die Unterdrückung des eigenen Willens, um das Wohlwollen der äußeren Welt oder eines Gottes zu gewinnen, ist aber nicht Selbstlosigkeit und Demut, sondern Scheinheiligkeit und Selbsterniedrigung.

Umgekehrt führt eine übermäßige und unreflektierte Akzeptanz und Bejahung des kindlichen Willens nicht nur zu kleinen Haustyrannen, sondern zu ausgewachsenen Egozentrikern, die zwanghaft bemüht sind, ihren Willen der Umgebung regelrecht einzupflanzen, um durch äußere Anerkennung das nicht entwickelte Selbstwertgefühl am Leben zu halten.

Die Heilung und Integration aller menschlichen Emotionen und die Erlösung des persönlichen Willens aus der Polarität von Machtmissbrauch EINORDNUNG DES WILLENS und Ohnmacht geschieht durch das Annehmen der Gefühle im sich öffnenden Herzen und die Unterordnung bzw. Einordnung der Willenskraft in die übergeordnete Perspektive des Herzens. Der persönliche Wille formt sich insoweit stark und selbstbewusst, wie er mit dem seelischen Potential im Herzzentrum verbunden wird.

In der Kommunikation mit dem Kind gilt es für die Eltern, ein Gleichgewicht einzuüben, das zwischen den Extremen von seelischer Ablehnung und Verwöhnung in jeder Situation neu die Mitte angemessenen Verhaltens sucht und findet. In einer Atmosphäre, in der sich das Kind bedingungslos angenommen und seelisch geborgen fühlt, müssen deshalb auch Grenzen im Verhalten aufgezeigt werden, die die Seele des Kindes durch liebende Geradlinigkeit auf sich selbst zurückwirft. Die kindliche Seele wird dadurch unterstützt, sich an ihre Verantwortung gegenüber Familie, Gesellschaft und Leben zu erinnern. Es entsteht ein Kontext von Beziehungen, in dem sich die seelischen Qualitäten des Kindes vertrauensvoll und frei entfalten können, ohne dass der persönliche Wille dabei ins Unkraut schießt. Auf diese Weise lernt die Seele, ihre Willenskraft verantwortlich für die Erfüllung ihrer seelischen Wachstumsbedürfnisse und spirituellen Lebensaufgabe einzusetzen, anstatt sie dem Diktat des Egoismus zu opfern.

Von zentraler Bedeutung für das weitere Verständnis der Seelenreise ist die Erkenntnis, dass der persönliche Wille – das archaische Erbe des Egos – immer ein Wille zur Anerkennung und zum Überleben in der Welt ist. Der Wille zur Macht, im Sinn des Wunsches nach persönlicher Anerkennung, ist so lange gefährlich, wie unerfüllte frühkindliche emotionale Bedürfnisse nicht bewusst gemacht und integriert wurden. Der persönliche Wille zur Macht ist das evolutionäre Organ unseres Egoismus und kann so lange keinen Frieden finden, bis er der transpersonalen Kraft *bedingungsloser Liebe* im Herzen begegnet und einverstanden ist, sich in den Gesamtzusammenhang des Lebens einzuordnen und dienen zu lernen.
Von daher gehört zum weisen Gebrauch der persönlichen Willenskraft auch die Einsicht in seine Beschränkung.

Es ist uns frei gestellt, ob wir unsere persönlichen Kräfte weiterhin auf der Jagd nach Anerkennung im Überlebenskampf aufzehren, oder ob wir als erwachsen gewordene Menschen bereit zur Selbstreflexion sind, um unsere private Lebenssituation als Spiegel unseres Bewusstseins und unseres Unbewussten zu erkennen und darüber hinaus zu wachsen. Der alte soziologische Konflikt, ob der Mensch fremdbestimmt oder durch seinen eigenen Willen frei ist, ist überflüssig. Natürlich ist der Mensch nicht fremdbestimmt, denn er kann in jeder Lebenssituation entscheiden, ob er sich selbst unterdrücken will, ob er andere unterdrücken will oder ob er aus dieser Situation etwas lernen möchte. Gleichzeitig wäre es aber auch spiritueller Extremismus zu behaupten, dass alles »Karma« sei und die Faktoren der Umstände unserer Geburt und Biographie keine Rolle spielten.

Unsere biographischen Lebensumstände und der gesellschaftliche Sozialisierungsprozess vollziehen sich entlang der Bewusstseinsstrukturen, die wir als Seele mit in dieses Leben hineinbringen. Tatsächlich begegnet uns in den Personen, Genen und Erbanlagen unserer Eltern unsere eigene seelische Vergangenheit. Während unserer Geburt schreitet die Seele aber durch die Schleier des Vergessens (physisches Bewusstsein) hindurch, und so erscheint die Illusion, dass die sichtbare biographische Welt die einzige Wirklichkeit sei.

Die Erlösung tiefer unbewusster Strukturen aus sogenannten früheren Leben kann deshalb immer nur erfolgen, wenn wir über den Umweg unserer äußeren Lebensumstände, und damit über die Beziehung zu unseren Eltern, die Verantwortung für uns selbst und die Integrität unseres Willens und unserer seelischen Wahrheit zurückerobert haben.

Durch das Spiel von Aktion und Reaktion auf der emotionalen Ebene in den emotionalen Beziehungen zu anderen Menschen und der damit verbundenen Formung unseres persönlichen Willens kann die menschliche Seele lernen, ihre Willenskraft nicht allein im Wunsch nach Anerkennung zu erschöpfen, sondern in den Dienst des eigenen Herzens zu stellen und der Entwicklung der gesamten menschlichen Gesellschaft unterzuordnen.

Die Lernerfahrung besteht darin, anzuerkennen, dass das, was wir uns alle wünschen, Liebe ist, *wahrhaftige bedingungslose Liebe*, und dass diese Liebe niemals von außen, d.h. von anderen Menschen kommen kann.

Bleiben unsere Gefühle und unsere Willenskraft unterdrückt oder erschöpfen sich allein in zwischenmenschlichen Aktions- und Reaktionsmustern, kann keine menschliche Entwicklung stattfinden. Unsere vitalen, emotionalen und seelischen Kräfte bleiben bewusst oder unbewusst allein auf das Ziel gelenkt, ob wir anerkannt werden oder nicht.

Kommen wir damit zu einem eher unerfreulichen und gerne missverstandenen Thema der menschlichen Existenz: dem sogenannten   DER INNERE FEIND BZW. SCHATTEN

Bösen, Teuflischen, Satan, Antichrist, Dämonen, gefallenen Engel, Neurosen, Psychosen oder welche Namen der Mensch den lebensfeindlichen und selbstzerstörerischen Kräften früher und heute auch gegeben haben mag. Bleiben wir zunächst beim Spannungsverhältnis zwischen der physischen Persönlichkeit und der individuellen Seele, die sich im kindlichen Körper neu inkarniert. Es gehört zum Wesen der Seele, sich mittels Erfahrung und Beobachtung durch die verschiedenen Bewusstseinsebenen der Erscheinung der Dualität in Richtung unpersönlicher, integrierender Liebe und der ursprünglichen Ganzheit ihres Seins zu entwickeln. Die Stichworte dazu lauten: *Selbst*verantwortung, *Selbst*bestimmung, *Selbst*reflexion, *Selbst*liebe und schließlich *Selbst*transzendierung.

Es gibt aber eine Kraft, die dem Impuls zur Ausdehnung des Bewusstseins entschieden im Weg steht. Das ist genau der Teil in uns, dem es wesentlich wichtiger ist, Anerkennung zu erhalten, als die unbequeme und schmerzhafte Verantwortung für die eigenen Lebensumstände und den seelischen Zustand zu übernehmen. Ich spreche nicht von verdrängten und nicht gelebten Emotionen oder seelischen Aspekten, die durch eine Therapie oder einen Loslassprozess integriert und geheilt werden können. Es ist die Rede von dem Aspekt unseres unterbewussten Seins, den sich kein Mensch freiwillig eingesteht: dem inneren Widersacher des seelischen Wachstumsimpulses, dem inneren Feind – dem Schatten.

Der Begriff des Schattens bezeichnet in unserem Zusammenhang nicht das unbewusste, ungelebte Seelenmaterial, sondern eine autonome, versteckte Qualität des menschlichen Bewusstseins, die seelisches Leid und Bewusstseinsspaltung will und Selbstverantwortung ablehnt, um Anerkennung zu erhalten und das Leben kontrollieren und beherrschen zu können.

Wenn man so will, ist hier die Rede von dem Dämon, der wir selbst sind. Dieser Dämon oder innere Feind ist eine autonome Identität in der absolut dunklen Abgeschiedenheit unterhalb unseres seelischen Unbewussten und wird in der traditionellen mystischen Literatur auch »der Widersacher« genannt.

Dieser innere Feind ist dadurch definiert, dass er sich eben nicht verändern will, da es viel bequemer ist, die Schwächen anderer Menschen und sogar das Leid der eigenen Seele auszunutzen, um Anerkennung, Aufmerksamkeit und Energie von außen zu bekommen und selbst dabei in einer verborgenen, kontrollierenden Position bleiben zu können.

Der innere Feind missbraucht das spirituelle Bedürfnis der Seele nach Rückkehr zur Ganzheit und nach *bedingungsloser Liebe*, indem er es auf die materielle Welt richtet, um der Etablierung, Verherrlichung und Verewigung des Egos zu dienen. Solange er nicht erkannt, beim Namen genannt und überwunden ist, führt er ein autonomes Eigenleben. Dabei kann der innere Feind die unterschiedlichsten Formen annehmen und entwickelt mitunter perfide Varianten destruktiver Intelligenz. Unser innerer Gegenspieler besitzt oftmals große Differenzierungsfähigkeit, die gerade die Tastatur der Gefühle beherrscht, um sie für die eigenen egozentrischen Wünsche nutzbar zu machen und polare Emotionen gegeneinander auszuspielen.

Der Schatten ist der geheime Regisseur unseres selbstverschuldeten Unglückes: Er beherrscht einerseits alle denkbaren Opferrollen, erniedrigt die Seele, geht Konflikten aus dem Weg und vermeidet Verantwortung, um keine Fehler zu machen und nicht der Sündenbock zu sein. Andererseits ist der Schatten auch gerne der große Manipulator und erfolgreiche Manager, der seiner Umgebung suggeriert, das Leben zu beherrschen und zu kontrollieren und sich als »Macher« und Führer anbietet.

Opfer und Täter sind also nicht gleichzusetzen mit dem Schatten, sondern zwei seiner Ausdrucksformen. (In der Regel finden wir eine Vermischung, Verwirrung und Zerrissenheit zwischen beiden Extremen in der Seele.)

Neben den bekannten Formen des sogenannten Bösen, wie z.B. Tyrann, Ideologe, Krimineller und Materialist, kann der Schatten aber auch in Formen von religiöser und spiritueller Scheinheiligkeit und unerlöster Selbstlosigkeit, d.h. in Gewändern auftreten, die traditionell von der Gesellschaft mit etwas Positivem, Hellem und Gutem verbunden werden.

Vorstellbar ist aber auch die umgekehrte Variante, dass das Alltagsbewusstsein bereits so sehr vom inneren Feind, dem Schatten, besetzt ist, dass alle Wünsche nach Wachstum, alles »Gute« in der Seele, in den tiefen Schattenbereich des Unbewussten gerutscht ist.
Entscheidend ist immer das Motiv, dass eine Handlung wertvoll oder sinnlos macht, und der Wunsch nach Anerkennung und sozialer Sicherheit trägt viele Masken.

In psychologisch und spirituell geschulten Kreisen gefallen sich viele Menschen in der Haltung, sich als übersensible, emotionale Opfer einer kaltherzigen Familie und materiellen Gesellschaft zu fühlen, während sie sich eigentlich für gute oder zumindest bessere Menschen halten. Solange wir uns nur als Opfer der Umstände erfahren und ausschließlich das »Opferbewusstsein« therapieren, ist der »Schatten« des Täters im unbewussten Versteck unseres Egobewusstseins noch nicht erkannt. – Viel Spaß auf dem Pfad der Selbsterkenntnis kann man da nur wünschen! Diese Opferhaltung ernährt vermutlich zahllose Therapeuten lange und gut.
Es wäre allerdings auch ein fatales Missverständnis, Täter und Opfer in der gesellschaftlichen Wirklichkeit mit einer tiefenpsychologischen Begründung auf eine Ebene zu stellen und Ursache und Wirkung gleichgewichtig zu bewerten. Das wäre wiederum spiritueller Extremismus ohne menschliches Maß. Täter und Opfer bedürfen in der alltäglichen, gesellschaftlichen Wirklichkeit Sanktionen bzw. Hilfen entsprechend der Qualität ihrer gegensätzlichen Erfahrung. Um allerdings einer fatalistischen Haltung auf Seiten der Opfer und einer Dämonisierung von Tätern vorzubeugen, wäre die Bewusstmachung der antagonistischen Opfer-Täter-Rolle im Unbewussten hilfreich.

KRÄFTE DES UNGLEICHGEWICHTES Darüber hinaus gibt es auch subtile Schattenkräfte, die in der Lage sind, die Polarisierungen zwischen entgegengesetzten seelischen Rollen auszunutzen und gegeneinander auszuspielen, um selbst als die unerkannt bleibende und polarisierend wirkende dritte Kraft im Hintergrund bleiben zu können. Dies sind Kräfte, die auf einer geistigen Ebene des kollektiven Unbewussten wirken und deren Ziel die Unselbständigkeit, Unverantwortlichkeit und Zerrissenheit des Individuums und die Kontrolle des Massenbewusstseins ist. Diese Kräfte werden gemäß ihrer Qualität auch als Kräfte des Ungleichgewichtes bezeichnet. Sie sind die verselbständigten Aspekte unserer eigenen, vergessenen und abgespaltenen Spiritualität. Sie wirken immer dann besonders verstärkend auf unsere individuelle Negativität, wenn wir vor wichtigen Erkenntnissen und neuen konstruktiven Entscheidungen stehen. Sie sind damit auch die unbewussten Hüter der Schwelle und Prüfer zu neuen Bewusstseinsebenen.

Die Existenz dieser unbewussten, kollektiven Kräfte des Ungleichgewichtes sollte allerdings nicht zur Entschuldigung oder Diagnose seelischer Probleme herhalten, denn eines ist klar: Unabhängig davon, ob wir an die Existenz unsichtbarer Kräfte glauben oder nicht, haben sowohl die schöpferischen Kräfte des HÖCHSTEN GEISTES als auch die vom menschlichen Ego erschaffenen verselbständigten Kräfte des Ungleichgewichtes immer nur den Einfluss auf unser Leben, den wir ihnen kraft unseres Willens und unserer Selbstverantwortung bzw. unserer Unselbständigkeit geben.

Für viele Therapeuten könnte es hilfreich sein, die alten Begriffe von »gut« und »böse« durch Gleichgewicht und Ungleichgewicht zu ersetzen und sich bewusst zu machen, dass es Ungleichgewicht nicht nur als seelischen Zustand und Folge äußerer Ereignisse gibt. Ungleichgewicht ist eine geistige Kategorie, eine zumindest unbewusst auch gewollte Qualität des Bewusstseins, die nur durch entsprechende Selbstverantwortung und Erkenntnis zu erlösen und heilen ist.

Selbstverständlich ist es in vielen Fällen naiver Aberglaube, seelische Neurosen und Psychosen unpersönlichen »bösen« Kräften zuzuschreiben. Andererseits wäre es aber auch psychologischer Reduktionismus, die Existenz transpersonaler geistiger Kräfte jeder Art zu verneinen.

WERTENTSCHEIDUNGEN   Jeder Mensch sollte sich gelegentlich
NOTWENDIG!   fragen und überprüfen, welchen Kräften
er tatsächlich durch seine Lebensführung
dient und wo die individuelle Schlachtlinie von Wertentscheidungen verläuft. Der Maßstab für diese Entscheidungen ist
jedoch nicht die christliche Theologie mit ihrer Androhung göttlicher Strafe noch ein in Worten erstarrter »richtiger« oder
»falscher« Glaube, sondern ganz allein die Stimme des Herzens,
das Unterscheidungsvermögen und die Selbstverantwortung des
Individuums. Immer wenn wir negative Ereignisse der Vergangenheit auf die Zukunft übertragen und unseren Ängsten
zuhören, folgen wir dem Schatten. Der Schatten spricht durch
Ängste zu unserer Seele, während der HÖCHSTE GEIST nur flüstert:
»Vertrau dem Leben!«

Fassen wir bis hierher noch einmal zusammen:
Der Schatten bzw. der innere Feind ist ein Aspekt unseres unterbewussten Seins, der dadurch charakterisiert ist, dass er Leiden
will und in Kauf nimmt, um als isoliertes Wesen überleben zu
können und durch eigene und fremde Schwächen Macht, Herrschaft und Kontrolle ausüben zu können.
Der Schatten existiert ausschließlich durch die Verleugnung von
Selbstverantwortung und verbindender Liebe. Er gehört also
einer geistigen Kategorie des Unterbewussten an und nicht einer
seelischen oder persönlichen Kategorie. Sichtbar wird das Wirken
des Schattens durch die Gewohnheiten, Entschuldigungen,
Rechtfertigungen, Verhaltensweisen etc., die sich einer Veränderung und damit der Verwandlung und dem Wachstum des
persönlichen und individuellen Bewusstseins in den Weg stellen.
Der Schatten ist ein Verehrer der Schwerkraft. Er »liebt« Trägheit,
Bequemlichkeit, Sicherheitsdenken, Festhalten am Bisherigen
und Materialismus in jeder Weise. Außerdem vertritt er einen
ausgesprochen chaotischen, aus dem Ruder gelaufenen Indivi-
dualismus, in dem die Rechte des einzelnen alles sind und das
Gemeinwohl nichts. Seine Götter heißen Egozentrik und Materialismus, seine Nahrung sind die verborgenen Ängste und Lügen
anderer Menschen, und weil er diese kennt, kann er sich in jeder
gesellschaftlichen Situation anpassen und fällt niemals auf.

Ein ziemlich unsympathisches Bürschchen, oder? Was machen wir damit? Die Erfahrung lehrt, dass der innere Feind resistent gegen Loslassen ist, da er zum Loslassen gar nicht erst erscheint. Der innere Feind muss auf andere Art und Weise erlöst werden: durch Selbsterkenntnis und Selbstüberwindung! Selbsterkenntnis, weil unsere Seele keinen Frieden mit sich selbst findet, bis wir uns die Verantwortung für die selbstzerstörerische, dunkle und schmerzhaft-verlogene Seite unseres Lebens eingestanden und vergeben haben. Selbstüberwindung, weil der innere Feind nur durch Mut überwunden werden kann, indem wir uns den Lebenssituationen stellen, die wir bislang am meisten gefürchtet hatten.

Im Unterschied zur Ebene des seelischen Unbewussten, wo es nicht genug Mitgefühl und Liebe zum Loslassen geben kann, hilft auf der noch tiefer liegenden unterbewussten Ebene des Schattens nur nüchterne, sachliche, klare und direkte Konfrontation im Spiegel der Selbsterkenntnis.

An diesem Punkt kann die Seele nicht länger »zwei Herren dienen«. Sie muss angesichts des Leides, das vom inneren Feind für sie selbst und andere Menschen verursacht wurde, eine durchgreifende Entscheidung treffen, die die dunklen Ebenen der dritten Station zum Altar des Herzens bringt.
Allein die Flamme der Liebesfähigkeit im Zentrum des menschlichen Herzens ist in der Lage, das vom Schattenego erschaffene Labyrinth der Lebenslügen zu zerreißen, das damit verbundene seelische Leid zu heilen und einen Neuanfang zu ermöglichen!

Mögen das Lächeln BUDDHAS,
die Witze der Meister und das Mitgefühl von CHRISTUS
unsere Herzen erreichen und uns helfen,
über uns selbst zu lachen und hinauszuwachsen!

ICH LASSE LOS...   ...*alle Aggressionen, – Ärger, Wut, Hass,
                       Trotz gegenüber meinem Vater und/oder
meiner Mutter*
...*Schmerz, Traurigkeit und Hilflosigkeit, die Eltern leiden zu
sehen und nicht helfen zu können...*
...*das Gefühl der Lähmung und Ohnmacht dadurch, dass ich
mir den Wunsch nie eingestanden habe, dass ich einen Elternteil
töten wollte, um dem anderen zu helfen...*
...*die Unversöhnlichkeit gegenüber meinem Vater und/oder
meiner Mutter*
...*die Angst vor Strafe, Schlägen, Tod und Vertreibung durch
meine Eltern, wenn die ganze Wahrheit der Familie ans Licht
käme...*
...*meine Eltern anzuklagen, zu beschuldigen und zu verurteilen...*
...*den falschen Stolz, meine verletzten kindlichen Gefühle nie
mehr zu zeigen, um mir nie mehr eine Blöße zu geben und nie
mehr schutzlos zu sein...*
...*die Aggressionen meiner Eltern zu übernehmen, zu meinen
eigenen zu machen und mich dadurch selbst zu bestrafen...*
...*Resignation und Hoffnungslosigkeit, jemals von meinen Eltern
in der Seele erkannt, gesehen und geliebt zu werden...*
...*alle Entscheidungen, die Erwartungen meiner Eltern zu
erfüllen, um ihre Anerkennung zu bekommen...*
...*alle Entscheidungen, den falschen äußeren Schein unserer
Familie zu wahren, um unbequeme seelische Wahrheiten zu
verdecken...*
...*alle Entscheidungen, Bauch, Herz und Kehle zu verschließen,
um mit meinen Bedürfnissen und verletzten Gefühlen keinen
Anstoß mehr zu erregen...*
...*alle Entscheidungen, die Gefühle und Bedürfnisse meiner Seele
zu unterdrücken, durch den Verstand zu kontrollieren und zu
rationalisieren...*
...*alle Gefühle gegenüber meinen Eltern, die ich in der
Vergangenheit durch Worte nicht ausdrücken konnte...*
*(gegebenenfalls einen Brief schreiben, das Gespräch oder eine
Aussprache am Grab suchen – auf der Seelenebene ist es nie zu
spät.)*

...alle Auswirkungen davon, dass mein Wille übergangen ✗
wurde...
...meinen Schatten nicht wahrhaben zu wollen...
...Hass, Wut und Ärger auf meinen Schatten und die ✗
Entscheidungen, ihn zu bekämpfen...
(emotionaler Kampf ist Ausdruck des Schattens und verstärkt
das, was bekämpft wird)
...Schrecken, Schock und Verwirrung darüber, wie der Schatten ✗
mich durch mein Ego aus meiner Selbstverantwortung und Mitte
führen konnte...
...Schuld- und Schamgefühle und den Wunsch, mich zu
verstecken...
...die Programmierung, Strafe für den Schatten verdient zu
haben...
...Trauer und Schmerz über die lange Zeit der Wanderung auf
der Schattenseite des Lebens...
...Angst vor den Kräften des Ungleichgewichtes... ✗
...alle Entscheidungen, meine Seele dem Schatten unterzu-
ordnen, um mich anzupassen und anerkannt zu werden oder um
zu herrschen und zu kontrollieren... ✗
...alle Entscheidungen, dem Schatten zuzuhören und meinen
Ängsten mehr zu glauben als dem Wunsch meines Herzens, dem
Leben zu vertrauen... ✗
...alle Pakte und Übereinkünfte mit den Kräften des Ungleich-
gewichtes, den spirituellen Pfad zu verlassen und die
Bestimmung meiner Seele zu vergessen...
...alle Entscheidungen, Pakte und Übereinkünfte, dem Schatten
und den Kräften des Ungleichgewichtes zu dienen... ✗
...alle Programmierungen, dass meine Seele identisch mit dem
Körper und abhängig von seinen Wünschen ist...
...alle Entscheidungen, die Stimme der Seele in der Gefangen-
schaft des Körperbewusstseins zu versklaven...

POSITIVE   *Ich genieße den Regenbogen meiner*
AFFIRMATIONEN   *Gefühle.*

*Meine Gefühle kennen meine Geschichte
und tragen mich in die bedingungslose Liebe. Ich genieße die
Fülle meiner Gefühle.
Ich drücke meine Gefühle mit Liebe, Würde und Achtung aus.
Ich surfe auf meinen Gefühlen. Ich nehme die Gefühle wie sie
kommen. Ich lasse die Gefühle wieder gehen. Es macht Spaß,
auf den Gefühlen zu surfen.
Es fällt mir immer leichter, alle meine Gefühle zu fühlen und
anzunehmen. Ich bin dankbar für den Reichtum meiner Seele,
den meine Gefühle mir bringen.
Ich liebe meine Gefühle.
Ich erlaube meinem inneren Kind, frei zu sein.*

*Mein Schatten hat keine Chance mehr.
Ich habe mich für den Pfad des inneren Friedens entschieden.
Schatten – deine Zeit ist abgelaufen! Ich höre dir nicht mehr zu.
Geh aus dem Weg, und wenn du nicht gehen willst, wird dich
das Licht meiner Liebe verwandeln. Ab jetzt folgst du mir.
Ich transformiere dich. Du bist eine Illusion.
Du hast mich lange genug getäuscht und in die Irre geführt.
Ich folge dir nicht mehr.
Ich gehöre dir und deinen Verbündeten nicht.
Ich höre nur noch der Stimme meines Herzens zu.
Ich habe dich erschaffen, und ich löse dich jetzt auf.
Jetzt erkenne ich dich, und ich durchschaue dich.
Ich löse dich auf mit dem Lichtstrahl meines Herzens –
jetzt und wann, wo und wie auch immer du auftauchst.
Ich werde dich transformieren.
Jetzt und für immer, und so ist es!*

4

DIE ZENTRIERUNG IM HERZEN: ·

DEMUT

UND NOCH EIN TRAUM *Eines Nachts war ich wieder ganz in der Nähe jener hohen Gipfel im Gebirge aus unserer ersten Episode. Auf der Hochebene einer weitgeschwungenen Bergkuppe stand eine einfache Holzhütte, wie sie sich Hirten vielleicht mal gebaut hatten, die über Nacht beim lieben Vieh bleiben mussten. (Vieh ist doch lieb, oder?) Auf jeden Fall stand dort oben eine Holzhütte, die von innen erleuchtet war, so dass ich neugierig wurde, was ich in dieser Hütte wohl finden würde. – Und was glauben Sie wohl? Die meisten von Ihnen haben sich das sicherlich schon gedacht: Ein Kind in der Krippe, also eigentlich in einer alten schaukelnden Holzwiege. Dort lag ein kleines Baby, schaute mich an und durch mich hindurch, bis ich plötzlich in seinen Augen die Sterne des Universums sah. Im selben Augenblick, in dem ich das realisierte, erblickte ich im Gesicht des kleinen leuchtenden Babys rasend schnell ineinander-übergehende menschliche Gesichter: Frauen und Männer, alt und jung, hässlich und schön, glücklich, zerrissen, bösartig, weise, unschuldig und erlöst, aus allen Zeiten und Kulturen. Schließlich fielen alle Bilder wieder in das friedvolle Antlitz des Babys zusammen und aus seinen Augen strömten Tränen der Liebe für die leidende Kreatur.*

Wie der Ausbruch eines Tiefseevulkans stieg eine goldene Fontäne von unendlichem Mitgefühl aus dem Herzen des Babys und durch seine Augen in mich hinein und durch alle meine Körper, und ich hörte abermals dieselbe Stimme, die jetzt zu mir sagte:

»Demut, mein Lieber – Demut ist der Schlüssel zu allem. Demut öffnet alle Tore.«

Kurz bevor ich zurückkam, sah ich noch, wie das Baby in der Wiege sich in einen wunderschönen, friedvollen, indianischen Krieger verwandelte, der dem jungen Mann von meiner ersten Nachtwanderung im Gebirge sehr ähnlich war.

Fortan begann ich, meinem äußeren Ich und auch dem äußeren Ich im Inneren immer weniger zu glauben und der Stimme meines Herzens immer mehr.

Danke für Deine liebevollen Tritte, Babaji!

Was ist das – Herz?

In einer Zeit, in der der öffentliche Raum verseucht ist durch die Liebesmythen der industriellen Produktion und medialer Vermarktung und in einem Land, in dem die psychosoziale, zwischenmenschliche Atmosphäre durch den einzigartigen Hass und Selbsthass des Nationalsozialismus noch immer nachhaltig vergiftet ist, muss es fast zwangsläufig naiv erscheinen, das Thema »Herz« in den Mittelpunkt der Aufmerksamkeit zu stellen.

Als weitere Hürde kommt noch die Szene einiger Psycho- und New-Age-Kreise hinzu, in denen die öffentliche Entblößung des Seelenlebens als hohe Tugend gilt und die sich nicht entblöden, mit ihrem Innenleben auf dem Marktplatz der Öffentlichkeit Show zu laufen. Ohne jedes Taktgefühl des Herzens, ohne Rücksichtnahme auf das Recht des Schutzes der Privatsphäre ihrer Mitmenschen und ohne jedes Feingefühl für die Notwendigkeit von Stille, Schweigen und Intimität im Umkreis des Herzens, unterwerfen diese New-Age-Jünger ihre Umwelt einem Martyrium der stummen Verzweiflung. Hier liegt wohl eine Verwechslung zwischen seelischer Offenheit und psychischem Exhibitionismus vor.

Was ist also mit »Herz« gemeint?

Es ist vielleicht auch deshalb so schwierig, über den Raum des Herzens zu sprechen, weil wir hier keine begrifflichen, logischen und dreidimensionalen Vergleichsmöglichkeiten mehr haben. Der Verstand hängt in der Luft, denn er weiß von den Geheimnissen des Herzens nichts. Dies mag der Grund dafür sein, dass uns nur die Dichter, die Heiligen und die Liebenden Hinweise auf die Magie der Liebe geben können.
In der Gegenwart des Herzens gibt es nichts, woran wir uns festhalten könnten. Wir finden keine Regeln, Rezepte, Techniken, Theorien, Worte, und es helfen auch keine Ausreden, Vorwände, Entschuldigungen und Pläne. Das Leben des Herzens ist immer in der GEGENWART – im Jetzt. Im Jetzt ist es nackt, unmittelbar, verwundbar und angreifbar. Gegenüber der GEGENWART DER LIEBE

im Herzen ist jeder von uns in jedem Augenblick Anfänger. Das Bewusstsein bewegt sich im Herzzentrum in die Weite, Offenheit und Formlosigkeit der Dimension des großen Unbekannten hinein. Wer sich für ein Leben aus dem Herzen entscheidet, muss wissen, dass die Liebe immer größer ist als der bislang erreichte Bewusstseinsstand. Dem Fluss der Liebe zu folgen bedeutet, immer bereit zu sein, Abschied zu nehmen: Abschied von der Vergangenheit, Abschied von begrenzenden Lebensumständen, Abschied von begrenzenden Gedanken, Gefühlen und Gewohnheiten, Abschied vom kleinen Eigenwillen und immer wieder Abschied von der erreichten Stufe des Bewusstseins. Die *bedingungslose Liebe*, die (wenn wir darum gebeten haben und die Zeit reif ist) jetzt aus dem Zentrum des Herzens die Führung im Alltag übernimmt, arbeitet durch alle inneren Zustände und äußeren Lebensumstände solange mit uns, bis wir uns in die Liebe und die Liebe sich in uns verwandelt hat!

Die Abwesenheit der Kontrolle der analytischen Denktätigkeit unseres Bewusstseins bedeutet übrigens nicht, dass die Wahrheit des Herzens dumm, willkürlich und nicht objektivierbar ist. – Ganz im Gegenteil: Wir werden sehen, dass dem Leben des Herzens eine eigene Form der Intelligenz angehört, eine Intelligenz, die nicht auf Analyse, Vergleichbarkeit und Messbarkeit der sichtbaren, physikalischen Welt zielt, sondern durch das Zentrum der menschlichen Liebesfähigkeit immer auf Ausgleich, Harmonie, Gleichgewicht und Synthese der Gegensätze bezogen ist.
Die Kritiker der Intelligenz des Herzens sind in der Regel Trockenschwimmer am Rand des Lebensflusses. Ohne Bezug zum eigenen Herzen verwechseln sie die emotionale Ebene illusionärer Wünsche, Sehnsüchte und Sentimentalitäten mit der Wirklichkeit menschlicher Liebesfähigkeit. Arroganz und »Coolness« verschleiern nur notdürftig die Ängste vor uneingestandenen seelischen Bedürfnissen und Liebe.
Wer ein nicht bewältigtes emotionales Leben und die damit verbundene biographische Sozialisation mit der Gegenwart und Bedeutung der Mitte des Herzens vermischt und in einen Topf wirft, ist entweder zynisch oder weiß es nicht besser und verwirrt sich selbst.

Die Nacktheit des Herzens ist das Tor und die **DAS HERZ ALS MITTE**
Mitte der menschlichen Erfahrung des Un-   **DES MENSCHEN**
bewussten und des transpersonalen Über-
bewussten und damit auch der Zugang zu allen Mythen und
Göttern der Menschheit. Das Herzzentrum ist die integrierende
und verwandelnde Mitte des Menschseins. Es verbindet unsere
unteren physischen, vitalen, sexuellen, emotionalen und persönlichen Energien und Bewusstseinsinhalte mit der Liebe und ist
zugleich durch die Liebe der innere Raum der Andacht zur Öffnung, Begegnung und Kommunikation mit der geistigen Welt.
Solange das Herzzentrum nicht aktiviert ist, kann es keine
humanistische Spiritualität geben und damit auch keine spirituellen Menschen.

Viele Kulturen haben in der Vergangenheit den Fehler gemacht,
die Erfahrungen der unteren Körperhälfte – bzw. der unteren
Chakren – und die Erfahrungen der oberen Körperhälfte – bzw.
der oberen Chakren – voneinander zu trennen. Die Folgen davon
waren einerseits sinnlose Sinnlichkeit, Materialismus und Egozentrik und andererseits seelenlose, menschen- und lebensfeindliche Religiosität und Spiritualität. Körper und Geist, Himmel
und Erde brauchen sich gegenseitig und begegnen einander in
der Mitte des Herzens durch sich selbst bewusste Liebe.

Rekapitulieren wir nun zunächst kurz die Voraussetzungen, die
die Seele gelernt und erfüllt haben muss, um das Zentrum des
Herzens als Ausgangsbasis für ein neues, verwandeltes und erfüll-
tes Leben wählen zu können.

Die Bewusstseinsqualitäten heißen Vertrauen, Hingabe, Mitgefühl, Gelassenheit, Mut und Entschlossenheit. Die diesen Qualitäten zugrundeliegende Lebenserfahrung beinhaltet im wesentlichen die Fähigkeit, den Körper, die Sexualität, die Emotionen
und den persönlichen Willen nicht länger als isolierte Fragmente
einer sinnlosen individuellen Existenz zu betrachten. Stattdessen
werden diese Kräfte und Erfahrungsdimensionen von unten nach
oben auf ein sich öffnendes Herzzentrum ausgerichtet, um die
Lektionen der jeweiligen Erfahrungsräume durch Selbstreflexion
und Selbstliebe zu lernen, im Spiegel des Herzens anzunehmen
und in das Bewusstsein zu integrieren.

Solange wir uns an den bisherigen Stationen der Erde, des Körpers und der persönlichen Kraft aufgehalten haben, bestand jederzeit die Möglichkeit, uns erneut in die Extreme der Dualität zu verstricken. Körperarbeit, sexuelle und emotionale Heilung, Selbsterfahrung und Therapie können notwendige Voraussetzungen sein, um das Geheimnis der Liebe im Herzen wieder erfahren zu können. Gleichzeitig besteht aber auf diesen Ebenen immer wieder neu die Gefahr, in den Teufelskreis der Egozentrik und des psychologischen Materialismus zurückzufallen.

Bislang konnten wir davon sprechen, dass die Energien und die Erfahrungen der jeweiligen Stationen der menschlichen Entwicklung in das Herz integriert werden müssen.
Es handelt sich um einen Prozess der Selbsterfahrung und menschlichen Integration. Eine Integration ist jedoch noch keine Bewusstseinswandlung – keine Transformation.
Eine Verwandlung des persönlichen Bewusstseins ohne Integration ist jedoch nicht möglich. Deshalb ist es wichtig, sich bewusst zu machen, dass die menschlichen Erfahrungen, die wir gemeinhin mit der unteren Körperhälfte verbinden, notwendiges Fundament sind, auf dem sich eine selbstbestimmte, selbstbewusste Spiritualität entwickeln kann. Wenn die Erfahrung der heilenden und integrierenden Kraft des Herzens in diesem Prozess nicht nur unbeständig und befristet sein soll, ist darüber hinaus die Begegnung, Erkenntnis und Überwindung des inneren Feindes, des Schattens, unbedingte Voraussetzung.

PRÜFUNG DES HERZENS   Jeder Wahrheitssucher muss wissen, dass es im Verlauf des seelischen Integrations- und Loslassprozesses zu erheblichen inneren Kämpfen kommen kann, bis das Bewusstsein der Seele wieder vollständig die Perspektive der Wahrheit des Herzens zurückerobert hat. Diese Kämpfe beziehen sich auf einen Wandel der Identität zwischen der früheren, ausschließlich weltzugewandten Froschperspektive der durch den begrifflichen Verstand kontrollierten biographischen Persönlichkeit und dem zunehmenden Erwachen und der wachsenden Erinnerung an die vergessenen Augen der im Herzen wohnenden seelischen Wahrheit.

Im Alltag kann sich diese Prüfung z.B. so auswirken, dass wir lernen müssen, klare Entscheidungen zwischen sinnvollen und sinnlosen Taten, echten und falschen Freunden, sinnvollen und illusionären Zielen zu treffen.

Dieser Entscheidungskampf ist ein konstruktiver Kampf, ein natürliches Transitstadium des Bewusstseinswandels und findet erst dann ein Ende, wenn die Seele alle ihre Kräfte im Herzen vor den Altar des GROSSEN SCHÖPFERISCHEN GEISTES des Lebens bringt, sich entscheidet und darum bittet, ein neues Leben im Dienst für das Wohl des gesamten Lebenszusammenhanges führen zu dürfen.

Festzuhalten bleibt für alle Wahrheitssucher und Abenteurer des Herzens, dass dieser innere Kampf ein Kampf zwischen persönlichem und seelischem Bewusstsein ist und somit eine in der Logik des mystischen Weges begründete Prüfung und Herausforderung darstellt. Es besteht kein Anlass zur Beunruhigung. – Wohl dem, der geprüft wird! Wer die Prüfung besteht, ist reif, im Umkreis des Herzzentrums sehr alte seelische Bindungen loszulassen und seiner ursprünglichen, geistigen Unschuld und dem HÖCHSTEN GEIST selbst wiederbegegnen zu dürfen.

Der Schlüssel, der die Tür öffnet, heißt De- **DEMUT DES HERZENS** mut – Demut, verstanden als Einkehr der körperlichen, emotionalen und gedanklichen Aktivitäten des äußeren Ichs in innere Stille; und Demut, verstanden als die Essenz der bisherigen Lebenserfahrung: dass eine sinnvolle und glückliche individuelle Existenz ohne die Teilhabe an den unsichtbaren Ordnungen der Liebe nicht möglich ist!

Der Begriff der Demut ist leider im Laufe unserer Geschichte entstellt worden und wurde häufig gleichgesetzt mit Selbsterniedrigung, Selbstkasteiung und kritiklosem Gehorsam gegenüber Autoritäten. Diese degenerierte Form der Demut ist jedoch keine Tugend, sondern ein Verharren in alten patriarchalen weltanschaulichen Positionen. Wahre Demut ist eine Haltung und Einstellung der ganzen Seele, ein Akt des Innehaltens und Stillwerdens der äußeren Persönlichkeit gegenüber der dem Ego nicht verfügbaren schöpferischen, geistigen Kraft des Lebendigen und seiner sich stetig erneuernden Schönheit und Liebe. Diese demütige Einstellung entspringt auch der Erkenntnis, dass das subjektive, persönliche Bewusstsein aus sich selbst heraus keine schöpferische Qualität besitzt, sondern dass wir als menschliche Wesen vom uns miteinschließenden Kreislauf des Lebens und der Liebe und Vergebung des HÖCHSTEN GEISTES und unserer Mitmenschen abhängig sind und bleiben. Demut führt auch dazu, uns selbst nicht mehr so wichtig zu nehmen – eine Gefahr, die vor allen Dingen durch die Identifikation mit dem eigenen Körper, dem Gefühlsleben und der persönlichen Willenskraft immer gegeben ist, aber auch auf der seelischen Ebene noch lange nicht verschwindet...

Mit dem Herzzentrum betreten wir eine vollkommen neue Dimension. Das Herz führt uns aus dem Wandel der Erscheinungen der Dualität, wie z.b. oben – unten, männlich – weiblich und Anziehung – Abgrenzung, in die einzig aus sich selbst heraus seiende und auf sich selbst bezogene Gegenwart unseres GEISTIGEN SELBSTES. Dieses innere SELBST ist das Innen unseres Inneren. Es ist der unberührte und unberührbare Altarraum der Flamme individualisierter geistiger Liebe, die der verkörperte Anteil der »ICH BIN«-GEGENWART einer jeden Seele und eines jeden Menschen ist. Wir können im Zentrum des Herzens zwei ineinander geschachtelte Räume unterscheiden. Bevor wir das Licht und die Hitze des inneren geistigen Feuers aushalten können, müssen diejenigen seelischen Bindungen losgelassen und verbrannt werden, die das Innerste unseres Herzens in einem äußeren Raum des Herzzentrums einschließen.

ÄUSSERER   Der äußere Raum im Inneren des Herzzentrums hat
HERZENSRAUM   im Sinne einer aktiven Handlung unseres alltäg-
                lichen Persönlichkeitsbewusstseins keinen Anteil
mehr an dem dualitätseingebundenen Auf und Ab der Welt. Es ist der äußere Raum der Seelenerfahrung, in dem die Erinnerungen aller Erfahrungen mit Zeit und Raum als seelischer Zustand reflektiert werden und in Verbindung mit den tiefen Schichten des Unbewussten als Informationen gespeichert sind.

Diesen äußeren Raum kann man sich am besten vorstellen als einen Spiegel, der die Qualität unseres äußeren, weltlichen Lebens widergibt und aufzeichnet, oder auch als unbestechlichen inneren Zeugen, der den Überblick über unsere ganze Geschichte hat.

Die Begegnung mit dieser mitunter auch schmerzhaft-unpersönlichen Wahrnehmung des Herzens ist zu vergleichen mit einem Wechsel der Perspektive vom im Außen agierenden, subjektiven Schauspieler des Alltags-Ichs zum inneren objektiven Regisseur der Seele, der die Qualität des äußeren Lebens hinsichtlich des Wachstums von Selbsterkenntnis und Liebesfähigkeit auswertet, reflektiert und registriert.

Insofern spiegelt unser Herz zunächst immer den Sinn oder die Sinnlosigkeit, die Aufrichtigkeit oder die Halbherzigkeit, die Liebe oder die Berechnung wider, die wir in unseren Taten und menschlichen Beziehungen gelebt haben.

Hinter dieser Schicht des Erfahrung sammelnden, reflektierenden und Entscheidungen treffenden Seelenbewusstseins gibt es noch einen, von allen Welt-, Zeit-, Raum-, Form- und Ego-Bezügen unterschiedenen, rein-geistig seienden und in stiller Flamme brennenden »Herzkammer-Innenraum«, der sein Bewusstsein und Licht ganz allein aus sich selbst erhält.

Die Seelenebene ist noch nicht geistig. Sie ist zwar nicht an eine einzige Inkarnation gebunden, aber doch noch an Zeit und Raum, Erfahrung und an ein von der Wirklichkeit des einen Seins getrenntes Ich-Gefühl. Auch auf der seelischen Ebene gibt es noch Ego-Bewusstsein.

Gerade dort entsteht sehr häufig neues Ego, indem seelische Erfahrungen und spirituelle Lichterlebnisse als Verdienst und Besitz der eigenen Seele angesehen werden.

Auf diese Weise wird Ego auf der Seelenebene auf-   SEELISCHES EGO
gebaut. Selbst Einweihungen in die geistige Welt und sogenannte Gipfel- und Erleuchtungserlebnisse können von der Seele egozentrisch missbraucht werden, um mittels geistiger Gesetze nicht nur die sichtbare, sondern auch die unsichtbare

Welt zu beherrschen. In der weltlichen spirituellen Szene und in den erdgebundenen Bereichen der unsichtbaren Welt wimmelt es nur so von Magiern, Gurus, Lehrern und Heilern, die zwar die Namen des HÖCHSTEN GEISTES im Munde führen, aber nur sich selbst und ihre einmal erworbene spirituelle Machtposition meinen.

Das Ziel der seelischen Entwicklung des Menschen ist aber nicht der Erwerb von spirituellen Positionen und Besitz, sondern das letztendliche Sterben des Ich-Bewusstseins in der Seele, damit das ursprüngliche geistige Bewusstsein des ICH-BIN geboren werden kann.

Der Unterschied in der Qualität des menschlichen Entwicklungsweges besteht auf allen Ebenen zwischen Haben-, Besitzen-, Beherrschen-, Etwas-und-jemand-sein-Wollen, kurz dem Ego-Bezug einerseits, und dem Loslassen, Entwerden, Dienen, Geben, Wirken, und Selbst-Sein andererseits.

Wenn wir uns im Herzen zentrieren wollen, besteht die Herausforderung in zunehmendem Maße im Loslassen und Zurücktreten des Ego-Bewusstseins. Es sei deshalb ausdrücklich darauf hingewiesen, dass Ego auch auf der seelischen Ebene auftaucht und sich gerne in spirituelle Gewänder kleidet.

Demut gegenüber dem GÖTTLICHEN GEIST im Innersten des eigenen Herzens ist deshalb die Voraussetzung, um mit unserem Bewusstsein das Land des Herzens betreten zu können. Sie wächst, je mehr wir dazu erwachen, dass wir aus uns selbst heraus nichts sind, der feurige Geist der still brennenden Liebe in uns aber eins in allem ist.

Bevor wir diesen in geistigem Licht scheinenden inneren Altarraum unseres Herzens betreten können, ist es an der Zeit, auf der Grundlage der Demut unsere Beziehung zu uns selbst und zu anderen Menschen ins Reine zu bringen. (Sonst kann es passieren, dass wir wieder ganz schnell mit unserem Bewusstsein aus der Stille unserer innersten Mitte hinausfliegen, weil wir nicht leben, was wir sind.)

Auf der Grundlage der Wahrheit des Herzens eine Beziehung zu uns selbst zu führen, bedeutet, unser Alltags-Ich in den Dienst der Wahrheit des Herzens zu stellen und die Wahrheit des Herzens durch unser Alltags-Ich zum Ausdruck zu bringen. In diesem Sinn spiegeln die verschiedenen Beziehungen zu anderen Menschen immer auch die verschiedenen bewussten und unbewussten Aspekte von uns selbst.

Eine liebende Beziehung zum persönlichen Alltags-Ich heißt, dass körperliche, sexuelle und emotionale Bedürfnisse nicht länger unterdrückt werden oder zu Identifikation und Abhängigkeit führen, sondern in die annehmende Selbstliebe des Herzens integriert werden.

HERZENSBEZIEHUNGEN ZU UNS SELBST UND ANDEREN

Auch wenn wir die verwandelnde Kraft des Herzens erreicht haben, hören die »niederen« Bedürfnisse zunächst nicht auf. Was sich verändert, ist der Umgang mit ihnen.

Der Mensch fürchtet und bekämpft nun nicht mehr seine Geschlechtlichkeit und Emotionalität, sondern hat gelernt, die sexuelle Kraft aus der Isolierung im Unterleib zu befreien, mit den Gefühlen zu fließen und sie durch das Herz kreativ zum Ausdruck zu bringen. Gleichzeitig werden außenstehende Menschen nicht mehr für die Erfüllung der eigenen Bedürfnisse verantwortlich gemacht. Gespannte menschliche Beziehungen, gegensätzliche Gefühle und Widerstände aus dem eigenen Schattenbereich werden nicht mehr als willkürliche Schicksalsschläge einer anonymen Macht erfahren, sondern als Chancen zur menschlichen Integration und als Material zur Verwandlung von Bindungen in Freiheit.

Insofern hat der Mensch an diesem Punkt seiner Reise eine Autonomie über seine psychische Natur erreicht, die es ihm ermöglicht, zur selben Zeit sowohl ganz am Leben teilzuhaben als auch die oberflächlichen Ereignisse des Alltags im Spiegel des Herzens reflektieren und verwandeln zu können (*»in der Welt sein, aber nicht von der Welt sein«*).

Solange das Seelenbewusstsein noch nicht geboren war und wir uns nahtlos mit unserem physisch begrenzten Ich identifiziert hatten, konnte von einer Beziehung zu uns selbst im Sinn der Selbstreflexion und Selbstliebe nicht gesprochen werden.

Eine harmonische Beziehung mit uns selbst zu führen ist vermutlich eine der schwierigsten Übungen überhaupt. Zum einen hat uns das in der Regel niemand beigebracht und zum anderen ist die Reflexion und Besinnung auf uns selbst schon zu allen Zeiten vom gültigen Massenbewusstsein innerhalb der Gesellschaft als anarchische Bedrohung empfunden, und wenn nicht mit materiellen, so doch mit moralischen Sanktionen geächtet worden.

In der Arbeit und Begegnung mit zahlreichen Menschen unserer heutigen gesellschaftlichen Gegenwart ist es immer wieder erschreckend und erstaunlich, wie weit verbreitet Ängste und Ideologien sind, dass das Bedürfnis nach individueller Verwirklichung mit Egoismus gleichzusetzen sei.

Für die Beziehung zu uns selbst ist es deshalb sehr hilfreich, wenn wir uns von vornherein darauf einstellen, dass die Entscheidung, ein Leben auf der Grundlage der Wahrheit des Herzens zu führen, im Einzelfall zu massiven Widerständen der bisherigen Umgebung führen kann. Gerade auch Familienangehörige, Kollegen und andere nahestehende Personen können sich durch eine tiefgreifende qualitative Wandlung der Lebensführung ihrer Freunde bedroht fühlen, da sie einerseits im selben Boot der alten Lügen und Abhängigkeiten sitzen und andererseits vielleicht selbst zu völliger Selbstverantwortung, Loslassen und einer Veränderung noch nicht bereit sind.

Eine gesunde Beziehung zu uns selbst erfordert demnach zunächst die Entschlossenheit, auch gegen äußere Widerstände allein sein zu können und sich unabhängig von den Meinungen und Gedanken zu machen. Das ist zwar manchmal hart, aber es geht.

Im Herzzentrum müssen wir einsehen lernen, dass die Labilität und Intimität unserer Liebe auch schutzbedürftig ist und wir nur die Erfahrungen mit anderen Menschen teilen können, die diese selbst gemacht haben.

Der Loslassprozess ist mit dem Besteigen eines hohen Berges zu vergleichen: Je höher wir kommen, desto mehr Ballast werfen wir ab, desto dünner und einsamer wird aber auch die Luft. Diese Form der Einsamkeit bedeutet aber nicht soziale Isolation, sondern wachsende Nähe und Treue zu uns selbst und Entschiedenheit und Hingabe an unsere Vision des Herzens, die uns in den folgenden Stationen unserer Seelenreise noch beschäftigen wird. Die wahren Gefährten des Pfades sammeln sich jenseits weltlicher Organisationen von selbst oder auch nicht.

Genau diese Treue und Nähe zu uns selbst haben wir aber in der Vergangenheit unserer Seelengeschichte nicht immer gelebt. Bevor sich unser Herzzentrum deshalb ganz öffnen kann und wir bereit sind, im Innersten unseres Herzens im Licht der Liebe des HÖCHSTEN GEISTES zu sein, müssen alle unbewussten Erinnerungen an Ereignisse losgelassen werden, bei denen wir uns selbst aus Angst, Feigheit, Gier oder welchen Gründen auch immer verraten und verleugnet hatten. Um es religiös zu formulieren: Wann und wo sind wir unser eigener Judas gewesen?
Das Loslassen dieser Erinnerungen und das Eingeständnis unserer Lügen vor uns selbst ist nicht einfach und schmerzt, aber es ist nie zu spät und für jeden möglich.

Manchmal kommt es zu regelrechten Erkenntnisschocks, inwiefern ein lange zurückliegendes Ereignis, das wir längst vergessen glaubten, in der Gegenwart noch massive Auswirkungen und Konsequenzen hat, ohne dass wir diese mit dem ursächlichen Ereignis in Verbindung brachten.

Ich möchte in diesem Zusammenhang betonen, dass es bei der Klärung der Beziehung zu uns selbst nicht um den Gehorsam gegenüber einer von außen programmierten und mit göttlicher Strafe drohenden Stimme der Moraltheologie geht. Diese Form des »christlichen Über-Ichs«, die fälschlicherweise auch als Gewissen bezeichnet und mit demselben verwechselt wurde, haben wir geerbt. Sie ist anerzogen, verursacht Schuld- und Angstgefühle und muss zur seelischen Heilung unbedingt überwunden werden.

Dieser Pädagogik und kirchlichen Lehre verdanken wir Millionen seelisch verkrüppelter und unselbständiger Menschen, die in ihrer Hilflosigkeit nur glauben zu glauben. Tatsächlich kompensieren sie durch ihre degenerierte Form der Religiosität ihre Lebensängste in Form von sogenannten Gebeten, Beschwörungen und Befürchtungen und lassen sie als schwarzmagische Umweltverschmutzung zum Himmel steigen. – Der HÖCHSTE GEIST schenke ihnen mehr Mut zu sich selbst!

Es gibt keinen strafenden Gott!

Wenn wir lernen, den Körper, die Emotionen und unsere Gedanken zur Ruhe zu bringen und mit unserem Bewusstsein das Zentrum im Zentrum unseres Herzens betreten, werden wir erkennen, was es heißt:

»GOTT ist Geist,
und wer ihn anbetet, soll ihn im Geist anbeten!«
und »Sei still und wisse, dass ich bin!«

Geist ist, und das Sein ist geistig.

Die *bedingungslose Liebe,* die wir durch Offenheit und Hingabe des Herzens erfahren können, ist keine willkürliche Aktivität eines launischen Gottes, sondern eine geistige Qualität des einen Seins. Liebe *ist,* und im Sein der Liebe ist nirgendwo Raum für Strafe. Die Strafe besteht höchstens in den Konsequenzen unserer unwissenden und herzlosen Taten, und diese Konsequenzen sind auch keine von oben verhängten Strafen, sondern Lektionen, Herausforderungen und Lernerfahrungen, die wir selbst bewusst oder unbewusst für unser Wachstum erschaffen haben.

STRAFKONZEPTE UND SELBSTBESTRAFUNG   Göttliche Strafe ist ein von Menschen für Menschen erdachtes und praktiziertes Konzept. Sie ist eine extreme Form von seelischer und geistiger Unwissenheit. Es gibt keine Strafe. Die Früchte unserer Gedanken und Handlungen sind keine Strafe, sondern selbst zu verantwortende Lernerfahrungen.

Die Handlungen sind nur bei den wenigsten Menschen bösartig motiviert, sondern richten sich jeweils nach dem Entwicklungsgrad und Bewusstseinsstand der individuellen Seele. Fast jeder Mensch kann gar nicht anders, als nur auf der Grundlage seines bisher erworbenen Bewusstseins zu handeln und durch zahllose Erfahrungen im Kreislauf von Ursache und Wirkung zu lernen.

Lernen ist entscheidend und nicht Strafen.

Der HÖCHSTE GEIST des Lebens ist weder ein strenger Oberlehrer noch eine Schlafmütze. Als Anfang und Ende von allem, was ist, weiß er selbst am besten, dass die individualisierten Seelen sogar Fehler machen müssen, um durch den weiser werdenden Gebrauch des freien Willens zu lernen und zu wachsen.

Die Angst vor einem strafenden Gott
und das dazugehörige Konzept sollten in jeder Weise
losgelassen werden.

Nur wenn wir uns wieder vorstellen können, dass der HÖCHSTE GEIST nichts als Liebe ist, werden wir frei, auch uns selbst zu vergeben. Und nur dann werden wir die Liebe des HÖCHSTEN GEISTES auch unmittelbar erfahren und empfangen können.

Das bedeutet aber auch, alle Entscheidungen und
Konzepte der Selbstbestrafung, alle Selbstvorwürfe,
Selbstanklagen und Selbstverurteilungen loszulassen.

Es gibt noch viel zu viele Seelen, die sich für frühere Fehler unbewusst massiv bestrafen, indem sie sich selbst keine Lernfähigkeit, Vergebung und Liebe zugestehen. Auch Selbstbestrafung ist nur die alte Unwissenheit und das alte seelische Ungleichgewicht in neuem Gewand und kann losgelassen werden.

Darüber hinaus muss endlich Schluss gemacht werden mit der nach wie vor in den Tiefen des kollektiven Unbewussten wirkenden materialistisch-theologischen Interpretation, dass der Kreuzigungstod von JESUS CHRISTUS ein Sühneopfer für die sündige

Menschheit war, das von den Menschen mit möglichst viel Leid, Schmerz und Martyrium zurückgezahlt werden muss. Es gibt noch viel zu viele Seelen, die sich nicht nur selbst bestrafen, sondern im gründlichst falsch verstandenen Namen GOTTES das Lebendige in sich abtöten, sich selbst zerstören, fremdes Leid zu ihrem eigenen machen und dabei auch noch glauben, GOTTES Willen zu erfüllen, um nach dem Tod womöglich von oben eine Urkunde und Belobigung zu erhalten. (Frei nach dem Motto: Gelobt sei, was hart macht.)

Diese Dogmen und religiösen Ideologien sind die wahre Gotteslästerung am HÖCHSTEN GEIST DER LIEBE, und die Zeit ist überreif, dass wir von unseren selbstgezimmerten Kreuzen der dreidimensionalen Wahrnehmung herabsteigen und dem Geist der Liebe in unseren Herzen eine Chance zur Auferstehung und Wiederbelebung unserer Seelen geben!

Unser Ego soll gekreuzigt werden! – Nicht die Seele!
Unsere Seele soll leben!

Das müsste sich doch nach nunmehr zweitausend Jahren langsam mal rumsprechen. Oder sind wir in Angst erstarrt wie Kaninchen vor der Schlange, die nur auf die Oberfläche historischer Ereignisse im Leben Jesu schauen und nicht seine symbolische Bedeutung verstehen und erkennen, dass die Schlange nur ein altes Seil ist?

Beim Klärungsprozess der Beziehung zu uns selbst spielen neben den Ängsten vor Strafe aber auch die Gefühle und Konzepte von Schuld eine große Rolle. Nur da, wo wir uns insgeheim schuldig fühlen, können die Drohungen und Konzepte von Strafe ihre Macht über uns entwickeln.

SCHULDGEFÜHLE   Dabei müssen wir unterscheiden zwischen
LOSLASSEN!   Schuldgefühlen, die wir haben, weil wir Erwartungen und Ansprüche der äußeren Welt nicht erfüllt haben und Schuldgefühlen aufgrund der Verleugnung der inneren Stimme der Wahrheit unseres Herzens. Es gibt mehr als genug Menschen, die ihre nächste menschliche Umgebung,

bewusst oder unbewusst, zu manipulieren versuchen, indem sie ihr Schuldgefühle suggerieren. In diesem Fall leiden wir nicht etwa tatsächlich an Schuldgefühlen, sondern haben Angst, die Erwartung eines anderen Menschen nicht zu erfüllen und unsere Abhängigkeit zu beenden. Dann müssen nicht Schuldgefühle, sondern die Angst und Feigheit, diese Beziehung zu klären, überwunden und losgelassen werden.

Anders sieht es mit den Schuldgefühlen aus, die wir mit uns herum tragen, weil wir in der Vergangenheit der Wahrheit in unserem Herzen nicht treu gewesen sind, indem wir entweder notwendige Handlungen unterlassen haben oder Handlungen ohne Sinn und Herz zur Sicherung der Macht des persönlichen Egos begangen haben.

Wenn wir diesem Thema im Schutz der Stille des Herzens auf den Grund gehen, entdecken wir in den unterschiedlichsten biographischen und historischen Verkleidungen immer wieder ein und dieselbe Angst als Ursache der Lügen gegenüber uns selbst und anderen Menschen.

Überspitzt formuliert können wir sogar sagen: *Jede Lüge überlebt durch Angst.* Angst ist das Wesen der Lüge. Angst, das Gesicht zu verlieren, Angst, Außenseiter zu sein, Angst, verfolgt, gedemütigt, bestraft zu werden, Angst, die Position in der Gesellschaft zu verlieren, Angst vor dem Tod – Angst, Angst, Angst.

Oft sind uns diese Ängste in der Tiefe unserer Seele nicht einmal bewusst, da wir immer an der Oberfläche des aktuellen kulturellen Massenbewusstseins mitgeschwommen sind und unbewusste kollektive Vereinbarungen der zivilisatorischen Angstvermeidungsstrategien nicht mitbekommen haben. Das Gesetz der Trägheit von Massen gilt auch für Bewusstseinsprozesse.

Angst kann aber nur so lange Macht über uns haben, wie wir der Angst diese Macht geben, das heißt, solange wir uns von den Reaktionen der äußeren Welt abhängig machen und unseren Wunsch nach Anerkennung wichtiger nehmen, als die Treue zu uns selbst. In einer Situation, in der wir vom Tod bedroht sind, ist dies natürlich leichter gesagt als getan. Wenn wir uns aber vergegenwärtigen, dass im Unterschied zu unserer biographischen Persönlichkeit unsere Seele am Kreislauf des Lernens von Ursache und Wirkung unsterblichen Anteil hat, sollte es schon eine Überlegung wert sein, ob es angenehmer ist, als integerer und freier Mensch mit entsprechenden Gestaltungsräumen oder als Feigling in lebensbedrohlichen Umständen wiedergeboren zu werden. – *Ein Abenteurer des Herzens ist immer bereit zum letzten Gefecht!*

DAS KREUZ DER
DREIDIMENSIONALITÄT

Die Angst als gesellschaftlich legitimierte Form der Selbstlüge ist aber nicht die Ursache dieser Problematik, sondern seelisches Symptom des dreidimensionalen, physischen Bewusstseins, welches sich durch diese Ängste manifestiert. Die Absolutheit der Herrschaft des materiellen Bewusstseins über die Seele gibt den Ängsten und Lügen ihre Macht.

Das dreidimensionale Bewusstsein ist, bildlich gesprochen, das Kreuz, an dem die Seele im Schlaf des Bewusstseins hängt und träumt. Es hat in der einseitig weltzugewandten Verstandesnutzung der begrifflichen und logischen Bewusstseinskapazitäten seine Entsprechung. Das dreidimensionale Bewusstsein ist aber nicht das Böse oder eine Ursünde, für die wir Anklage, Urteil und Strafe verdient hätten, sondern schlicht und ergreifend Unwissenheit oder meinetwegen auch Dummheit. Die Fixierung auf das dreidimensionale Bewusstsein ist eben auch ein Bewusstseinszustand, eine Entwicklungsphase oder, wenn Sie so wollen, eine Schulklasse, durch die sich die Seele entwickeln muss. Auf keinen Fall ist das zu Egozentrik und Materialismus, Angst und Lüge führende dreidimensionale Bewusstsein ein moralisches Vergehen, das göttliche Verurteilung, Strafe und seelische Schuld nach sich zieht. Das sind menschliche Interpretationen, die nicht zuletzt von denjenigen Schriftgelehrten erfunden wurden, die die Kreuzigung von JESUS CHRISTUS aus ihrer eigenen Unwissenheit heraus vordergründig moraltheologisch interpretiert haben, um die »sündige« Menschheit besser kontrollieren zu können. Kein Mensch käme auf die Idee, Kindergartenkinder als Verbrecher zu stigmatisieren, nur weil sie die Unverfrorenheit besitzen, klein zu sein und in den Kindergarten zu gehen. Genau dies ist aber die Einstellung, mit der wir den Schwächen in uns selbst und unseren Mitmenschen häufig genug begegnet sind.

Gegen Unwissenheit hilft keine Strafe und kein Schuldgefühl.

*Nur das Licht der Weisheit und mitfühlender Liebe erlöst die
alten Ängste und schenkt der Seele den Freiraum zurück, sich
selbst ihre Fehler und Lügen einzugestehen, um daraus zu lernen und neu zu beginnen.*

Mit uns selbst ins Reine zu kommen, bedeutet demnach nichts
anderes, als durch nüchterne Aufrichtigkeit uns selbst gegenüber
den alten Verrat an uns selbst und die damit verbundenen Ängste und Lügen einzugestehen, loszulassen und durch Einsicht in
das Wesen der Unwissenheit nicht nur unseren Mitmenschen
vergeben zu können, sondern auch uns selbst.

Uns selbst zu vergeben ist nicht nur als Abschluss eines   VERGEBUNG
Lebensthemas wichtig, sondern auch als Annehmen-
Können von Liebe, um alte, seelische Isolation zu heilen. Vergebung sollte nicht als von außen verlangter moralischer Anspruch verstanden werden, sondern sie ist ein in unsere Herzen
hineingeborenes Regulativ der geistigen Ordnung des Lebens,
welches Liebe zu uns selbst mit einschließt und die Entwicklung
des Bewusstseins erst ermöglicht.
Vergebung trennt Unwissenheit von Wissen, Intelligenz von
Ignoranz, Angst von Liebe, Dualität von der Freiheit zu sein. Sie
führt zu der Einsicht, dass unsere zwischenmenschlichen Beziehungen immer auch einzelne Aspekte und Spiegelbilder unserer Beziehung zu uns selbst sind. Sogenanntes »ungerechtes« Verhalten meiner Mitmenschen kann mich nur so lange treffen, wie
ich es nicht nur zulasse, sondern auch ein entsprechendes nega-
tives Selbstbild im Herzen festhalte. Ungerechtes Verhalten
anderer Menschen uns gegenüber ist immer eine Überprüfung
unserer eigenen Selbstgerechtigkeit. Im Herzen Urteile über
andere Menschen zu fällen, blockiert das Zentrum des Herzens,
und die Haltung der Demut ist futsch. Alle dürfen Fehler
machen, nicht nur wir selbst. Vergebung ist die spirituelle Umsetzung der Erkenntnis unseres Bewusstseins, dass wir alle miteinander verbunden sind, voneinander lernen und praktizierte
Liebe die ultimative Prüfung in der Schule des Lebens ist.

Was aber ist das Wissen – was ist die verwandelnde Erkenntnis und Erfahrung, die den Schleier der Unwissenheit von unserer Seele nimmt? Woher kommt das Licht, das die Unwissenheit zu einem Spiel der Illusion von Schattenkräften degradiert? Ganz einfach:

Wir sind Liebe.
Liebe ist unsere Identität.

INNERER   Unwissenheit ist die Kompensation des spirituellen
HERZENSRAUM   Urbedürfnisses nach Liebe durch die Suche nach
                 Anerkennung in der Welt.
In der Welt zu sein, bedeutet zu suchen. Das Zentrum des Herzens ganz zu öffnen, bedeutet zu finden. Zu finden bedeutet, uns selbst sein zu lassen, und damit öffnet sich der innere Raum des Herzzentrums. Die Erfahrung, von der wir ergriffen werden, wenn wir unser Herz bedingungslos und das heißt absichtslos in Demut öffnen, ist in ihrer einzigartigen Schönheit und Magie der Liebe nicht zu beschreiben.

Viele Jahre, ja sogar eine endlos erscheinende Kette von Leben, haben wir den Sinn des Lebens, den HÖCHSTEN GEIST und seine Liebe gesucht, oder aus Enttäuschung aufgehört zu suchen. Wir haben GOTT gesucht in Büchern, Kirchen, Ashrams, leeren Systemen, fremden Ländern und bei gottverwirklichten Menschen und Lehrern.

Jetzt, wenn unser Herz sich wieder öffnet, ereignet sich das Wunderbare: Wir erkennen und erfahren zugleich, dass die Liebe, die wir überall gesucht und nirgends gefunden haben, das Zentrum unseres eigenen Seins ist. – Wir sind diese Liebe!

In der Liebe sind wir bei uns selbst,
und durch die Liebe sind wir mit allem verbunden.
Liebe allein löst den Widerspruch von Selbst und
Selbstlosigkeit.

Es gibt nichts mehr zu tun, als unser Sein sich selbst bewusst werden und wirken zu lassen, weiterzugeben, zu genießen und uns zu freuen.

In dem Maße, in dem wir die Schleier der unerledigten Erfahrungen und Trennungen unserer Beziehung zu uns selbst und den Mitmenschen vom Spiegel unseres Herzens waschen und loslassen, in dem Maße werden wir uns selbst wieder bewusst, dass in unserem Herzen das unzerstörbare, aus sich selbst leuchtende, unschuldige Kind des Lebens wohnt.

Das Kind des geistigen Feuers der in der Mitte des Herzens eingeborenen Liebe ist nicht zu verwechseln mit dem biographischen Kind unserer Kindheit, mit dem wir durch das Zentrum der Kraft im Bauch verbunden sind.

Die Erfahrung, dass unser inneres Wesen, die Seele, in ihrem Kern makelloses, liebendes, selbstleuchtendes Sein ist, befreit uns aus Zwängen und Neurosen und bringt die lebensnotwendigen Qualitäten der Unschuld, Reinheit und Herzenskreativität in unser Leben zurück. Dieses Kind im Innersten unseres Herzens hat alles Wissen, das wir benötigen. Es kennt unsere geistige Abstammung, unsere Fähigkeiten, unsere Aufgabe, unseren Weg, unsere Zukunft.

Seine Namen sind viele: CHRISTUS, KRISHNA, INNERES LICHT, NARAYANA, VERBORGENES JUWEL IN DER LOTOSBLÜTE und der Name unseres eigenen SELBSTES.

Genausowenig, wie die Kristallstruktur zweier Schneeflocken identisch ist, genausowenig ist die individuelle Frequenz der Liebe und Ausstrahlung zweier Seelen identisch.

Jede Seele muss sich dieses inneren Feuers der Liebe durch ihre menschliche Entwicklung in der dreidimensionalen Welt der Dualität selbst bewusst werden, damit der Mensch geistig wird und der HÖCHSTE GEIST Mensch.

Alle religiösen Weltgebäude, spirituellen Systeme, philosophischen und psychologischen Bibliotheken verblassen als Schall und Rauch in der Gegenwart des sich selbst bewussten Kindes des Lebens. Es gibt kein höheres Wissen als das Wissen des CHRISTUSKINDES, des Lichtes in unseren Herzen.

Das Licht des CHRISTUS im Herzen ist das Ziel unserer menschlichen Integration, so wie wir sie bisher kennengelernt haben und der Anfang und das Tor zu den geistigen Welten. Wie die

Flamme im Feuer und die Welle im Ozean, so ist die menschliche Seele in Liebe und als Liebe mit dem gesamten Universum verbunden.

Liebe ist der Anfang, der Hintergrund und das Ziel der menschlichen Entwicklung.

In der Liebe weiß der Mensch um seine Abstammung vom HÖCHSTEN GEIST, und durch die Liebe beginnt er seine individuelle Spiritualität bewusst zu entwickeln, denn die Frage lautet nun:

Was machen wir dann eigentlich mit dem Rest unserer Zeit?

HERZENSBEZIEHUNG ZUM GROSSEN GEIST   Die Antwort darauf weiß der HÖCHSTE GEIST, und an dieser Stelle unserer menschlichen Entwicklung ist es allerhöchste Zeit, unsere innerste Herzensbeziehung zur Transzendenz, zum Universum und Quell allen Lebens ebenfalls ins Reine zu bringen.

Durch die Tiefe der Erfahrung der *bedingungslosen Liebe* im Altarraum des Herzens kommt die Seele nach vielen tausend Jahren der Erderfahrung – insbesondere im geistabgewandten »Dunklen Zeitalter« – zum ersten Mal wieder in einen intuitiven Kontakt mit dem geistigen Licht, das durch die Ergebung der Seele von oben aus dem All durch den Scheitel in die Herzensmitte hineinfällt.

Die Erschütterung der Erfahrung, dass GOTT IST, dass GÖTTLICHER GEIST der unsichtbare Motivator hinter der persönlichen und kollektiven Evolution ist und durch Liebe erkannt werden kann, führt zu einer intimen und heiligen, grundsätzlich neuen Ausrichtung der seelischen Beziehung zu GOTT. – Alle vergangenen seelischen Erlebnisse der Trennung von GOTT tauchen aus den archaischen Schichten des Unbewussten auf und werden schmerzhaft bewusst.

*Aus dem persönlichen Willen entstandene Machtansprüche
gegenüber der eigenen Rolle im äußeren Universum,
Verleugnungen der Abhängigkeit von der göttlichen Liebe,
Trennungen von GOTT aus Enttäuschung über den
scheinbaren Sieg der Dunkelheit und Ungerechtigkeit bis hin
zu Versuchen des gewaltsamen Kampfes gegen den Geist und
die Liebe stehen durch die Erinnerung des Herzens vor den
Augen der Seele wieder auf, müssen konfrontiert und durch die
Flamme des Herzens verbrannt und losgelassen werden.*

Durch diese extremen Erfahrungen im »Dunklen Zeitalter« war
die Seele von ihrer spirituellen Entwicklung abgeschnitten und
hatte gegen ihre innerste Natur der Liebe gelebt.

Insofern kann man davon sprechen, dass es der ursprüngliche
Zustand der Seele ist zu lieben, und in dem Moment, in dem die
Seele beginnt, den Schattenzyklus der Trennung im Herzzentrum
aufzulösen und zu beenden, kehrt sie zurück in das eingeborene
Reich der Überfülle der ohne Unterlass gebenden Liebe und folgt
somit wieder ihrem ursprünglichen Wesen.

Die Fackel der Gottesliebe wird zum Symbol für das nach Hause
zurückkehrende, verlorene Kind GOTTES, das sich nun durch die
Liebe zu GOTT als Teil einer universellen Geschwisterschaft der
Dienenden erfährt und auf den Weg macht, seine eigene Lebensaufgabe zu erkennen, zu empfangen und zum Ausdruck zu
bringen.

*Möge CHRISTUS auferstehen
in den Herzen aller Menschen!*

ICH LASSE LOS... ...*die Entscheidungen, nicht mehr in mein Herz zu schauen...*

...die Angst, dass es in meinem Herzen etwas gibt, das keine Liebe verdient hat...

...die Entscheidungen, die Liebe, die ich bin, nicht mehr anzuschauen...

...die Entscheidungen, meine Liebe zu verleugnen...

...die Entscheidungen, mein Herz zu verschließen, um kein Außenseiter zu sein...

...die Angst, ausgelacht und gedemütigt zu werden, wenn ich mein Herz öffne...

...die Gewohnheit, meine Liebe an Bedingungen zu knüpfen und sie berechnend einzusetzen...

...die Angst, meine gesellschaftliche Position zu verlieren und verfolgt zu werden, wenn ich mein Herz öffne...

...die Angst, das Gesicht zu verlieren...

...den Wunsch, überlegen und kontrolliert zu bleiben...

...mich vor mir selbst und anderen zu verstellen und eine Rolle zu spielen...

...die Angst, von GOTT für meine Fehler bestraft zu werden...

...die Angst, Fehler begangen zu haben, die nie wieder gut gemacht werden können...

...Neid auf andere Menschen und den Wunsch, sie zu bekämpfen, um mich selbst in eine bessere Position zu setzen...

...meinen Neid nicht wahrhaben zu wollen und zu verleugnen...

...die Entscheidungen, mich selbst für alte Fehler anzuklagen und zu verurteilen...

...die Programmierung, dass Selbstbestrafung rein macht...

...die Programmierungen, Entscheidungen, Schwüre und Gelübde, mein Leben aufzuopfern und fremdes Leid zu meinem eigenen zu machen, weil ich glaubte, nur so JESUS CHRISTUS folgen zu können...

...den Wunsch, Märtyrer zu sein, um CHRISTUS außerhalb des Körpers im Tod begegnen zu können...

...die Programmierung, dass meine Seele sterben muss wie JESUS, wenn ich GOTT finden will...

*...die Schuldgefühle, in meinen Beziehungen zu anderen
Menschen gegen das Gesetz der Liebe verstoßen zu haben...*
*...die Angst, bestraft zu werden, wenn ich um Vergebung bitte
und die Überzeugung, Strafe verdient zu haben...*
*...die Entscheidungen, nie mehr Vergebung zu akzeptieren, um
mich an alte Fehler zu erinnern...*
*...mir selbst zu misstrauen und zu bezweifeln, ob ich aus
früheren Irrtümern gelernt habe...*
*...die Angst, von der bedingungslosen Liebe nicht getragen zu
werden und mich um meine Existenz sorgen zu müssen, wenn
ich mich entscheide, der Liebe zu folgen...*
*...die Gewohnheit, andere Menschen zu kritisieren, zu ver-
urteilen und nur ihre Schattenseiten zu sehen...*
*...meinen falschen Stolz und mein Ego nicht wahrhaben zu
wollen und meine Schattenseiten auf andere Menschen zu
projizieren...*
*...auf die Einsicht und Vergebung anderer Menschen zu warten,
anstatt selbst den ersten Schritt zu machen...*
*...alle Entscheidungen aus meiner Seelengeschichte, GOTT außer-
halb meines eigenen Herzens in Büchern und Kirchen zu
suchen...*
...Trauer und Müdigkeit, ihn nicht gefunden zu haben...
*...Angst, dass GOTT der alte strafende Vatergott des Patriarchats
ist...*
*...alle Pakte, Übereinkünfte und Entscheidungen, dieser
strafenden Gottesvorstellung Macht zu geben und ihr zu dienen
und/oder sie zu bekämpfen...*
*...Hass, Wut und Ärger auf GOTT für alles, was in seinem
Namen auf der Erde geschehen ist...*
*...die Programmierung, dass GOTT grausam ist und die
Menschheit ihn zu Recht vergessen hat...*
*...die Programmierung, dass das Geistige eine Illusion ist und
dass nur das Materielle wahr ist...*
*...die Verzweiflung, Hoffnungslosigkeit und Verwirrung, GOTT
(ALLES, WAS IST) verlassen und durch die Polarisierung meines
Bewusstseins vergessen zu haben...*
*...alle Entscheidungen, den Schmerz der Trennung von
ALLEM, WAS IST (GOTT) nicht mehr fühlen zu wollen...*

*…die Entscheidungen, mein Herzzentrum zu verschließen und
mich nicht mehr an ALLES, WAS IST (GOTT) zu erinnern…
…mein Herz zu verschließen und GOTT nicht mehr zu lieben,
um mich nicht erinnern zu müssen und auf der Erde nicht
verrückt zu werden…
…die Sehnsucht nach der QUELLE MEINER SEELE (GOTT) zu
vergessen, zu verdrängen, zu bekämpfen und zu unterdrücken…*

POSITIVE   *Ich entscheide mich, mein Herz zu öffnen.*
AFFIRMATIONEN   *Wie die Blüte zur Sonne öffne ich mit
                    jedem Atemzug mein Herz weiter, um zu*
*lieben. Ich bin Liebe. Liebe ist meine wahre Identität.
Ich vergebe mir meinen Kampf gegen mich selbst.
Ich vergebe mir meine Unwissenheit in der Polarität.
Meine Sehnsucht, nach Hause zu kommen ist GOTTES Ruf nach
sich selbst. Ich bin gemeint. Die Zeit ist reif.
Ich bitte alle Menschen um Vergebung, von denen ich die Liebe
erwartet habe, die ich mir selbst nicht geben wollte.
Ich bin eins mit der QUELLE DER LIEBE.
Ich muss nichts mehr werden.
In der Liebe bin ich bei mir, und das ist genug.
Ich gebe mein Leben und mein Bewusstsein dem Strom der Liebe
hin und lasse die Verwandlung geschehen.
Ich öffne mich für Heilung.
Alles was war, war gut, wie es war. Die Vergangenheit ist vorbei.
Meine Geschichte habe ich gebraucht, um mich zu erinnern und
wach zu werden! Jetzt bin ich bereit!
Ich öffne mich für ein neues Leben.
Es geht mir in jeder Beziehung und in jedem Lebensbereich
von Tag zu Tag besser.*

*Die Liebe aus meinem Ursprung gibt mir alles, was ich brauche.
Ich bin im Fluss mit der Weisheit der Liebe.
Was auch immer nicht im Fluss ist, wird mir zum Loslassen
geschickt… Ich habe mich für die Liebe entschieden!
Mit Freude und Gelassenheit sehe ich neuen Abenteuern
des Lebens entgegen…*

KONYA I

Die Farben der Welt
zerfallen im Licht.
Höhle und Berg
niemand mehr dort.

Nichts bleibt mir
übrig, das Feuer
der Liebe
verbrennt jedes
Wort.

Ich pflücke eine
Aster und schenke
sie Dir.

KONYA II

Die Farben der Welt
zerfallen im Licht.
Gestern und Morgen
niemand mehr dort.
Aus der Tiefe des
Schmerzes ein neues
Gehör:

»Schon bereit
endlich zu gehen,
nicht mehr zu lügen
und alles zu geben?«

Die Seele im Schatten
des Nichts, das sie schuf.
Schwarz sein Thron,
hoch die Nacht.
O, du geliebter
Rosennachtgeschmack!

5

SELBSTAUSDRUCK
UND INNERE STIMME:

DIE ZWEI SEITEN PERSÖNLICHER INTEGRITÄT

NOCH EIN TRAUM *Aufgrund der Einladung meiner amerikanischen Freunde und Lehrer und der eindeutigen Empfehlung meiner eigenen inneren Stimme befand ich mich zum ersten Mal im Ashram des Avatars des zukünftigen Zeitalters.*

Nach hinduistischer Auffassung ist ein Avatar ein Wesen, das im Unterschied zu uns Normalsterblichen und selbst im Unterschied zu Meistern und Gurus keine aufsteigende Evolution der Bewusstseinsentwicklung durchmacht, sondern direkt aus der höchsten göttlichen Sphäre als Verkörperung des Göttlichen auf die Erde kommt.

Ich hatte meine erste Indienreise mit sehr gemischten Gefühlen angetreten. Einerseits fühlte ich mich seit jeher der abendländischen Tradition der Achtung des Individuums verpflichtet, wollte unter keinen Umständen einen echten oder falschen Guru haben und hatte mir selbst geschworen, mein Leben diesmal dazu zu nutzen, meine innere Stimme ganz zu entwickeln und allein mir selbst zu folgen. Andererseits hatte ich tatsächlich nichts Besseres vor.

Wie ein offenes Buch lag mein Leben vor mir. Meine erste intensive Lehrzeit der Releasing-Loslassarbeit neigte sich ihrem Ende zu, da meine Lehrer nach der gemeinsamen Indienreise in die USA zurückkehren würden. Bevor ich mit ihnen durch Deutschland gereist war, hatte ich mein Studium aufgegeben und meine Möbel bei Freunden auf dem Dachboden deponiert.

Allein im Vertrauen auf die innere Führung des HÖCHSTEN GEISTES stand ich mit meiner Existenz buchstäblich im Nichts und wollte die Zeit in Indien nutzen, um mir über mein weiteres Leben klar zu werden. Nun sollte ich die Gelegenheit haben, einem leibhaftigen göttlichen Wesen zu begegnen und war darüber in meinem westlich geschulten Bewusstsein einigermaßen verwirrt.

Eines Nachts erschien mir der Avatar im Traum und heilte durch die Übertragung eines goldenen Lichtes verschiedene Organe meines physischen Körpers, von denen ich auch im Wachbewusstsein wusste, dass sie beeinträchtigt gewesen waren. Dann drehte er sich von mir fort und begann, sich wieder zu entfernen. In diesem Moment nahm ich meinen ganzen Mut zusammen, und Zweifel und Verwirrung platzten aus mir heraus, als ich lauthals fragte:

»Bist Du denn jetzt mein Guru?«

Daraufhin kam er zu mir zurück, schaute mich verständnisvoll an und antwortete mit einem verschmitzten Lächeln:

»Guru, mein Lieber, es gibt keine Gurus – bedingungslose Liebe ist der einzige Guru.«

Im selben Moment war mein Herz mit einer solch überwältigenden Liebe erfüllt, wie ich sie trotz aller Loslassarbeit noch nicht erfahren hatte.

Ich wusste jetzt: Wer auch immer dieses Wesen sein mag – ich kann ihm vertrauen.

Es gibt nur eine Wahrheit und der folge ich.

Ich erwachte von Tränen des Glücks.

Die nächste Station unserer Reise als Station beschreiben zu wollen, wäre irreführend, da wir es nicht mit einem begrenzten Ort zu tun haben, sondern mit einer Sphäre des unbegrenzten Raumes. Eine schöne Metapher dazu schenkt uns die Endlosigkeit des blauen Himmels, der unseren Planeten umgibt. Im Unterschied zum äußeren Himmel, der die Farbe der Meere reflektiert, haben wir es jetzt mit einem ersten inneren Himmel zu tun, der die Tiefe der Seele in Frieden reflektiert und den Raum zu den Höhen des transpersonalen HÖCHSTEN GEISTES zeigt.

Einfach gesagt handelt es sich bei diesem Aufenthaltsort der seelischen Entwicklungsreise um die große Herausforderung, durch ein Gleichgewicht des Verhältnisses von Sprechen und Schweigen menschliche Integrität herzustellen.

Wenn wir den heute üblichen zwischenmenschlichen Kommunikationsstil betrachten, fällt neben der zur gesellschaftlichen Gewohnheit gewordenen Gepflogenheit der Unaufrichtigkeit und des Nichtzuhörens eine Verdrehung der sinnvollen Beziehung zwischen Sprechen und Schweigen auf. Im Normalfall des Alltagslebens reden wir zu häufig, ohne etwas Substanzielles zur Lösung einer Situation beizutragen, ohne bei uns selbst zu sein und uns über das Herz auszudrücken und ohne Feingefühl, ob unsere Worte angemessen sind und vom Gegenüber gehört werden können. Andererseits schweigen wir zu oft, wenn es angebracht wäre, eine entschiedene Position einzunehmen, Stellung zu beziehen, die Wahrheit des Herzens zu vertreten, ihr Raum und Geltung in der Welt zu verschaffen und uns für die Interessen des Gemeinwohls einzusetzen. Die Sphäre des unbegrenzten Raumes können wir uns auf der seelischen Reise auch als einen großen Kommunikationsumschlagplatz zwischen der seelisch-individuellen und der übergeordneten geistigen Welt vorstellen.

Das Medium der Kommunikation zwischen menschlicher   KLANG
Seele und dem HÖCHSTEN GEIST heißt Klang.
In der Sphäre des inneren Raumes lernt die Seele, dass die innere Struktur der Schöpfung durch Klang aufgebaut ist.
Sie entwickelt ihr inneres Gehör, indem die Sensibilität für die Musikalität des Lebens und die Schwingungsverhältnisse zwischen verschiedenen Schöpfungsbereichen wieder erwacht.

Sie versteht die unterschiedlichen Frequenzen der Ebenen und
Dimensionen ihres Lebensweges durch ihren Klang zu identifizieren und aufzunehmen. Die Seele lernt, die Informationen
einer bestimmten Schwingung zu lesen, d.h. sie in ihrer Wechsel-
wirkung mit anderen Energien und der Notwendigkeit ihres
spezifischen Charakters zu erkennen und einzuordnen.
Anstatt dem Chaos des dreidimensionalen dualistischen
Verstandes ausgesetzt zu sein und sich in jedem Augenblick
zwischen einer unüberschaubaren Flut von Möglichkeiten entscheiden zu müssen, was gut oder böse, richtig oder falsch ist, lebt
der Mensch nun aus einer musikalischen Wahrnehmung seines
Herzens und richtet sich in seiner Lebensführung immer öfter
nach den Prinzipien von Harmonie und Disharmonie.
Die Entscheidung und Bevorzugung der Harmonie gegenüber
der Disharmonie im Sinne der komplementären Ergänzung der
Gegensätze auf allen Ebenen rührt dabei nicht aus Feigheit und
der Vermeidung von notwendigen Kämpfen und Konfronta-
tionen, wenn diese im Alltag nötig sind. Die Ausrichtung auf die
Harmonie entsteht aus der Liebe zur Schönheit und der Beobachtung, dass die gesamte Schöpfung harmonisch aufgebaut ist.
Mit der Ausrichtung auf die innere Stimme der Harmonie beginnt die Seele sich zu erinnern, dass das Universum und sie
selbst nach den Strukturen desselben geistigen Bauplanes erschaffen wurden.

Klang – Musik der Schöpfung – ist das Geheimnis des Menschen, der auf den inneren Aufbau des Lebens hört und dadurch
zunehmend die sichtbaren Erscheinungen in ihrer unsichtbaren
Qualität zu differenzieren lernt.

Die Entwicklung der inneren Stimme und das Hören des
»WORTES GOTTES« kann nur in Stille und als Ausdruck von Stille
geschehen. Von daher ist es erforderlich, dass die Seele lernt, die
zahllosen Frequenzen und Schwingungen des »inneren Funk-
verkehres« zu unterscheiden. Dies geschieht am sichersten
dadurch, dass die Seele alle Ebenen und Dimensionen ihres
Menschseins in Verbindung mit dem Zentrum des Herzens zum
Ausdruck bringen kann. Nur wenn schwerwiegende Inhalte des

Unbewussten der ersten drei Reisestationen und Unausgesprochenes in der Seele auf der Ebene des Herzens zurückbleiben, können sich diese Stimmen später als die innere Stimme des Geistes ausgeben und für Verwirrung sorgen.

Ausdruck mit Herz – seelischer Selbstausdruck –   SELBSTAUSDRUCK
ist die notwendige Bedingung, um ganz leer zu
werden und in der großen inneren Leere die sich aus Stille formende Stimme des HÖCHSTEN GEISTES hören, aufnehmen und in die Tat umsetzen zu können.

Wenn wir bedenken, dass in unserer Kultur die Unterdrückung des seelischen Ausdrucks häufig schon mit dem Geburtsschrei beginnt, sich fortsetzt mit einer Erziehung zu pflegeleichten Kindern und die Wahrheit aus Kindermund oft belächelt, bestraft und übergangen wird, so können wir uns vorstellen, welch tiefsitzenden Angstblockaden wir während des Loslassprozesses hier noch begegnen können. »Ausdruck« meint hier im weitesten Sinne alle körperlichen, bildnerischen, sprachlichen, musikalischen Möglichkeiten, mit denen die Seele ihrem äußeren Leben eine Gestalt gibt. Die Entwicklung der individuellen Ausdrucksfähigkeit ist eine zentrale Voraussetzung, um der inneren Stimme und der sich daraus entwickelnden Lebensaufgabe Form in der dreidimensionalen Welt geben zu können.

Als Folge der dualistischen, abendländischen Wahrnehmungstradition glauben noch viele Menschen an eine Trennung des geistigen Lebens vom individuellen, seelischen Leben. Manche warten sogar auf die Stimme eines anonymen, außerkörperlichen höheren Geistes, der ihnen sagt, was sie zu tun oder zu lassen haben.
Während unsere Seele sich entwickelt und wir die Beschränkungen der dualistischen Wahrnehmung loslassen, können wir jedoch erkennen und erfahren, dass es gerade die menschliche Seele ist, durch die der HÖCHSTE GEIST Mensch werden möchte und dass das individuelle Leben die tragende Substanz des geistigen Lebens ist. Der HÖCHSTE GEIST bedarf der Bereitschaft und Verantwortung der individuellen Seele, sich zu entwickeln, um

sich durch die innere Stimme verkörpern zu können, während die Seele der Gegenwart und inneren Führung des Geistes bedarf, um sich zu verwandeln, ihre Bestimmung zu finden und ihr Leben zu vergeistigen.

Dazu muss die menschliche Seele lernen, alles, was in ihr an Unausgesprochenem aus der Vergangenheit zurückgeblieben ist, auszusprechen und loszulassen.

Das bedeutet nicht die Inflation einer neuen Geschwätzigkeit, um bei jeder Gelegenheit draufloszureden, was uns gerade durch den Kopf geht, sondern verlangt mehr Mut und eine größere Treue und Aufrichtigkeit zur Wahrheit des Herzens. Das ist für uns alle offensichtlich keine leichte Übung, denn oft haben wir erfahren, dass wir für unsere Wahrheiten missverstanden, abgelehnt und sogar verfolgt, bestraft oder getötet worden sind. Es ist eine alte Strategie, die Überbringer der unbequemen Wahrheiten für die Botschaft verantwortlich zu machen und aus dem Verkehr zu ziehen, um die »alte Ordnung« wieder herzustellen. Wer sich auf seine eigene Entwicklung ganz einlässt und bereit ist, ihrer Eigendynamik zu folgen, muss sich an dieser Stelle seiner Reise vergegenwärtigen, dass die innere Wahrheit, Kreativität und Arbeit, die er im Leben zum Ausdruck bringt, zu massiven Widerständen und negativen Reaktionen der Umwelt führen kann.

HERZENSWÜNSCHE   Eine weitere wichtige Voraussetzung zum Leerwerden und zur Vorbereitung auf die innere Stimme ist das Bewusstmachen nicht eingestandener Herzenswünsche, die wir gegenüber dem Leben hegen.

Herzenswünsche sind nicht zu verwechseln mit den egozentrischen Wünschen nicht erlöster Emotionalität aus dem Zentrum der Kraft im Bauch. Viele Menschen haben Angst, zu ihren Herzenswünschen zu stehen und Verantwortung dafür zu übernehmen, da sie in der Vergangenheit gelehrt wurden, dass Wünsche zu haben egoistisch sei. Dies mag auf die Ebene der Emotionalität zutreffen, wobei wohl niemand auf die Idee käme, unerfüllte kindliche Bedürfnisse schon als Egoismus zu bezeichnen. Herzenswünsche beziehen sich im Unterschied zu den Wünschen der »niederen« Ebenen von Körper- und Emotionalbewusstsein nicht darauf, irgendeine Form von materiellem, sexuellem, emotionalem oder sozialem Besitz »haben« zu wollen. Nach der Erfüllung diesbezüglicher Wünsche entsteht mit der Angst vor Verlust immer ein neuer Besitzwunsch, und ohne Erfahrung der Dimension des Herzens gibt es für das Bewusstsein der Seele kein Entrinnen aus dem Teufelskreis der dreidimensionalen Wunschträume. Die Wünsche des Körperbewusstseins versklaven den Freiheitsdrang der Seele und kompensieren die Suche nach Liebe durch Sucht. Um inneren Frieden zu finden, müssen sie nach und nach reduziert, überwunden und losgelassen werden.

Herzenswünsche beziehen sich dagegen nicht auf einen zu erwerbenden oder zu verteidigenden Besitzstand, sondern auf eine seelische Qualität der Erfahrung des Lebens. Ein Mensch, der lange Zeit nur im Umkreis seines Heimatortes verbracht hat, kann z.B. den Wunsch nach einer Reise ins Ausland oder nach beruflicher Weiterbildung entwickeln. Ein solcher Wunsch beinhaltet das Bedürfnis nach einer Erweiterung des persönlichen Horizontes und nach Verbesserung der seelischen Lebensqualität durch den Zuwachs von Bewusstsein und Lebensfreude.

Herzenswünsche sind vollkommen legitim. Sie können aber vom HÖCHSTEN GEIST DES LEBENS nur erfüllt werden, wenn wir die Verantwortung dafür übernehmen und bereit sind, etwas dafür zu tun. Dann können Herzenswünsche sich von niemals offen eingestandenen Träumereien zu Stufen auf dem Weg der seelischen Entwicklung verwandeln. Sie müssen auf jeden Fall bewusst gemacht, ausgedrückt und gegebenenfalls gelebt werden, da sonst die Gefahr besteht, dass die innere Stimme mit seelischen Wünschen verwechselt wird. Es soll aber auch schon vorgekommen sein, dass die innere Stimme zur Erfüllung von Herzenswünschen geraten hat, denn nur wenn unsere Wünsche »erledigt« sind, können wir unseren Weg weitergehen und entdecken, dass keine weltliche Wunscherfüllung zu vergleichen ist mit dem, was der HÖCHSTE GEIST uns geben kann.

Was aber ist die Stimme des HÖCHSTEN GEISTES in   INNERE STIMME
uns?

Das Phänomen der inneren Stimme, wie sie uns auf dem Pfad der seelischen Entwicklung begegnet, ist für Außenstehende nicht leicht zu verstehen, da es sich jenseits der Begrifflichkeit, jenseits der bekannten Vorurteile und jenseits unserer gemeinsamen, alltäglichen Wirklichkeitsvorstellung ereignet.

Es wäre falsch, die innere Stimme in irgendeiner dualistischen Perspektive zur Seele zu sehen. Die innere Stimme kann nur wahrgenommen werden, wenn die individuelle Seele entdeckt, dass der Baustoff ihrer innersten Identität sich selbst bewusstes Sein ist. Weil es sich selbst bewusst ist, leuchtet es und wird Licht genannt. Nur wenn die Seele erkennt, dass sie selbst leuchtender Geist ist, kann sie durch ihr Sein den HÖCHSTEN GEIST offenbaren. Dieses Hervortreten-Lassen des Innersten der Seele nennen wir »die innere Stimme« oder das Wort des lebendigen, heiligen Geistes. Das heißt nicht, dass die individuelle Seele sich erhöht, verherrlicht oder gar an GOTTES Platz setzen möchte. Das kann es nicht bedeuten, weil ein Entwerdungsprozess vom Persönlichen zum Unpersönlichen die Voraussetzung ist, um als ichbezogenes Bewusstsein zu sterben und als Kraft im großen, sich selbst bewussten Sein des »ICH BIN« zu wirken.

PERSPEKTIVWECHSEL   An dieser Stelle der Reise wird ein interessanter Wandel der seelischen Perspektive und damit der Bewusstseinsebene deutlich: Bis zum Zentrum des Herzens war der Entwicklungspfad der Seele ein Integrationsprozess des wachsenden persönlichen Bewusstseins zu seelischem Selbstbewusstsein. Im Herzen ist die seelische Erfahrung eine kontinuierliche Verwandlung vom dualistischen Bewusstsein zu Erkenntnis und Erfahrung des Einsseins durch die Seinsqualität, die wir *bedingungslose Liebe* nennen. Das Ankommen in der seelischen Identität der Flamme der unberührten Liebe ist die Erfüllung der menschlichen Wünsche.
Die Erfahrung der innersten Liebe führt

> *vom Suchen zum Finden,*
> *von Unwissenheit zu Gewissheit,*
> *vom ichbezogenen Handeln zum absichtslosen Dienen,*
> *vom Denken zum Meditieren*
> *und vom Ich zum Selbstsein.*

Jetzt ist der seelische Entwicklungsprozess ein Entwerdungsprozess. Dieser Entwerdungsprozess bedeutet nicht das Ende oder Entrücken des individuellen Bewusstseins, sondern ein »Über-sich-selbst-Hinauswachsen« und höchstmögliche Entfaltung des seelischen Potentials durch wachsendes Leerwerden, Hingabe und Instrument-Sein für die Gegenwart und den Willen des »Ich Bin«.

Das Leerwerden führt in der Meditation zu der Einsicht:

> *Ich bin nicht ich – Ich Bin.*
> *Ich sehe nicht – ich werde gesehen.*
> *Ich höre nicht – ich werde gehört.*
> *Ich will nichts mehr – Dein Wille geschehe, etc.*

So entsteht eine dynamische Pendelbewegung des Bewusstseins zwischen der seelischen und der geistigen Identität des Ich Bin. Das heißt nicht, dass das transpersonale, geistige Ich Bin – unser menschliches Überbewusstsein – Gottes Stelle einnimmt. Es bedeutet einfach nur, dass es die nächst wahrnehmbare Ebene unserer Entwicklung ist.

Wenn wir uns daran erinnern, dass »Demut« die Voraussetzung zur Erfahrung des Zentrums des Herzens war, wird klar, dass die Seele die früheren Lektionen nicht vergessen darf, sondern dass die Demut weiterhin Voraussetzung zur Erfahrung der nächsten umfassenderen Ebene ist. Demut bildet das Scharnier zwischen dem Werden und dem Entwerden und hält die Pendelbewegung zwischen Seele und Geist bis zur schließlichen Einswerdung in der Zentrierung und im Gleichgewicht.

Anders gesagt vollzieht sich das seelische Werden nach der verwandelnden Erfahrung der *bedingungslosen Liebe* durch ein völliges Zurücknehmen persönlicher Vorstellungen und Ziele zugunsten der Gegenwart und der Absichten des geistigen Ich Bin. So gesehen kann eigentlich erst an diesem Punkt der menschlichen Entwicklung vom Beginn eines spirituellen Lebens gesprochen werden. Die beginnende Selbstlosigkeit in der individuellen Lebensführung ist aber nicht ein persönliches Verdienst und auch keine seelische Fähigkeit.

Die Kraft zur Selbstlosigkeit ist ein geistiges Geschenk, das der Seele durch die Erfahrung der göttlichen Liebe als Anfang, Grund und Ende ihres Seins geschenkt wird. Vor langer Zeit wurde für die Geschenke, die der HÖCHSTE GEIST aus der Überfülle seiner Liebe macht, einmal das schöne Wort der »Gnade« geprägt. Ein besseres Wort gibt es noch immer nicht.

Die Erfahrung der *bedingungslosen Liebe* verwandelt die Perspektive der Seele von der Ich-Fixierung zur Selbstlosigkeit. Selbstlosigkeit ist nicht von Beginn an vollkommen und heilig, sondern ein erster Schritt und eine erste Entscheidung, fortan ein Leben aus der Führung der inneren Stimme des »Geistes« zu führen.

Dieses spirituelle Bedürfnis drückt sich an dieser Stelle der menschlichen Entwicklung im wesentlichen durch folgende drei Themen aus:

· *den Wunsch nach Kommunikation und Kommunion mit der geistigen Welt.*
· *den Wunsch nach einem geistigen Lehrer.*
· *den Wunsch, zu dienen.*

Das wachsende Bedürfnis nach spiritueller Kommunion und der Wunsch nach einem geistigen Lehrer sind die Widerspiegelung der zwei Seiten einer Medaille. Die menschliche Seele hat in der Sphäre des ätherischen Raumes bereits gelernt, dass sie eine unsterbliche Seele auf einer Reise ist.

Durch die Erfahrung der *bedingungslosen, göttlichen Liebe* wird sie im Zentrum des Herzens in ein Bewusstsein der Geschwisterlichkeit der Menschheit und der Verbundenheit alles Lebendigen durch selbstleuchtende Liebe initiiert. Dieses Bewusstsein der Einheit des Lebendigen führt zum Durchbruch des inneren Wissens, dass sie ihre Reise nur zu Ende führen kann, wenn sie die ursprüngliche Aufgabe, für die sie erschaffen wurde, erfüllt. Diese Aufgabe besteht darin, ihre geistig-seelischen Fähigkeiten zum Wohl des Ganzen einzusetzen und auf diese Weise dem Gesamtzusammenhang alles Lebendigen zu dienen und ihn vorwärts zu bringen. Zur Entwicklung, Umsetzung und Ausrichtung ihrer Fähigkeiten und zur Ausdehnung ihrer inneren Erfahrung braucht die Seele Führung. Diese kommt allein von der inneren Stimme, die auch der innere Führer und Lehrer ist.

Vor dem Hintergrund eines rapiden Autoritätsver-   ÄUSSERE LEHRER
lustes von Staat, Religion und Bildungssystem und
in einer Zeit der berechtigten und übertriebenen Sektenhysterie mag es waghalsig erscheinen, von der Notwendigkeit neuer spiritueller Lehrertraditionen zu sprechen, notwendig ist es aber nichtsdestotrotz.

Ein vom LEBENDIGEN, HEILIGEN GEIST DES LEBENS initiierter Lehrer wird immer und unter allen Umständen lediglich ein dienender Spiegel des Zustandes und der inneren Stimme seiner Schüler sein. Der freie Wille der Seele ist ihm heilig und seine Begleitung auf dem Weg der Selbstverantwortung, Selbstreflexion, Selbsterkenntnis und Selbstliebe dient allein dem seelischen Wachstum und Selbstbewusstsein des Schülers. Die Inder mit ihrer jahrtausendealten Guru-Tradition wissen dies.
Die einfachste Bedeutung des Wortes Guru ist: Jemand, der der Seele den Weg zeigt. Der Guru oder Lehrer zeigt den Weg. Gehen muss die Seele allein. Problematisch bleibt dies für uns Westler aber allemal.

Heute gilt es schon oft als unseriös, wenn ein Mensch überhaupt weiß, was er will und seine Richtung kennt. Gerade in Deutschland scheinen viele Menschen noch immer unter dem Dämon Hitlers zu leiden und den historisch einmaligen, verbrecherischen Missbrauch von Führung als unbewusste Rechtfertigung für ihre eigene Orientierungs- und Führungslosigkeit zu nehmen. Die angelsächsischen Länder haben es da mit ihrem Begriff des »leadership« leichter, und ihre Vertreter sind weniger Missverständnissen und Anfeindungen ausgesetzt. Bei uns werden zu viele notwendige gesellschaftliche Richtungs- und Wertentscheidungen im selbstbezogenen Diskurs des Kulturpessimismus zerredet, anstatt Verantwortung zu übernehmen, Wagnisse einzugehen, sich selbst zu führen und die Wirklichkeit durch neue Initiativen zu verändern.

Die allgemeine weltanschauliche Orientierungslosigkeit der westlichen Gesellschaft sagt jedoch nichts über den universellen unsichtbaren Entwicklungspfad der menschlichen Seele aus. Dieser war, ist und bleibt kulturell ungebunden, zeitlos und bedarf der inneren und äußeren Führung und eines wegweisenden Vorbildes.

Genau an diesem Punkt ihrer Entwicklung fürchten viele Menschen, von einem Lehrer abhängig zu werden. Diese Gefahr besteht eindeutig, solange die Seele in ihrer Entwicklung nicht den Zugang zur eigenen inneren Stimme gefunden hat. Warum sparen wir uns dann im Sinne der Aufklärung und der Freiheit des Individuums nicht die ganze Lehrerfrage?

Die Notwendigkeit eines Lehrers auf dem geistigen Pfad hat zwei wesentliche Gründe. Zum einen brauchen wir einen Führer durch die Welt der Formlosigkeit. Zwischen der sichtbaren, materiellen Welt der alltäglichen menschlichen Existenz und den Höhen des HÖCHSTEN GEISTES gibt es sehr viele verschiedene Zwischenebenen und Dimensionen, die zwar nicht der dreidimensionalen Wirklichkeit angehören, nichtsdestotrotz aber den Gesetzen der Dualität untergeordnet sind. Wo Dualität ist, ist aber immer auch Illusion und die Gefahr der Egozentrik. So gibt es auch auf den inneren Ebenen viele Fallen und Gefahren: Kräfte, die sich selbst gerne als spirituell bezeichnen, tatsächlich aber aus dem unbewussten Bereich des Menschen stammen oder außerkörperliche Wesenheiten sind, die Seelen an sich binden und eine Anhängerschaft haben wollen. Ein wirklicher geistiger Lehrer kann und will diese Gefahren auf dem Weg niemandem abnehmen, aber er kennt sie zumindest und kann davor warnen und darauf vorbereiten.

Im übrigen käme wohl auf der Erde kaum ein Mensch auf die Idee, sich ohne die vertrauensvolle Leitung eines einheimischen Führers auf eine gefährliche Expedition in unentdecktes Land zu begeben. Der geistige Lehrer kennt das unsichtbare Territorium und den Weg. Die individuelle Seele kennt den Weg ebenfalls, aber zu ganz spezifischen Zeiten und Phasen ihres Entwicklungspfades braucht sie einen das Wissen spiegelnden Lehrer, um sich daran zu erinnern, dass sie den Weg kennt.

Zu anderen Zeiten muss sie genau das Gegenteil lernen, nämlich ohne äußeren Lehrer und ganz allein im Vertrauen auf die innere Stimme vorwärtszugehen.

Auf dem geistigen Pfad gibt es keine absoluten Wahrheiten, sondern innerhalb der Paradoxie der Gleichzeitigkeit der Gegensätze muss die Seele immer verschiedene Aspekte und Perspektiven der Wahrheit kennenlernen, um zu einem umfassenden Verständnis des Wesens und der Aufgabe des menschlichen Lebens zu gelangen. Was in der einen Situation die geniale Lösung war, kann durch eine Veränderung der Zeitqualität zum größten Fehler werden. Es gibt nicht den einen Weg, der für alle angemessen wäre. Das gilt insbesondere auch für die Frage nach dem Lehrer und der Form des individuellen, spirituellen Weges.

Leider ist durch die historische Entwicklung und die Macht der institutionalisierten Kirche das Wissen um den mystischen Kern des Christentums in den Untergrund zurückgedrängt worden. Wir finden diesen mystischen Kern im Leben von JESUS CHRISTUS und den unterschiedlichen Stationen seiner Einweihungen in die Beherrschung der elementaren, menschlich-seelischen und spirituellen Kräfte. Wenn wir lernen würden, die verschiedenen Schlüsselsituationen seines Lebens mit den inneren Augen des Geistes zu betrachten, könnte sein Leben auch heute noch eine wunderbare Folie für den archetypischen, seelischen Entwicklungsprozess des Menschen sein. Zweitausend Jahre Kirchengeschichte, Theologie, patriarchale Arroganz und der heute übliche mentale Materialismus der herrschenden Philister- und Pharisäerkaste haben bei vielen Menschen den Zugang zur Gegenwart von CHRISTUS in der eigenen Seele verschüttet. Von daher haben sie verständlicherweise große Schwierigkeiten, eine lebendige persönliche Beziehung zu JESUS CHRISTUS oder der MUTTER GOTTES aufzubauen.

Die Erfahrung mit dem Loslassprozess lehrt jedoch, dass es für die große Mehrheit der westlichen Menschen unmöglich ist, eine kraftvolle, authentische Spiritualität zu entwickeln, ohne die Beziehung zu CHRISTUS und dem Christentum ins Reine gebracht zu haben, da mit dieser Tradition in der Regel auch unsere seeli-

schen Wurzeln verbunden sind. Wer sein Heil deshalb vorschnell
in exotischen Wegen anderer Kulturen sucht, unterschlägt oft unerlöste Aspekte seiner eigenen Seelengeschichte und kann, ohne
die eigenen Wurzeln zu heilen, auch auf anderen Wegen nicht an
das Ziel kommen.

Es kann durchaus sein, dass der ein oder andere Wahrheitssucher
zu seiner eigenen Überraschung JESUS CHRISTUS und/oder MUTTER
MARIA auf dem Weg als Lehrer wiederentdeckt. – Kann sein,
muss aber nicht.

Ein Lehrer bzw. eine klare Form des spirituellen Weges bleibt
aber trotzdem von zentraler Bedeutung für den Geistpfad.
Warum?

Solange wir auf der Erde sind und normalerweise auch lange
danach, befinden wir uns innerhalb der Begrenzungen unseres
eigenen Bewusstseins. GOTT selbst, DER UNBEGRENZTE GEIST DES
LEBENS, der in allen Namen und Formen und jenseits aller Namen
und Formen ist, ist in seinem Unbegrenztsein für das menschliche Bewusstsein nicht vorstellbar. Das polare Bewusstsein des
Menschen und die unbegrenzte Formlosigkeit des EINEN GEISTES
schließen sich aus und bedeuten für den menschlichen Geist ein
Dilemma, da er der Welt der Dualität angehört, das Bewusstsein
der Einheit aber anstrebt.

Dieses Dilemma haben die Menschen und die Götter schon
immer durch ein und dieselbe Sprache gelöst: Symbole.
Der geistige Lehrer ist nicht nur ein individuell erwähltes Symbol
für die Unendlichkeit, er symbolisiert auch das unsichtbare Tor,
durch das die Seele vom Bewusstsein der Dualität in das Bewusstsein der Gegenwart des Göttlichen hindurchwandert. Er ist die
letzte Form auf dem Weg und kanalisiert alle Kräfte der individuellen Seele zur Hingabe an das Göttliche.
Im Bewusstsein der Relativität seiner Form verwandelt sich der
geistige Lehrer für die Seele zu einem Symbol des Göttlichen, das
aber eben aufgrund seiner Formhaftigkeit für die Seele
Bezugspunkt, Ansprechpartner und Mitte im weltlichen Alltag
und Gegenüber bleibt. Erst zu einem späteren Zeitpunkt muss

auch diese Vorstellung und Verstellung des Göttlichen überwunden werden. Wer aber schon auf den ersten Stationen des Geistpfades glaubt, er brauche keinen geistigen Lehrer und keine spezifische spirituelle Form und Praktik, hat vermutlich auch Schwierigkeiten mit völliger Hingabe und Unterordnung an die Führung seines inneren Lehrers und ein kleines Problem mit der Demut.

Der Wissenstransfer zwischen den Generationen, wie er früher zwischen spirituellen Lehrern und Schülern stattgefunden hat, ist nicht nur für die Kontinuität des gesellschaftlichen Lebens wichtig. Für die Reform und Erneuerung der westlichen Kultur brauchen wir dringend wieder den Wissenstransfer zwischen der spirituellen Weisheit unserer Ahnen und Vorfahren, uns selbst und unseren Kindern. Ohne lebendige Lehrer-Schüler-Beziehungen geht das nicht. In der heutigen Zeit spielt es dabei keine Rolle mehr, welcher spirituellen Tradition oder Religion wir uns zugehörig fühlen. Für die spirituelle Praxis an dieser Station der menschlichen Entwicklung ist nur wichtig, dass wir uns mit verschiedenen spirituellen Richtungen und Lehrern beschäftigen, bis wir in unseren Herzen eine starke Anziehung und Liebe zu einer Richtung empfinden und wir uns damit verbindlich auf eine größere Tiefe einlassen möchten.

Zusammenfassend können wir feststellen, dass die Beschäftigung mit geistigen Lehrern aus folgenden Gründen wichtig für die seelische Entwicklung sein kann:

als Spiegel des inneren Lehrers,
als Führer durch unbekannte Gefahren,
als Symbol und Tor zum Göttlichen in der Meditation,
als Dienst an der Kontinuität der Generationen
(und geistiger Traditionen)

Abschließend gilt es festzuhalten, dass mit geistigen Lehrern Wesen gemeint sind, die den menschlichen Entwicklungszyklus zumindest weitgehend hinter sich gelassen haben und deren Aufgabe im planetarischen Dienst an der Entwicklung der

Menschheit besteht. Früher waren sie einmal als die Große Weiße Bruderschaft bzw. Geschwisterschaft bekannt. Nicht gemeint sind die Hundertschaften selbsternannter »spiritueller Lehrer« in den Kleinanzeigen entsprechender Publikationen, ohne ihren Nutzen für die ein oder andere Bewusstseinsebene in Zweifel ziehen zu wollen. Zu einem geistigen Lehrer wird man im allgemeinen nicht durch eine irdische Ausbildung oder ausgedehnte Seminarbesuche, sondern allein durch entsprechende initiatorische Erfahrungen und die damit verbundenen Schmerzen, Prüfungen, Pflichten und Aufträge, diese Erfahrungen weiterzugeben.

Gleichzeitig gilt aber auch: *Niemand braucht einen Lehrer.*

INNERER LEHRER   Der HÖCHSTE GEIST DES LEBENS lehrt jeden Menschen durch die Gesamtheit seiner Lebenserfahrungen, und innerhalb dieser Erfahrungen kann sich alles und jeder in einen Lehrer für uns verwandeln. Die tatsächlichen Erkenntnisse und Einweihungen in neue Bewusstseinsebenen und entsprechende Wachstumsschübe kommen allein vom HEILIGEN GEIST DES LEBENS im Innersten der Seele.

Vor Lehrern, die uns spirituelle Einweihungen, Kräfte und Fähigkeiten in Aussicht stellen oder diese vermitteln, sollten wir uns hüten. Zu Risiken und Nebenwirkungen befragen Sie die Kette Ihrer Wiederverkörperungen oder Ihren inneren Arzt und Apotheker! Der HÖCHSTE GEIST in unserem Herzen braucht keine Vermittler!

Auch wenn dies offensichtlich ein logischer Widerspruch zur obigen Aussage von der Notwendigkeit eines Lehrers ist, lassen Sie sich nicht verwirren: Genießen Sie die Gleichzeitigkeit dieser Gegensätze, und entdecken Sie aus dieser Spannung Ihre eigene Position! Jede Seele fühlt im eigenen Herzen für sich selbst am besten, wann, wo, wofür und warum sie einen Lehrer braucht oder nicht. Keine Religion oder spirituelle Richtung ist schlechter oder besser als eine andere. Jede Seele verkörpert sich unter den Umständen und wird von der Richtung angezogen, die für ihre Entwicklung am besten ist.

Vergegenwärtigen wir uns vor diesem Hintergrund der seelischen Entwicklungsreise nun die Bedeutung des »Dienens«.

Kirche und Faschismus haben es geschafft, auch diesem   DIENEN
Wort etwas von seiner ursprünglichen Kraft zu nehmen. Viele Menschen haben geglaubt und wurden gelehrt, dass es selbstlos und dienend sei, die eigenen persönlichen und seelischen Bedürfnisse zu vernachlässigen, um sich selbst für eine größere Idee außerhalb ihres Ichs aufzuopfern. Es gibt eine unglückselige abendländische Tradition von der Unterdrückung der weiblichen Seite des Menschen, über die Scheinheiligkeit der Kirche und die Doppelmoral des materialistischen Bildungsbürgertums bis zur industriellen Vergasung von Menschen im Holocaust. In dieser Tradition wurden schon immer gerne »höhere« Werte und »Tugenden« gelehrt, durch die das Individuum der Gesellschaft zu »dienen« hatte. So wurde dem einzelnen Menschen suggeriert, ein sinnvolles Mitglied der Gesellschaft zu sein, während seine Kraft für kollektive Massenzerstörungen missbraucht wurde, die von ihm nicht zu überblicken waren. Heute finden wir diese pervertierte selbst- und lebenszerstörende Weise des Dienens noch immer sowohl in anerkannten gesellschaftstragenden und etablierten Kreisen als auch im schummrigen Umfeld vieler Sekten.

Natürlich ist es während gewisser Entwicklungsphasen sinnvoll, die gewohnten Bewusstseinsbahnen der Egozentrik zu verlassen und sich dem sozialen Wohl der Mitmenschen zu widmen. Diese Form der Nächstenliebe soll nicht gemeint sein, dient sie doch der individuellen Entwicklung, und jede menschliche Gemeinschaft bleibt davon abhängig. Das Motiv bestimmt auch hier die Qualität der Handlung.

Viele erwachsene Menschen kompensieren Defizite und Entbehrungen ihrer seelischen Entwicklung jedoch durch die Anerkennung, Bedeutung und Wichtigkeit, die sie sich selbst durch ihre »selbstlosen Dienste« geben. Sie befinden sich darüber hinaus auch noch häufig in Tätigkeitsfeldern, die ihren eigenen Fähigkeiten nicht entsprechen und ihrer Gesundheit deshalb in jeder Weise abträglich sind.

Unabhängig von den Motiven vieler »Gottesdiener« und dem kompensatorischen Charakter ihres »Dienstes« ist mit »Dienen« aus geistiger Sicht aber etwas ganz anderes gemeint.

Ich kann erst selbstlos handeln, wenn ich mich selbst gefunden habe. Wenn ich nicht weiß, woher ich komme, wer ich bin, was ich will und was ich nicht will und wohin ich will, kann ich auch nicht dienen. Dienen ist eine Haltung der Übergabe des individuellen seelischen Lebens an die Stimme der Führung des HÖCHSTEN GEISTES in unserem Herzen.

Erst wenn ich mich, die Seele, gefunden habe, kann ich mich loslassen, auf dass der HÖCHSTE GEIST durch mich wirken kann. Der HÖCHSTE GEIST in und jenseits meiner Seele möchte aber nun nicht irgendwie und ungefähr durch mich dienen, nur weil ich es schick finde oder es gerade »in« ist, Heilpraktiker oder esoterischer Blümchenberater zu werden.

Der HÖCHSTE GEIST möchte sich genau durch die Fähigkeiten der individuellen Seele ausdrücken, die in ihr als einzigartiges Potential angelegt sind und deren Ausdruck ihr die größte Erfüllung und Freude bringt. Wenn wir die Möglichkeiten und Anlagen, die wir in unserem Innersten als geistig-seelisches Erbe mitgebracht haben, entwickeln und ausdrücken, machen wir uns und unser Umfeld glücklicher und dienen allen Beteiligten. (Get your kicks through yourself!)

Wenn jeder Mensch sich darum kümmern würde, in dem Bereich Kompetenz zu entwickeln, der ihn am meisten erfüllt, würde niemandem etwas fehlen und allen ginge es gut.

Nur wenn wir Verantwortung für die Tätigkeiten übernehmen, die unser Herz vor Freude tanzen lassen, entdecken wir unser inneres Ziel. Die Entwicklung der seelischen Fähigkeiten ist unsere Verantwortung.

In diesem Sinn bedeutet Dienen: *Absichtsloser Selbstausdruck!*

Die Manifestation der inneren Anlagen verwandelt den Beruf in Berufung. Dienen bedeutet, volle Verantwortung für die eigenen Fähigkeiten zu übernehmen, dabei im Fluss der *bedingungslosen Liebe* zu sein und unsere Fähigkeiten mit anderen Menschen zu teilen und zum Wohl des Ganzen einsetzen. Wer wirklich dienen möchte, muss sicher in der inneren Führung verankert sein, sich selbst und seine Fähigkeiten unberührt von allen Wechselfällen und Stürmen des Lebens ausdrücken können und für sich selbst und andere ein Fels in der Brandung sein.

Wir müssen lernen, eine Aufgabe anzufangen, Widerstände auszuhalten und sie zu Ende bringen, wenn wir erkannt haben, dass sie uns selbst und dem Ganzen nützt und der Auftrag unserer inneren Herzensstimme an unser äußeres Bewusstsein ist.

Ein Dienst, der nicht aus der Rechtfertigung gegenüber der inneren Stimme und der Verantwortung für die eigenen seelischen Fähigkeiten lebt, ist kein Dienst.

Bei dieser Aufgabe werden wir immer wieder mit unseren eigenen und fremden Grenzen konfrontiert, und ein Mensch, der nicht gelernt hat, diese Kämpfe um Grenzen zu führen, wird auch niemals genug innere Kraft aufbringen können, um den geistigen Weg zu Ende zu gehen. Damit ist nicht dualistischer Kampf auf körperlicher, emotionaler, zwischenmenschlicher Ebene gemeint, sondern Kampf als das Aushalten-Können von Spannungen, was Konflikt- und Konfrontationsfähigkeit bedeutet. Es geht nicht um persönliche Aggressivität und das Benutzen des eigenen Willens, um die Lebensumstände in eine persönliche Richtung zu verändern, sondern um die Kraft der Gegenüberstellung des Prinzips der Wahrheit des Herzens gegenüber der Dualität. Makellosigkeit bedeutet, diesen Kampf auszuhalten, ohne sich emotional dabei mit dem eigenen Ego zu identifizieren. Dabei ist der Prozess des Loslassens, wie er im Releasing erfahren werden kann, eine unverzichtbare Hilfe.

Umfassend verstanden beinhaltet die menschliche Verantwortung, dienen zu lernen, auch eine entschiedene gesellschaftspolitische Verantwortung. Unsere Bewusstseinsentwicklung findet weder im luftleeren Raum noch im Elfenbeinturm des Privatlebens statt. Es ist ausgemachter Schwindel und heuchlerischer Selbstbetrug, auf dem Meditationskissen ein Liedchen von der allumfassenden Verbundenheit zu trällern und vor der Haustür, z.B. im Berufs-

GESELLSCHAFTS-
POLITISCHES
BEWUSSTSEIN

leben, die Augen vor der gesellschaftlichen Wirklichkeit zu verschließen. Nicht Parteipolitik ist hier gemeint, sondern über-
parteiliches Engagement und Einsatz für ein humanes soziales
Klima, den Erhalt unserer natürlichen Lebensgrundlagen und
mutige Visionen für eine neue Kultur. Wir können uns in dieser
Beziehung ein Beispiel an vielen Urvölkern, wie z.b. den India-
nern Nordamerikas nehmen, für die spirituelle Entwicklung und
sozialer Einsatz für Mutter Erde und die eigene Gesellschaft
schon immer zusammengehört haben.
Falls entsprechende Interessenkonflikte auftauchen, sollten sie
ausgefochten werden und Verantwortung für das Leben de-
monstriert werden, denn wie die keltischen Vorfahren zu sagen
pflegten:

*»Die einzige Chance, die die bösen Kräfte haben, ist,
dass die guten Menschen nicht handeln.«*

Wer in diesem Kampf fällt, entwickelt sich. Wer gar nicht
kämpft, hat schon verloren.

ABSICHTSLOSIGKEIT   Die Absichtslosigkeit im Handeln ist der
                     geistige Schutz, der uns sicher durch diese
Kriege der Dualität führen kann. Nicht wir sind die Handelnden,
sondern der EINE (Dein) Wille geschehe; und aus unserem Herzen
weicht mit diesem Gebet die Angst vor unserer eigenen Un-
zulänglichkeit. Absichtslosigkeit bedeutet, nicht mit den Früchten unserer Taten zu spekulieren, sondern eine Sache um ihrer
selbst willen zu tun. Fehler auf dem Weg dürfen nicht nur, sondern müssen in dieser Entwicklungsphase gemacht werden, denn
ohne Fehler lernen wir unser Ego nicht ganz kennen und können
es nicht überwinden.

Dienen ist also Arbeiten in doppelter Hinsicht: einmal als innere
Arbeit der Unterwerfung des eigenen Egos an die befreiende
Kraft des Herzens und das Wort des Geistes und gleichzeitig all-
tägliche Arbeit im Sinne der ständigen alltäglichen Berührung
und Begegnung unserer Lebensaufgabe mit der Offenheit des
Lebens. Nur wer das Offene liebt, wird vom HEILIGEN GEIST ge-

küsst. Mit dieser Station lernt die Seele, durch Dienen Erde und Himmel im Gleichgewicht zu halten.
Während sie in den unendlichen Weiten des Geistes wieder das Fliegen übt, beginnt sie zugleich auf der Erde ihre Arbeit gegenüber einer höheren Instanz im eigenen Inneren zu verantworten. In gewisser Weise können wir sagen, dass die Menschen erst an dieser Stelle ihrer Reise wirklich erwachsen werden, denn in der Tat haben sie begonnen, die Verantwortung für ihr Handeln zu übernehmen. Diese Verantwortung ist im Wissen um den Wandel aller Lebensverhältnisse allerdings sehr schwer. Diese Übung kann nur gelingen, wenn wir lernen, uns selbst als Instrumente anzusehen; nur dann bleiben Freiheit und Dienen im Gleichgewicht und wir kommen nicht auf einen spirituellen Macht- oder Egotrip.

Der Wunsch zu dienen verwirklicht sich nur, wenn wir keine Angst mehr vor zukünftigen Wendungen unseres Lebens haben, was nicht heißt, die Gefahren, die das Leben an jedem Tag neu bietet, zu übersehen.

Integrität manifestiert sich an diesem Ort der Reise durch ein Gleichgewicht von Schweigen, Zuhören-Können, Gehorsam gegenüber der inneren Stimme und entschiedenem unpersönlichem Selbstausdruck der seelischen Fähigkeiten. Wort und Tat werden eins. Die Kraft und der Schutz der Seele kommen dabei aus Absichtslosigkeit, was bedeutet, dass die Seele die Früchte und Ergebnisse ihres Handelns dem HÖCHSTEN GEIST im Herzen zu Füßen legt und keine persönlichen Ziele verfolgt. Das heißt, dass wir als Menschen immer nur geben können, was zum jeweiligen Zeitpunkt das Bestmögliche ist. Mehr nicht. Wie andere Menschen darauf reagieren und was sie innerhalb ihres Bewusstseins aus unserer Arbeit machen, liegt nicht in unserer Macht und Verantwortlichkeit.

Ein Diener des Geistes ist für das verantwortlich, was er gibt – für das, was damit geschieht, nicht. Das zu wissen und sich danach richten zu können, bedeutet Absichtslosigkeit im Handeln und bereitet auf die nächste Station vor. Absichtslos und mit Liebe und Freude das tun, was wir aus unserem Herzen tun wollen, ohne uns damit zu beschäftigen, was am Ende dabei herauskommen könnte, dafür sind wir hier. Das ist gemeint mit Dienen und im Angesicht des Todes leben lernen.

Absichtslosigkeit im Dienen ist keine moralische Tugend, die man erwerben kann, sondern eine Lebenseinstellung, die die unabdingbare Voraussetzung zum Betreten des nächsten Bewusstseinsraumes ist.

Der höchste Dienst aber, den wir leisten können, ist, ganz wir selbst zu sein.

Durch die Intensität der Ausstrahlung des Lichtes, der Liebe und der Kraft, die wir sind und leben, können wir unsere Umgebung auf Dauer nachhaltiger verändern, als durch alle weltlichen Aktivitäten. Warum? Weil wir die Atmosphäre des uns umgebenden Bewusstseinsfeldes mit seinen vorherrschenden Gedanken und Gefühlen verwandeln und damit die mentalen Bedingungen für neue Ideen, Visionen und eine kulturelle Transformation erschaffen!

ICH LASSE LOS...   ...die Entscheidungen aus meiner Kindheit, meine Kehle zu verschließen, um meine Gefühle vor meiner Familie zu verstecken und zu schützen...

...die Angst bestraft, bekämpft und/oder getötet zu werden, wenn ich meinen Schmerz und meine Wut hinausschreie...

...die Entscheidungen, zu verstummen und die Wahrheit meiner Seele nicht mehr zu sagen...

...Trauer, Hoffnungslosigkeit und Resignation, nicht gehört (bei Scheidungskindern auch: »nicht gefragt«) worden zu sein...

...alle Verbote, die ich geglaubt und übernommen habe: nicht sprechen, schreien, weinen, singen – kurz: nicht laut sein zu dürfen...

...Trauer, Schmerz, Selbstzweifel, weil in meiner Kindheit die Sprache des Herzens nicht verstanden wurde...

...Trauer, Wut und Schmerz, für die Wahrheit, bestraft worden zu sein, weil z.B. Eltern, Freunde, Partner, Patienten, Schüler, die Gesellschaft sie nicht ertragen konnten...

...alle Auswirkungen, von anderen Menschen zum Sündenbock für ihren Schatten gemacht worden zu sein, weil sie unbequeme Worte nicht ertragen konnten...

...den Widerstand, von anderen Menschen abgelehnt und gehasst zu werden...

...Schmerz und Verzweiflung darüber, dass andere Menschen das Beste, was ich zu geben habe – die Liebe –, als Waffe gegen mich verwenden...

...die Heuchelei, mich zu verstellen und anderen Menschen nach dem Mund zu reden, um ihre Anerkennung zu bekommen...

...die Schuld- und Schamgefühle, in der Vergangenheit nicht auf meine innere Stimme gehört zu haben...

...Trauer, Schmerz, Minderwertigkeitsgefühle und Selbstzweifel, weil ich nicht frühzeitig in meinen individuellen seelischen Anlagen und Fähigkeiten gefördert worden bin...

...die Minderwertigkeitsgefühle gegenüber meiner inneren Stimme...

...die Programmierung, dass man sich die innere Stimme erst verdienen und erarbeiten muss...

...für frühere Fehler auf Absolution von oben zu warten...

*...Eltern, Pfarrer, Lehrer, Geistwesen, spirituelle Lehrer über
meine eigene innere Stimme gestellt zu haben...*

*...die Angst vor den unsichtbaren Kräften des Ungleich-
gewichtes...*

*...alle Schwüre, Gelübde, Pakte und Übereinkünfte, mehr auf
andere Menschen zu hören als auf meine eigene innere
Stimme...*

*...die Gewohnheit, mich auf den inneren Ebenen von GOTT
abzuwenden, wenn er zu mir kommt und mit mir sprechen
möchte...*

*...die Angst, zurückgewiesen zu werden, wenn ich den HÖCH-
STEN GEIST und die geistige Welt um den Segen für eine neue
Aufgabe und einen Neuanfang bitte...*

*...die Angst, allein zu sein, wenn ich meiner inneren Stimme
folge...*

...die Angst vor der Offenheit des neuen Lebens...

*...die Verwirrung, ohne äußere und innere spirituelle
Unterstützung und ganz auf mich selbst gestellt zu sein...*

*...Trauer und Schmerz, die nächste Phase ohne meine alten
Freunde gehen zu müssen...*

*...Ungeduld, Ehrgeiz und Ego, »spirituell« etwas und jemand
werden zu wollen...*

*...die Gewohnheit, die Wahrheit meines Herzens mit negativen
Gefühlen zu vermischen, um zu »powern« und Macht zu
haben...*

POSITIVE
AFFIRMATIONEN

Ich drücke mich frei und offen aus.
Es ist die pure Freude, mich auszudrücken.
Ich bin frei.
Die Wahrheit meines Herzens spricht für sich selbst.
Ich schenke der Wahrheit meines Herzens Raum und manifestiere meine tiefste Wahrheit.
Ich stehe zu mir selbst.
Ich verstehe mich selbst.
Ich höre auf die stille Tiefe meines Herzens.
Die Kraft der Stille durchströmt mich mit prickelnder Ekstase.
Mein Körper ist ein Instrument für die Wahrnehmung der Unendlichkeit.
Die leise Stimme meiner GÖTTLICHEN QUELLE ist meine ganze Freude. Ich liebe es, meinem Selbst zuzuhören.
Ich höre mir selbst zu. Ich höre dem SEIN zu.
Das EINE SEIN beflügelt mein Herz.
Nur Zuhören, Sein, Im-Fluss-Sein – das ist genug!

NACHTSTIMME

Ein Tal ist diese Nacht,
ein Grund für meine Hast.
Ein Ton tönt bleibend,
tausend andere schweigen.
Nachtstimme singt in Stille
und Wille zerrinnt Innen.

Tonfluss zu einer Mitte,
ich fließe einher dorthin,
bin selber Ton und Mitte
und falle in mich, den Sog.

6

DIE AUSDEHNUNG
DER WAHRNEHMUNG:

KLARHEIT, VISION UND INTUITION

NOCH EIN TRAUM *Jahre später weilte ich wieder zu einem eintägigen Kurzbesuch im Ashram des Avatars. – Ich hatte weder besondere Anliegen noch Wünsche, sondern wollte in der klaren und intensiven Atmosphäre des Ashrams einfach nur auftanken und mich von der Hektik des westlichen Alltagslebens erholen. Beim nachmittäglichen Rundgang des Avatars unter den vielen Tausenden Suchern aus allen Ländern und Religionen hatte ich einen Platz in einer der vorderen Reihen erhalten, was wohl mit der Kürze meines Besuches zusammenhing. Als der Avatar direkt an mir vorüberging, geschah nichts Außergewöhnliches und er setzte seinen Weg wie üblich fort.*

Plötzlich, nachdem er ungefähr hundert Meter von mir entfernt war, drehte er sich wieder in meine Richtung um, bückte sich, um mit der Hand in den sandigen Boden zu greifen, formte eine feste Kugel aus Sand, und in der Art eines vor ungebändigter Lebensfreude übersprudelnden Indianers, warf er mir die Kugel mit einer weit ausholenden Bewegung und einem lauten Indianerschrei zu. Dankbar, in meiner Liebe zur Freiheit durch diese Geste erkannt zu werden, fing ich die Kugel auf und warf sie in einem Schwung mit einem lauten Ausruf der Freude wieder zurück.
Das hätte ich offensichtlich besser nicht getan, denn in demselben Moment, in dem die Sandkugel beim großen, göttlichen Avatar ankam, brach dieser mitten auf dem Platz vor Tausenden von Gläubigen und Suchern wie tödlich getroffen zusammen.

Jetzt war aber Stimmung im Ashram!
Überall sprangen Menschen auf, schrien hysterisch, zeigten mit den Fingern auf mich, und in wenigen Sekunden entstand eine massive Atmosphäre der Bereitschaft zur Lynchjustiz.

Alle hatten es gesehen. Ich war der Täter, der ihnen ihren geliebten Guru genommen hatte, und im Augenblick seines scheinbaren Dahinscheidens blieb auch von der Würde seiner Anhänger nicht viel übrig. Das war nicht sehr lustig. Ich war geschockt und konsterniert, und mein Verstand stand still. Wie konnte das geschehen? Es konnte und durfte nicht wahr sein.

Im Moment der größten Verwirrung stieg eine gewaltige Welle der Wut und des Zorns aus der Tiefe meiner Seele empor. Zorn auf die weitverbreitete Haltung der außenorientierten Pseudospiritualität, die Frömmigkeit vorgibt und sich tatsächlich scheinheilig verhält, Formen anstatt den LEBENDIGEN GEIST verehrt und sich von Ritualen, Worten, Lehren und Lehrern abhängig macht, anstatt dem LEBENDIGEN GEIST im eigenen Inneren zu folgen. Jetzt konnte mir alles egal sein, und tief unter der brodelnden Oberfläche meines äußeren Bewusstseins begann ich, das Spiel zu durchschauen.

Der Zorn öffnete mein Herz für die Wahrheit, und ich schrie über den ganzen Platz:

> *»He, Sai Baba – da war kein Stein in der Sandkugel!*
> *Liebe ist alles, was ich für Dich habe. Ich liebe Dich.«*

Im selben Augenblick sprang der Avatar hoch wie ein Stehaufmännchen, grinste so, als sei ihm ein besonders guter Streich gelungen und hüpfte mit einem einzigen überdimensionalen Satz zurück auf die Veranda seiner göttlichen Gemächer.

Von dort lächelte er mir noch einmal kurz zu, hob einen Daumen zum Zeichen des Sieges, zwinkerte mir zu und verschwand nach innen.

Ich erwachte und begann zu sehen.

Wenn wir uns an das Bild erinnern, dass die Reise der menschlichen Bewusstseinsentwicklung mit dem Aufstieg auf einen Berg zu vergleichen ist, befinden wir uns nun schon in Sichtweite der Gipfel menschlichen Bewusstseins. Wir können uns diese Station der Reise auch als ein Hochplateau direkt unterhalb einer majestätischen Bergspitze vorstellen.

Die Herausforderung für die menschliche Seele besteht hier in der Klärung und Aktivierung der Möglichkeiten ihrer Wahrnehmung sowie in einer unmittelbaren Begegnung mit dem Höchsten Geist, den die Seele an dieser Stelle als die Seinsqualität der Wahrheit kennenlernt.

Die Analogie zu dieser Reisestation finden wir im physischen Körper auf der Höhe der Augenbrauen, in der Mitte der Stirn, dem Sitz des Bewusstseins. Im Unterschied zur vorhergehenden Station lernt die Seele auf dieser Ebene die Gegenwart des Geistes in ihr und allem Leben nicht nur zu hören und sich durch das innere Gehör auf ihn einzuschwingen, sondern das Licht des Geistes als Essenz ihres eigenen Seins und der gesamten Schöpfung wahrzunehmen und zu »sehen« bzw. zu schauen. Die Voraussetzung dafür ist die Reinigung und der bewusste Umgang mit der mentalen Aktivität, d.h. die Beherrschung, Auswahl und Kontrolle der Gedanken.

Es wäre kaum verwunderlich, wenn die GEDANKENKONTROLLE Vorstellung, die eigenen Gedanken kontrollieren zu können, vielen Menschen überraschend oder utopisch erschiene. Tatsächlich erleben es die meisten Menschen im Alltag umgekehrt: Sie werden von ihren Gedanken kontrolliert. Ohne Unterlass erzeugen unwillkürliche Gedankenströme aus dem Unbewussten und zusammenhanglose Reflexionen äußerer Umstände ein inneres Geschwätz, das scheinbar ein Eigenleben führt und nicht zu kontrollieren ist.

Das Verhängnisvolle daran ist, dass alle Gedanken die Tendenz haben, sich vom Geistigen in Richtung des Materiellen zu bewegen und sich zu manifestieren. Dies geschieht durch den prägenden Einfluss, den Gedanken auf unsere Gefühle und damit auch auf unseren seelischen Zustand ausüben. Wenn wir uns bewusst machen, dass Gedanken schöpferische Kräfte sind, können wir beobachten, dass wir durch die Art und Weise unseres Denkens immer auch gleichzeitig unseren seelischen Zustand und unsere dazugehörigen Emotionen und Empfindungen programmieren. Wenn ich negativ über mich selbst denke, werde ich mich auch dementsprechend fühlen und es wird nicht lange dauern, bis sich meine negative Ausstrahlung in entsprechend negativen Lebensumständen widerspiegeln wird. Viele Menschen machen dann den Fehler, sich selbst als Opfer ihrer Lebensumstände zu fühlen, anstatt ihre Bewusstseinseinstellung zu verändern und den äußeren Lebensumständen kreativ zu begegnen.

Die Qualität unseres Bewusstseins formt die Qualität unserer Gedanken, die ihrerseits unsere Gefühle und unseren seelischen Zustand mitbestimmen. Dieser Reifegrad entspricht dem sogenannten »Alter« der Seele, d.h. der Tiefe und Qualität der Erfahrungen, die die Seele während vieler Inkarnationen im menschlichen Entwicklungszyklus bereits gemacht hat.
Reifegrad heißt hier das Maß, in dem die Seele gelernt hat, von den physischen, psychischen, seelischen und spirituellen Wünschen nach äußerem und innerem Besitz, nach Anerkennung und Macht zurückzutreten, um sich von der sichtbaren Welt der Vergänglichkeit zur unvergänglichen Wirklichkeit des HÖCHSTEN GEISTES zu orientieren. Reifegrad bedeutet aus geistiger Sicht nichts anderes als die Dichte der individuellen Ego-Verschleierung von Seele und innerem Geist. Solange die Seele von egozentrischen und materialistischen Wünschen angetrieben ist, wird auch ihr Denken dementsprechend sein, das wiederum entsprechende Gefühle und Zustände bis hin zu sichtbaren Realitäten erzeugen wird.

Vereinfacht können wir sagen:

Die unerfüllten Wünsche und Gefühle aus dem menschlichen Unbewussten spiegeln sich in den Gedanken wider: wie das Unbewusste, so der »monkey-mind«, der nicht kontrollierte »Affenverstand« unseres Alltagsbewusstseins.

Für unsere Wahrnehmung bedeutet dies, dass das geistige Auge in der Regel durch einen Film persönlicher Gedanken, Gefühle und Wünsche verschleiert und verschlossen ist.

Dieser Film heißt subjektive Wahrnehmung und liegt wie ein unsichtbarer Nebel über der sichtbaren Welt und anderen Menschen. Das ist der Grund dafür, warum Menschen im äußeren Leben scheinbar ständig Bestätigung für ihre Wahrnehmung bekommen: Sie schauen nur in den Spiegel ihres eigenen Bewusstseins und leiden unter selektiver Wahrnehmung. In besonders schweren Fällen führt selektive Wahrnehmung zum rational-irrationalen Aberglauben an die Oberfläche der Dinge und zur allmählichen Erblindung des intuitiven, geistigen Erkenntnisvermögens mit anschließender geistiger Umnachtung und Totalverblödung.

DIE ILLUSION SUBJEKTIVER WAHRNEHMUNG

Je mehr wir lernen, unsere subjektive Wahrnehmung zu reflektieren und in Frage zu stellen, desto weniger werden wir uns, unsere Mitmenschen, das Leben und die Welt so sehen, wie wir sie sehen wollen, sondern so wie sie sind.

Auf diese Weise durchlaufen wir einen für unser Ego und unsere Selbsteinbildung nicht gerade komfortablen Prozess der Desillusionierung von subjektiven Illusionen, die wir selbst erschaffen und über die Einheit von sichtbarer und unsichtbarer Wirklichkeit gestülpt hatten.

Nicht die Welt ist »Maya« – die große Illusion –,
sondern unsere auf die sichtbare Seite der Welt begrenzte
Wahrnehmung ist die Illusion, in der wir gelebt haben
und die wir loslassen können.

Dann werden wir wieder zu direkt und unmittelbar »Sehenden«, womit nicht länger duale Wahrnehmung gemeint ist, sondern das allgegenwärtige »stille Wissen« des HEILIGEN GEISTES, in dem wir jenseits des Denkens »wissen«, weil wir unser zugrundeliegendes Einssein im Geist mit allem, was ist, erkannt haben. – Voraussetzung dafür ist die Kontrolle und Beherrschung unserer Denktätigkeit.

Die Denkfähigkeit des menschlichen Bewusstseins ist wertneutral. Gegenwärtig befinden wir uns in einem oberflächlichen gesellschaftlichen Streit zwischen den einseitigen Rationalisten der polaren und logischen Wahrnehmungstradition und den intuitiven Spiritualisten der unreflektierten New-Age-Bewegung. Kann eigentlich jemand ernsthaft glauben, der HÖCHSTE GEIST habe uns die Denkfähigkeit geschenkt, obwohl sie überflüssig ist? Nur so zum Spaß? Vielleicht, weil ihm nichts Besseres mehr eingefallen ist?

DENKEN ALS ERKENNEN   Denken ist das zentrale Medium der menschlichen Erkenntnis für die sichtbare Welt. Dabei müssen wir grundsätzlich zwischen dem oben beschriebenen unbewusst ablaufenden Gedankengeschwätz und dem bewussten Denken als Vorgang des Erkennens unterscheiden. Denken in einem positiven Sinne heißt Erkennen und Verstehen der Welt und ihrer Zusammenhänge. Im Denken reflektieren wir uns und die Welt, im Denken analysieren wir uns und die Welt, im Denken koordinieren wir und durch das Denken orientieren wir uns in der sichtbaren Welt. Ohne Denken bleiben wir an der Oberfläche der Erscheinungen mit unserem Bewusstsein kleben, und ohne zu hinterfragen, wieso, weshalb, warum sind wir manipulierbar und bleiben eben dumm. Wer nicht denken kann, weiß oft auch nicht, wovon er spricht und kann nicht zwischen sich selbst und der äußeren Welt unterscheiden. Er kann aber auch nicht die Grenzen des Denkens kennenlernen. Denken funktioniert nur unter der Voraussetzung, dass es sich selbst und seine Hemisphäre absolut setzt.

UNTERSCHEIDUNGS-VERMÖGEN   Je mehr das Denken in die Tiefe der spirituellen Einheit der Welt der Erscheinungen vordringen möchte, desto deutlicher wird es auf seine beschränkte lineare, logische Struktur zurückgeworfen. In der vertikalen Hierarchie der Multidimensionalität des Seins durchdringt und bedingt sich alles, und alles, was ist, ist gleichzeitig. In der Gleichzeitigkeit aller Gegensätze gilt weder Logik noch Kausalität.

Im Verlauf der seelischen Entwicklung muss das erkennende Denken als besitzergreifende, aktive und analysierende Tätigkeit zurückgenommen werden. Wer das Denken absolut setzt, erliegt den Selbstblendungen der Überheblichkeit des Denkenden, der eben nicht intellektuell, sondern existentiell, unbewusst, seelisch und spirituell in den Gesamtzusammenhang von Welt und Sein eingebettet ist.

Denken ist das menschliche Instrumentarium des Bewusstseins für die äußere, sichtbare, physikalische Welt der Formen. In der formlosen, unsichtbaren Welt der Seele und des Geistes muss das Denken Schweigen lernen, damit empfindende und intuitive Weisen der Wahrnehmung in der Kontemplation und Meditation hervorkommen können. Das Denken erweitert und verwandelt sich zugunsten einer passiv betrachtenden Wahrnehmung, in der das Bewusstsein des Erkennenden Instrument wird, um das Licht der »Einheit in der Vielfalt« hindurchscheinen zu lassen.

Die Fähigkeit, die Vielfalt der Erscheinungen in der Einheit des Seins gemäß ihrer verschiedenen Seinsqualitäten zu differenzieren, wird Unterscheidungsvermögen genannt. Im Unterscheidungsvermögen ist die Rationalität wieder sinnvoll in das menschliche Bewusstsein integriert und besitzt dienenden Charakter. Wer Unterscheidungsvermögen entwickelt, erkennt, dass der abendländische Gegensatz zwischen Geist und Materie nicht existiert. Materie ist geistig, und der Geist braucht Materie, um sich innerhalb der Polarität zu manifestieren, bewusst zu werden und auszudehnen.

Sowohl das unreflektierte, ununterbrochene Gedankengeschwätz als auch das analysierende und besitzergreifende Denken müssen zur Ruhe gebracht werden. Dadurch wird der Spiegel des Bewusstseins leer, was die Bedingung für innere Stille und das Bewältigen jeder einzelnen Lebensstation aus der Erkenntnis der Stille ist.

Wie geht das? Wie kann ich meine Gedanken beruhigen? Wenn Sie mir erlauben, einen schlechten alten Witz zu wiederholen, dann denken Sie jetzt mal eine Minute nicht an ihren leckeren Lieblingsschokoladenpudding oder Tiramisu, wie das heute heißt. Wie Sie feststellen werden, dürften Sie bei Fortdauer der

Übung wohl eher in der Küche landen und Schokoladenpudding kochen, als Ihre Gedanken zur Ruhe zu bringen. – Daran können wir schon die Grundregel zur Gedankenkontrolle erkennen:

Gedanken können nicht auf der Ebene der Gedanken beruhigt werden.

Das Bewusstsein braucht dazu einen anderen Fokus. Dieser kann entweder der gewählte geistige Lehrer, wie z.B. Buddha oder Christus, oder aber auch ein kurzer geistiger Leitspruch, ein Mantra oder die Vorstellung einer stillen Kerzenflamme sein. Wichtig ist, dass Sie eine Verbindung zwischen der Mitte Ihres Herzens und dem Sitz Ihres Bewusstseins spüren.

Zur Beruhigung und Kontrolle der Gedanken dürfen wir diese weder bekämpfen noch ihnen nachgehen. Am Anfang erscheint das noch schwierig, da wir viele abstruse, negative und bisher verdrängte Gedanken nicht wahrhaben wollen. Innerhalb des Geltungsbereiches der Dualität, zu dem die Gedanken gehören, verstärkt sich jedoch die Kraft, die wir bekämpfen. Anstatt zu schweigen, kämpfen wir mit den Gedanken und bleiben durch den Kampf mit ihnen verstrickt.

Auf der anderen Seite müssen wir darauf achten, von unseren Gedanken nicht mit auf eine Reise genommen zu werden, ohne es zu bemerken. Das kommt dann häufig vor, wenn wir gewohnt waren, vor der Begegnung mit uns selbst zu fliehen, um ständig im Vorläufigen, Verstellten und verstellenden Intellekt zu bleiben. Die Aufgabe ist immer dieselbe: Sobald uns bewusst wird, dass wir uns in einem Gedankenfilm verlaufen haben, ist es an der Zeit, zurück zum Ziel und Fokus der Konzentration unseres Bewusstseins zu kommen.

Erst wenn wir gelernt haben, die Aktivität unserer Gedanken bewusst zu kontrollieren, werden wir die schöpferische Kraft der Gedanken frei einsetzen, und anstatt dass sie uns kontrollieren, genießen wir die Vorzüge eines klaren Kopfes. Die Macht der tagtäglichen geschwätzigen Verstandestätigkeit muss auf dem Grund unseres Herzens zur Ruhe kommen und wieder in den Dienst des Lebendigen zurückgeführt werden.

Nur Gedanken, Bilder und Visionen, die aus der Liebe unseres Herzens stammen, sind sinnvoll für das eigene Wachstum und die Gesellschaft. Dann lernen wir wieder, Künstler des Herzens zu sein und mit den Farben unseres Herzens die Visionen unserer Seele in die Welt zu malen. Die gestaltende, bildnerische und schöpferische Kraft der Gedanken brauchen wir dringend zur Umsetzung und Verwirklichung der Lebensaufgabe unserer Seele. Unsere Lebensaufgabe bleibt solange im Ungefähren, Zweifelnden und der Unsicherheit, bis wir die Vision unserer Seele empfangen haben, was ohne ein geklärtes Bewusstsein nicht möglich ist.

Gedankenkontrolle und schöpferisches Denken sind aus geistiger Sicht im übrigen nicht mit der weit verbreiteten Mär vom »Positiven Denken« zu verwechseln, das sich in manchen Fällen auch als »naive Verblendung« bezeichnen ließe. Wer glaubt, allein durch »Positives Denken« seinen Zustand und seine Lebensverhältnisse verändern zu können, träumt einen rosaroten Traum, denn Gedanken können keine Kraft haben, bis sie nicht aus der ganzen Seele, d.h. aus dem Herzen kommen und mit dem Schicksalsplan des inneren Geistes übereinstimmen. Viele hilflose Menschen überdecken mit dem notdürftigen Pflaster des »Positiven Denkens« den leidenden Zustand ihrer Seele, die Zweifel ihres Bewusstseins und die Selbstverantwortung für eine unglückliche Lebenssituation.

Anstatt sich in derartigen Situationen negativen Gedanken und Depressionen hinzugeben, ist positiv zu denken sicherlich eine sinnvolle und beachtliche Leistung. Sie führt aber zu unnötigen Enttäuschungen und Frustrationen, wenn wir uns nicht bewusst machen, dass der jeweilige leidvolle seelische Zustand nicht durch positive Gedanken, sondern nur durch eine verwandelnde Erfahrung der Liebe und das damit verbundene Loslassen der Vergangenheit erlöst werden kann. Wenn unsere Seele leidet und ihr Schmerz noch in unseren Erinnerungen und Körperzellen programmiert ist, können wir soviel »positiv denken«, wie wir wollen – die Ursachen der Negativität in unserem Leben bleiben davon unberührt. Die energetische Spannung in der Seele muss entladen werden. Insofern sollten wir darauf achten, »Positives

Denken« nicht zum Erzeugen halluzinatorischer Wirklichkeiten zu missbrauchen.

Da Körper, Seele und Geist eine Einheit bilden, gilt aber auch umgekehrt: Solange ich nur loslasse, ohne das Bewusstsein über entsprechend positive Gedanken zu verändern, wiederhole ich bewusst oder unbewusst die alten Programmierungen und erschaffe schmerzhafte Zustände, Lebensumstände und Verhaltensmuster immer wieder neu.

In unserer Seele finden sich viele Schichten des Unbewussten, und oft haben wir über lange Zeiträume negative Gedanken, Gefühle und Gewohnheiten erzeugt. Deshalb ist es für den Loslassprozess unerlässlich, Schicht für Schicht, Schritt für Schritt loszulassen und das Bewusstsein geduldig immer wieder neu mit Gedanken der Weisheit und Liebe aus der Kraft des Herzens zu programmieren. In dieser Bedeutung ist das positive Denken eine essentielle Notwendigkeit für den spirituellen Weg. Es kann gar nicht genug betont werden, wie wichtig diese mentale Hygiene ist, da wir durch die Gedanken unsere Zukunft in jedem Augenblick neu erschaffen. Was wir in unserem Bewusstsein festhalten, ist das, was sich in unserem Leben manifestieren wird.

(Doc Lindwall: »What you keep in your mind is what you get.«)

Damit unsere Zukunft unseren höchsten Möglichkeiten entspricht, muss beides zusammenkommen: die Verwandlung der Seele durch Loslassen und die Neuprogrammierung des Bewusstseins durch Gedanken, deren Kraft aus der bedingungslosen Liebe kommt und die unseren höchsten spirituellen Absichten entsprechen. Die höchsten Absichten sind immer diejenigen, die uns selbst und alle anderen Wesen in die Vorstellung vollkommenen Glückes, Gleichgewichtes und Friedens mit einschließen.

Beim kreativen positiven Gebrauch der Gedankenkraft machen wir uns die bildnerische Qualität der Gedanken bewusst. Wir erinnern uns, dass es in der sichtbaren Welt kein Ding und keine Form gibt, die nicht zuvor als Idee im schöpferischen Bewusstsein des Höchsten Geistes oder im Bewusstsein des Menschen vorhanden gewesen wären. Solange Menschen die Gedanken nicht bewusst kontrollieren und wählen können, manifestieren sich ihre Gedanken und Selbstbilder als Ausdruck ihrer Bewusstseinsebene unbewusst. Wenn wir lernen, die Gedanken wieder bewusst zur Ruhe zu bringen und im Einklang mit dem Herzen auszuwählen, können wir uns ihre bildnerische Qualität zunutze machen, um unsere Lebensaufgabe zum Ausdruck zu bringen. Anstatt uns weiterhin als Opfer der äußeren Welt zu erleben, beginnen wir, bewusste Mit-Schöpfer des HÖCHSTEN GEISTES zu werden und durch unser Bewusstsein mit unseren Gedanken die dreidimensionale Wirklichkeit bewusst zu prägen, zu gestalten und zu verwandeln.

Indem wir realisieren, dass *bedingungslose Liebe* nur in die Welt kommen kann, wenn wir hundertprozentige Verantwortung für unsere Lebensaufgabe akzeptieren, verbinden wir die physische Evolution des Lebens wieder mit der unsichtbaren Evolution des Bewusstseins, nehmen unseren Platz in der geistigen Ordnung des Lebens ein und erfüllen unsere Bestimmung als menschliche Wesen.

Wir haben bereits in der vorhergehenden Station   LEBENSAUFGABE
gehört, dass unsere Lebensaufgabe darin besteht,
unsere mitgebrachten seelischen Anlagen und Fähigkeiten zu entwickeln, uns ihrer bewusst zu werden und sie zum Wohl des Ganzen einzusetzen. In der Lebensaufgabe verwandeln sich unsere inneren Entfaltungsmöglichkeiten zum äußeren Lebensziel. Die Art und Weise, wie wir die Lebensaufgabe finden können, ist für in der westlichen Zivilisation aufgewachsene Menschen vermutlich so einfach, dass es schon wieder sehr schwierig und kompliziert wird.

Versuchen Sie, Abstand zu finden von der äußeren Welt und ihren Vorstellungen von Arbeit und Beruf, nehmen Sie Abstand von der körperlich-emotionalen und gedanklichen Aktivität Ihres äußeren Alltags-Ichs. Suchen Sie die Stille Ihres Herzens auf. Bitten Sie Ihre innere Stimme um Führung, und denken Sie daran, dass Sie Ihre innere Stimme auch sind.

Welche Tätigkeit erfüllt Sie am meisten mit Liebe?
Welche Tätigkeit macht Sie glücklich?
Welche Tätigkeit lässt sprudelnde Lebensfreude aus
Ihrem Herzen in Ihr Leben fließen?

Ich weiß es nicht, aber Sie dürfen sicher sein, dass es genau diese Tätigkeit ist, für die Sie auf die Welt gekommen sind.

Wenn Sie diese Melodie der Lebensfreude in Ihrem Herzen wiedergefunden haben und Sie die Verantwortung für ihre alltägliche Verwirklichung akzeptieren, ist es Zeit, die schöpferische Kraft der Gedanken anzuwenden.

SPIRITUELLES EGO   Es soll nicht unerwähnt bleiben, dass an dieser Stelle der menschlichen Entwicklung eine große Gefahr besteht. Sie steckt in der Vereinnahmung der Lebensaufgabe und in der Instrumentalisierung kreativer und magischer Möglichkeiten des menschlichen Bewusstseins für die Zwecke der Etablierung und Verherrlichung des Ich-Bewusstseins. Ich-Bewusstsein ist Bewusstsein der Trennung und Dualität. Es existiert nicht nur als persönliches, biographisches Bewusstsein. Auch wenn der Mensch sich vom äußeren persönlichen Bewusstsein zum inneren seelischen Bewusstsein verwandelt hat, existiert auf der Ebene der Seele noch immer die Vorstellung, Wahrnehmung und das Gefühl eines vom ALL-EINSSEIN getrennten »Ichs.« Viele Seelen verwechseln die Erfahrungen der göttlichen Liebe und die meditativen Lichterfahrungen, die sie im Zentrum des Herzens und auf den folgenden immer noch menschlichen Stationen ihrer Reise machen, bereits mit dem Ziel. Sie ziehen es vor, sich auf dem erworbenen Wissen, den Lorbeeren und initiatorischen Erfahrungen ihrer bisherigen Reise auszuruhen, diese als ihren seelischen Besitz zu betrachten und ein bequemes Leben zu führen. Andere Seelen wählen an diesem Entwicklungspunkt die Variante der Magie, um die dreidimensionale Welt zu beherrschen und dem weiteren Sterbeprozess des Ich-Bewusstseins aus dem Weg zu gehen.

Wir sollten uns deshalb vergegenwärtigen, dass die Verwirklichung und Manifestation der Lebensaufgabe kein spiritueller Kraftsport und in keiner Weise Selbstzweck ist. Es ist eine

menschliche Illusion, zu glauben, indem wir unsere Lebensaufgabe leben, seien wir bessere Menschen und dienten anderen.
Wem dienen wir denn wirklich?
Zunächst einmal doch wohl nur unserer eigenen Entwicklung
vom Ego-Bewusstsein zum Selbst-Bewusstsein des HÖCHSTEN
GEISTES in uns. Das aber ist wie oben erwähnt ein Entwerdungsprozess und kein Selbsterhöhungsprozess.

Die Umsetzung der Lebensaufgabe in alltägliche Handlung ist in
gewisser Weise ein wunderbarer therapeutischer Schachzug des
HÖCHSTEN GEISTES zur Selbstbeschränkung unseres Egos und zum
Abarbeiten unerledigter Altlasten unserer Seele.

Wenn wir uns bewusst sind, dass die Lebensaufgabe kein persönliches Privileg ist, sondern eine kontinuierliche Übung des
Dienens und der Selbstlosigkeit zum Abschleifen des Ich-
Bewusstseins und zur Vorbereitung der Geburt des spirituellen
ICH-BIN-BEWUSSTSEINS, öffnet sich die Seele für eine Vision aus
ihrer Zukunft, die ihr Antrieb, Ziel und Rahmen für ihre Aufgabe gibt.

»Vision« ist ähnlich wie »Positives Denken« ein anderes   DIE VISION
vielgebrauchtes Schlagwort in den Seminarangeboten
des modischen Zeitgeistes. Die Vision der Lebensaufgabe ist
weder ein bloßer Wunschtraum noch eine subjektive Phantasie.
Eine Vision, die aus der Welt des HÖCHSTEN GEISTES vor den inneren Augen der Seele sichtbar wird, ist ihrem Wesen nach auch
etwas ganz anderes, als die in der Regel egozentrisch motivierten
und ergebnisorientierten »Erfolgsvisionen« wirtschaftlicher
Führungskräfte. Eine spirituelle Vision lässt sich durch keine
Psycho- oder Bewusstseinstechnik herstellen oder machen.
Sie ist eine Gabe, ein Geschenk, das der individuellen Seele
gegeben wird und in ihrem Inhalt über persönliche und individuelle Interessen hinausgeht, da die Visionen des HÖCHSTEN
GEISTES immer dem höchsten Wohl des gesamten Lebenszusammenhanges dienen.
Die Vision der Seele ist auch zu vergleichen mit dem unsichtbaren Schicksalsplan ihres Lebens, dem Gesamtweg, dem »roten

Faden«, der die Seele zu ihrer Erfüllung führt, wenn sie sich selbst und ihrer inneren Führung treu bleibt. Sie ist der innere, geistige Aufbau unseres individuellen Lebens, der uns vom HÖCHSTEN GEIST auch bereits vor unserer Geburt gezeigt wird, aber durch das physische Bewusstsein und unsere Verstrickungen in der Zeitachse von Ursache und Wirkung in Vergessenheit gerät.

SPIRITUELLES ERBE   Die Vision der Seele entsteht aus der Sprache der Freude des Herzens und aus dem zeitlichen Überblick des transpersonalen geistigen ICH-BIN-BEWUSSTSEINS. Sie offenbart uns die in der Gegenwart als Keim angelegten Möglichkeiten zur Verwirklichung unserer Lebensaufgabe innerhalb dieser Inkarnation.

Sie zeigt uns den Rahmen, die Gefahren, Hindernisse, Rückschläge, Siege, Ziele und Ebenen der spirituellen Verantwortung, die uns unsere Lebensaufgabe bietet.

Wenn wir die Traditionen und Schriften der Ureinwohner dieser Erde studieren, entdecken wir, welch hoher ethischer Anspruch mit der Visionssuche verbunden ist.

Visionen zu erhalten, kann oft mit tiefen seelischen Prozessen und extremen Schmerzen der Entbehrung verbunden sein. Diese bereiten uns vor, die Vision empfangen zu können, denn die Macht, die Liebe, die Weisheit und die Güte des Bewusstseins, das durch die Visionen zu uns spricht, enthebt uns unseres gewöhnlichen Alltagskreises und macht uns zu Fremden in der eigenen Familie.

Die Vision der Seele kommt nicht aus irgendeinem Außen oder Oben zum Menschen wie das Kind zur Jungfrau, sondern ihr Bild wird vom HÖCHSTEN GEIST in der Seele, dem »ICH BIN«, aus der tiefsten Tiefe in der Sprache des spirituellen Erbes der Seele gemalt. Das spirituelle Erbe der Seele sind die Fähigkeiten und Kräfte ihres transpersonalen, »himmlischen« ICH-BIN-BEWUSSTSEINS. Insofern ist die Vision der Seele immer auch eine Antwort des HÖCHSTEN GEISTES auf den tiefsten Wunsch der Seele: sich ihres »Wahren Selbstes«, des Einsseins mit dem GÖTTLICHEN URGRUND, bewusst zu werden, mit diesem Bewusstsein zu verschmelzen und seine Vollkommenheit ausdrücken zu dürfen!

Der Weg dorthin ist steiniger und dunkler als alle Prüfungen und Herausforderungen zuvor. Denn auf dem Pfad des Dienens wird die Seele nach allen bisherigen Prüfungen gezwungen sein, nunmehr ihren Eigenwillen zu überwinden, durch das lange Tal der seelischen Nacht zu wandern und den mystischen Tod des Ich-Bewusstseins zu sterben. Die Vision des HÖCHSTEN GEISTES von den zukünftigen Möglichkeiten der Meisterung ihrer Lebensaufgabe schenkt der Seele das Vertrauen, den Glauben und die Hoffnung, den in ihr noch vorhandenen Schattenkräften der Trennung gegenüberzutreten und sich der Bewältigung ihrer Lebensaufgabe zu stellen.

In diesem Sinn wird sich die Seele jetzt selbst zum Weg und hat erkannt, dass es keinen besseren Weg der Übung und Entwerdung des Egos gibt, als die Herausforderung ihrer Lebensaufgabe anzutreten. Nur in der Umsetzung in die Tat unterscheidet sich der wissende vom unwissenden Menschen, und so beginnt die Seele, sich selbst ein gutes Beispiel zu sein und vorwärtszuschreiten. Entscheidend für ein gelungenes Umsetzen und Manifestieren der geistigen Vision in die materiellen Umstände des weltlichen Alltages sind nunmehr das genaue Vergegenwärtigen und Fixieren der Vision vor dem inneren, dem geistigen Auge.

Dabei wird das Bild der Vision möglichst detail-   VISUALISIERUNG
getreu visualisiert, auf die dreidimensionale Wirklichkeit übertragen und projiziert. Gleichzeitig ist es erforderlich, alle Empfindungskraft des Herzens in dieses Bild zu übertragen und es mit aufrichtig empfundener Liebe, Dankbarkeit und Freude zu füllen und zu beleben. Ausgesprochen hilfreich ist es, sich vorzustellen, dass die Zukunft bereits eingetreten sei und die Vision energetisch aufzuladen, indem alle Gefühle des Glückes und der Dankbarkeit aus einer potentiellen Zukunft bereits jetzt gefühlt werden.

Abschließend und ausschlaggebend für eine tatsächliche Realisierung der Vision der Seele ist wiederum das Loslassen der gesamten Vision und ihre Übergabe an den HÖCHSTE GEIST. Der HÖCHSTE GEIST handelt durch uns, wir sind seine Instrumente. Nur die transpersonale Perspektive des HÖCHSTEN GEISTES kennt alle Eventualitäten der Zukunft und weiß am besten die Wechselfälle des Lebens in der Dualität unserem spirituellem Wachstum anzupassen.

Ein ängstliches, verbissenes und unbewusst zweifelndes Festhalten an der Vision ist ergebnisorientiert, wirkt kontraproduktiv und bedeutet den Verlust der Absichtslosigkeit. Erst wenn wir die Vision wieder loslassen und uns mit hundertprozentiger Verantwortung und Hingabe den alltäglichen Notwendigkeiten und der Führung von innen widmen, kann der Höchste Geist den Wandel der Zeit als Acker nutzen, auf dem die Samen keimen, aufgehen und Früchte tragen können. Regelmäßiges Düngen und Gießen der Vision mit Vertrauen, Hingabe, Mut, Gelassenheit, Demut und Entschlossenheit fördert das Wachstum von Seele und Vision nicht unerheblich.

Bis hierher hat die Seele auf dem Hochplateau ihrer Entwicklung zweierlei gelernt: Die Kontrolle, Beherrschung und Beruhigung der ununterbrochenen Aktivität der Gedanken innerhalb unseres persönlichen Alltags-Ichs klärt die Wahrnehmung und gibt den Blick frei auf den »Berg der Visionen«. Die Seele erbittet und erhält eine Vision als Bauplan ihrer Lebensaufgabe und als Übung des Dienens zur Entwerdung vom Ego-Bewusstsein auf persönlicher und seelischer Ebene.

Jetzt lernt die Seele, ihre Gedankenkräfte und ihren Willen in den Dienst ihrer Lebensaufgabe zu stellen und sie im Einklang mit der Absicht des Höchsten Geistes als schöpferische Instrumente und Werkzeuge der Manifestation zu benutzen. Die Qualität der Manifestationen verhält sich dabei proportional zur Hingabe an den Willen und die Absicht des Höchsten Geistes.

Bei dieser Gelegenheit sei nochmals davor gewarnt, die Werkzeuge der Manifestation, die seelische Kreativität und die Lebensaufgabe, persönlich zu wichtig zu nehmen. Es gibt nichts, was der Mensch der Vollkommenheit des Höchsten Geistes hinzufügen oder fortnehmen könnte.

Dienen durch seelische Kreativität ist und bleibt ein unersetzlicher, aber auch relativer Entwicklungsstand, der in erster Linie eine spirituelle Übung für unser eigenes Wachstum ist. Wenn es dem HERRN oder der MUTTER DES SCHICKSALS beliebt, kann in einem Augenblick zerstört werden, was wir ein Leben lang aufgebaut haben. Nur was unsere Seele in dieser Zeit gelernt hat und wir an Selbstlosigkeit und *bedingungsloser Liebe* gegeben haben, bleibt uns und wirkt auch über den Tod hinaus.

Die Fähigkeit, die Gedankenaktivität zu kontrollieren und zu lenken und die Entscheidung, das persönliche Leben in einen unpersönlichen Dienst am Leben durch die Erfüllung der Lebensaufgabe zu verwandeln, sind Vorbereitungen, um auf den Höhen des Berges der feurigen Gegenwart des HEILIGEN, LEBENDIGEN GEISTES direkt und unmittelbar zu begegnen. Diese Begegnung kommt für die Seele immer unvermittelt, unvorbereitet und mit alles durchdringender Kraft.

Zum ersten Mal begegnet sie ihrer eigenen noch potentiellen Geistigkeit, indem der HEILIGE GEIST sie anschaut, durchschaut, durchdringt und ihr im Urgrund ihres Seins ihre eigene makellose Geistigkeit offenbart.

AUGE IN AUGE MIT DEM HEILIGEN GEIST

Das Symbol dieser Erfahrung ist das göttliche Auge, das Symbol des sich selbst bewussten reinen Seins.

Die Erfahrung, vom göttlichen Auge angeschaut und durchdrungen zu werden, kann je nach individueller seelischer Mentalität und dem von der Seele gewählten spirituellen Weg viele Formen annehmen: Manche Seelen machen die Bekanntschaft mit dem wahren Wesen der Adler; anderen wird die Gnade eines tiefen Augenkontaktes mit ihrem spirituellen Meister gewährt, und wieder andere erleben den Blick in das göttliche Auge als einen durch geistiges Feuer verwandelnden Blick in den Spiegel der Selbsterkenntnis, der ihnen einen ersten Ausblick auf die Vollkommenheit ihres ursprünglichen Selbstes, der ICH-BIN-GEGENWART offenbart.

Die Folgen dieser Begegnung sind für das ichbezogene Bewusstsein sowohl auf der persönlichen als auch auf der seelischen Ebene erschreckend, bedrohlich und erschüttern das bisherige

Selbstverständnis und Gefüge der Identität in seinen Grund-
festen. Hier tritt der Seele die Allmacht der WAHRHEIT vor ihr inneres Auge und zerreißt für Augenblicke die Schleier der ichbezogenen Wahrnehmung auf persönlicher und seelischer Ebene.

Brennende Sehnsucht verwandelt sich zu der Urerinnerung,
dass das wahre Selbst der Seele selbst Flamme aus dem Feuer des
lebendigen Geistes ist.

Nachdem der Mensch im Zentrum des Herzens eine Verwandlung von persönlichem zu seelischem Bewusstsein erfahren hatte,
erinnert sich die Seele nun ihrer eigenen Bedingtheit und erkennt
ihren Eigenwillen als Ursache der langen Kette von physischer
Geburt, Tod und Wiedergeburt.

Die Seele erinnert sich ihrer ursprünglichen vollkommenen
Geistigkeit und erkennt, dass ihr seelisches Bewusstsein ebenfalls
nur eine Projektion des »höheren« geistigen ICH-BIN-BEWUSSTSEINS
ist. Damit kehrt sie zurück an die Anfänge ihrer Absonderung
vom Kosmos und dem HÖCHSTEN GEIST. Das ist besonders be-
glückend und schmerzhaft zugleich, denn nun ist eine erneute
Konfrontation mit dem Ego-Bewusstsein der seelischen Ebene
unumgänglich. Die Seele erkennt in sich, wo sie die Trennung,
die Egozentrik und den Materialismus gewollt und erschaffen
hat, sei es, um sich durch Unwissenheit zum Wissen entwickeln
zu können, damit der GEIST menschlich werde und der Mensch
geistig, oder sei es, weil sie dem dunklen Pfad der Macht folgen
wollte.

SPIEGEL DER   Auch hier geht es nicht um Schuld, sondern
SELBSTERKENNTNIS   um Erkenntnis. Dazu bedarf es wiederholter
Blicke in den Spiegel der Selbsterkenntnis, der
nicht nur eine alte Metapher, sondern auch eine planetarische,
geistige Bewusstseinsebene ist. Der Blick in den Spiegel der
Selbsterkenntnis zwingt uns an dieser Stelle unserer Entwicklung
noch einmal zu einer Begegnung mit dem kollektiven Ungleichgewicht.

*Spätestens jetzt müssen alle Teile der Seele, die in der
Vergangenheit den dunklen Pfad des Machtmissbrauchs
gegangen waren, erkannt, ausgehalten, angenommen, integriert,
verwandelt und losgelassen werden.*

Wir erkennen unsere Verstrickungen mit dem planetarischen Un-
gleichgewicht auf einer geistigen Ebene, und dieser Anblick ist
schwer auszuhalten. Es mag sein, dass wir diese Prüfung als reale
Gegenüberstellung mit dunklen Mächten in der Welt, in
Träumen oder in unseren Vorstellungen erfahren. Diese dunklen
Mächte gibt es tatsächlich. Sie sind die Schatten unserer eigenen
Schöpfung und unsere großen Prüfer auf dem Pfad zurück in die
Unendlichkeit.
Nur wer die Schattenkräfte auf einer kollektiven Bewusstseins-
ebene nicht mehr bekämpft und auch nicht mehr verleugnet,
sondern sie in ihrem Spiel und ihrer Aufgabe der Prüfung sein
lässt und respektiert, kann erkennen, dass sie eine Erfindung von
uns selbst waren. – Zu allen Zeiten hatten sie immer nur die
Macht, die wir ihnen gegeben haben; je nach Bewusstseinsstand
also auch die ganze Macht oder gar keine.
Wenn sich unser geistiges Auge öffnet, erkennen wir die
Schattenkräfte im Ringen mit dem Licht des GEISTES um die Vor-
herrschaft in der menschlichen Seele. Nur im Geltungsbereich
der menschlichen Seele existiert dieser Kampf und diese Wahrnehmung, darüber hinaus herrscht Friede, aber eine menschliche
Seele, die diesen Kampf nicht kämpft, hat schon verloren.
Erst ein Mensch, der gelernt hat, die Schattenkräfte in ihrer Sinnhaftigkeit und Zugehörigkeit zur Entwicklung des Lebens anzuschauen und zu integrieren, ist in der Lage, die geistige Schau der
Einheit des Lebendigen zu ertragen und vor dem Anblick der
Einfachheit des leuchtenden Seins still zu sein.
Der Blick in den Spiegel der Selbsterkenntnis bzw. in das göttliche Auge des LEBENDIGEN, HEILIGEN GEISTES ist ein erster maßgeblicher Schritt auf dem Weg des Sterbens des ichbezogenen Bewusstseins. Das Feuer der WAHRHEIT aus den Augen des GEISTES
ist aber gleichzeitig auch die Kraft der »väterlichen«, göttlichen
Liebe, die die der Seele in ihrer Tiefe bewusst werdende Dunkelheit im Moment des Auftauchens verwandelt.

HÖHERE INTUITION   So beginnt durch die Gegenwart des GÖTT-
LICHEN GEISTES, durch seinen »Darshan«, wie
die Hindus sagen, eine allmähliche Öffnung des sogenannten
dritten bzw. geistigen Auges.

Im Unterschied zur emotionalen Ahnung aus dem Bauch, der
Hellfühligkeit des Herzens und der Hellhörigkeit auf der Ebene
der inneren Stimme, beginnt die Seele nun unmittelbar die
geistige Wirklichkeit als unbewegten Hintergrund des dualen
Lebens in sich selbst und anderen Schöpfungen wahrzunehmen.
Sie lernt in jeder Weise die Menschen und Dinge in ihrem
Wesenskern wahrzunehmen und die Geister voneinander zu
unterscheiden. Die Seele entwickelt die »höhere Intuition« als
Instrument und Werkzeug auf dem Pfad ihres Dienstes.

Auch hier besteht wieder die Möglichkeit stehenzubleiben, sich
mit einer befristeten Erfahrung dieser Ebene zufriedenzugeben.
Viele Menschen verlieren auf ihrer Reise sehr viel Zeit, indem sie
phasenweise erlebte Gipfelerfahrungen bereits mit der Verwirklichung der entsprechenden Ebene gleichsetzen. Von Verwirklichung kann aber erst gesprochen werden, wenn unser kontinuier-
liches Verhalten, Handeln und unser körperliches, persönliches
und seelisches Bewusstsein von den Lektionen und Möglichkeiten der jeweiligen Bewusstseinsebene durchdrungen sind. Übung
macht bekanntlich den Meister.
Außerdem dürfen wir an diesem Punkt einer ersten Begegnung
mit GOTTES GEIST nicht den Fehler machen, die Wahrnehmung
der All-Gegenwart des geistigen Lichtes mit seiner Verwirklichung und seelischer Einswerdung gleichzusetzen.

Gerade an der Tatsache, dass es auf dem Hochplateau des
HEILIGEN GEISTES – auf der Ebene des »dritten Auges« – noch
einen Wahrnehmenden, das Wahrgenommene und die Wahrnehmung gibt, können wir erkennen, dass die Dualität noch
nicht aufgehoben ist und eine entscheidende Wegstrecke noch
vor uns liegt.

Hoch lebe der HEILIGE GEIST, dessen Wille geschehe!
Om Namaha Shivaya!

ICH LASSE LOS...   ...*die Entscheidungen, meine Intuition zu*
blockieren und mein drittes Auge zu ver-
schließen...
...*nur zu glauben, was ich sehen und anfassen kann...*
...*Hilflosigkeit und Verwirrung, nur noch die physische Seite des*
Lebens gesehen zu haben...
...*das Licht des Seins nicht mehr anzuschauen...*
...*in jeder Weise die Wahrheit nicht mehr sehen zu wollen...*
...*die Angst, mehr zu sehen, als ich verkraften kann, wenn ich*
mich für meine Intuition wieder öffne...
...*Traurigkeit, Schmerz, Einsamkeit und Selbstzweifel, weil*
meine Wahrnehmung der unsichtbaren Welt in meiner Kindheit
abgelehnt und/oder lächerlich gemacht wurde...
...*die Entscheidungen, GOTT nicht mehr anzuschauen...*
...*Lebenslügen nicht anschauen zu wollen...*
...*die Auswirkungen davon, mein drittes Auge durch Lügen*
gegenüber mir selbst verschlossen zu haben...
...*mich selbst durch die negative Brille meiner Eltern, Freunde,*
Vorgesetzten etc. wahrzunehmen...
...*alle Entscheidungen, fremde Wahrnehmungen über mich selbst*
zu meinen eigenen zu machen...
...*die Auswirkungen davon, mein drittes Auge ohne Liebe miss-*
braucht zu haben...
...*mit Vorurteilen und Kritiksucht auf Menschen und*
Situationen zuzugehen...
...*nur auf die Schattenseiten der Menschen zu sehen...*
...*das Licht der Liebe in anderen Menschen und der Schöpfung*
nicht mehr sehen zu wollen...
...*die Verantwortung für meine Gedanken abzulehnen...*
...*alle Pakte und Übereinkünfte mit meinem Schatten und den*
Kräften des Ungleichgewichtes und die Erlaubnis, die ich ihnen
gegeben habe, mich durch negative Gedanken zu kontrollieren...
...*alle Gewohnheiten, mir Sorgen zu machen und eine negative*
Zukunft zu erwarten (schwarz zu sehen)...
...*die Zukunft mit den Augen der Vergangenheit zu*
betrachten...

...die Auswirkungen des »kalten« Missbrauchs von Esoterik, Wissenschaft und Technologie zum Zweck der Ausbeutung und Zerstörung des Lebens...

...die Auswirkungen davon, mich selbst geblendet zu haben, als ich auf mein spirituelles Ego reingefallen war...

...Angst, Wut, Hass und Schock über das »kalte« Licht von Kräften, die sich als göttlich ausgaben, aber keine wärmende Liebe hatten, und vor denen ich mich gefürchtet hatte...

...falschen Stolz, Eitelkeit, Hochmut, Zynismus und die Grausamkeit einer Intelligenz ohne Weisheit und Liebe...

...alle Pakte und Übereinkünfte mit spirituellen und politischen Ideologien der Herrschaft von wenigen »Höheren« über die »niedrige« Masse...

...den Wunsch nach intellektueller, magischer und geistiger Macht... und die Weigerung, sie loszulassen...

...Schrecken, Panik und Auswirkungen vergangener Erkenntnis-schocks über die Macht der Kräfte des Ungleichgewichts in der Polarität...

...die Angst, verantwortlich gemacht zu werden für das, was ich sehe, wenn ich mein drittes Auge öffne...

...alle Auswirkungen des Missbrauchs des dritten Auges für Magie...

...alle Auswirkungen vergangener Selbsttäuschungen, die Wünsche des Egos »als göttlichen Willen« ausgegeben zu haben...

...das höhere Selbst aus Scham über die eigenen Schattenseiten nicht mehr sehen zu wollen...

...die Auswirkungen, den unsichtbaren Schicksalsplan nicht mehr gesehen zu haben...

...meine Lebensaufgabe nicht wahrhaben zu wollen...

...die Angst, meine Lebensaufgabe zu verpassen (sie kommt von selbst)...

...die Angst, alte Fehler bei der Erfüllung meiner Lebensaufgabe zu wiederholen...

...die Entscheidungen, nie mehr durch Dienen zu führen und durch Führen zu dienen...

POSITIVE AFFIRMATIONEN

Ich stimme mich auf das liebende Licht des Seins ein.
Ich sehe Licht in allem, was ist.
Alles strahlt Licht aus. Ich bin in diesem Licht.
Das Licht sieht durch mich. Das Licht erkennt das Licht.
Mit dem Licht der Liebe schaue ich durch die Welt der Formen.
Die Vielfalt ist ein Spiel der Einheit.
Die Schatten sind eine Illusion. Ich schaue durch alles hindurch.
Aus dem Licht meines Herzens erschaffe ich alles neu.
Ich bin ein Kind des Lichtes.
Aus meinem Herzen leuchtet der Lichtstrahl der bedingungslosen Liebe durch mein Bewusstsein. Dieser Laserstrahl löst alles auf, was nicht Licht ist.
Wohin ich auch schaue, es gibt nur das Licht des einen Seins.
Ich trete mein spirituelles Erbe wieder an. Und dafür danke ich.

7

INNERER FRIEDEN
DURCH MEDITATION

NOCH EIN TRAUM *Es geschah in einer Zeit, als ich seelisch zerrissen war zwischen großen materiellen und privaten Problemen in der äußeren Welt und stetig wachsenden Einsichten und Erfahrungen in der geistigen Welt. Ich wusste nicht, wie ich den Druck dieser Spannung auf Dauer aushalten sollte und, in tiefe Meditation versunken, bat ich den HÖCHSTEN GEIST um inneren Frieden.*

Es war der letzte Tag eines mehrwöchigen Aufenthaltes im Ashram des Avatars, und ich hatte schon jede Hoffnung auf eine Lösung meiner Probleme aufgegeben. In Vorbereitung des tagtäglichen Erscheinens des Avatars war die Meditation so tief geworden, dass sich die Grenzen zwischen Innen und Außen auflösten und ich alles um mich herum vergaß.

Zum ersten Mal nach einer längeren Phase der Dunkelheit fand meine Seele wieder inneren Kontakt mit dem transzendenten Licht des HÖCHSTEN GEISTES, und von einem Augenblick auf den anderen war ich in eine Aura unbeschreiblich inniger, süßester Liebe eingehüllt und von Rosenduft umgeben.

Plötzlich donnerte auf der Höhe meiner Brust von links nach rechts ein dicker Balken in mein Wahrnehmungsfeld, und eine raumlose Stimme sprach:

»Dieser Balken steht für Deine Familie.
Erfülle Deine Pflicht in der Welt.«

Dann krachte ein anderer Balken von oben nach unten vor mir auf den Boden und die Stimme sprach:

»Dieser Balken steht für Deine spirituelle Arbeit.
Erfülle Deine himmlische Pflicht.«

Im selben Augenblick, in dem die Stimme verklungen war, wichen meine wochenlangen Zweifel, Kämpfe und Widerstände aus meinem Inneren und wurden magnetisch von dem entstandenen Kreuz angezogen. Als ich meine Augen wieder öffnete, war der Avatar offensichtlich schon einige Zeit aus seinem Tempel herausgekommen, denn ich saß wenige hundert Meter vom Ausgangspunkt seines täglichen Rundganges entfernt.

Nun kam er direkt auf mich zu, schaute mich mit inniger Zärtlichkeit liebevoll wissend an und sandte mir folgende Worte:

> *»Lass Dein Ego am Kreuz sterben,*
> *und gehe ein in die Ewigkeit.«*

Mitten in einem südindischen Ashram fand ich in meinem Herzen den Meister aus meiner Kindheit – CHRISTUS – wieder.

Lange noch badete ich meine Seele in der Seligkeit inneren Friedens.

Nun befinden wir uns auf dem Gipfel des menschlichen Bewusstseinsspektrums. Worte gibt es hier normalerweise eher nicht.

Analog zum Scheitelzentrum des physischen Körpers können wir uns diesen Bewusstseinsraum als reine, unberührte Schneekuppe eines majestätischen Berges vorstellen.

Bis zu dieser Station können wir alle Prüfungen und Herausforderungen als duale Erfahrungen charakterisieren, bei denen die menschliche Seele sich in Beziehung zu einem archetypischen Thema des Menschseins setzt und diesbezügliche Bindungen, Abhängigkeiten, Projektionen, Identifikationen und Polarisierungen in jeder Weise erkennen, überwinden und loslassen muss. Die Seele erfährt in aufsteigender Reihenfolge ihre Beziehungen zur Materie, zum Körper, zu den Mitmenschen, zur dunklen Seite des Lebens, zu sich selbst, zu ihrer Aufgabe und zum HÖCHSTEN GEIST.

Wo Beziehung ist, ist aber immer auch noch ichbezogenes Bewusstsein und Dualität.

Auf der vorhergehenden Ebene und Reisestation wird die Seele schon in die Wahrnehmung der formlosen geistigen Einheit aller Formen und Schöpfungen eingeführt. Jetzt, zum Ende ihrer langen Reise durch Zeit und Raum, gilt es für die Seele, die Einheit des HÖCHSTEN GEISTES nicht nur wahrzunehmen, sondern bewusst in ihr aufzugehen und eins zu sein.

Die Übungen, die sie zu dieser Erfahrung führen, heißen: Entspannung, Konzentration, Kontemplation und Meditation.

Heutzutage sind die Regale der Buchhandlungen voll mit Meditationstechniken und -formen aus allen Himmelsrichtungen. Für den unbedarften Interessenten verhüllt dabei manchmal die Fülle des Angebotes die einfachen Ursprünge der Meditation im eigenen Herzen.

MEDITATION
ALS URBEDÜRFNIS
Wie unser physischer Körper Nahrung, Flüssig-
keit und Sauerstoff zum Überleben braucht, so
braucht unsere Seele den Wein der *bedingungs-*
losen Liebe, das Brot der Gnade und das Licht des HEILIGEN
GEISTES DES LEBENS, um über sich selbst hinauswachsen zu können
und den Pfad der Mitte im alltäglichen Leben nicht zu verlassen.
Meditation ist lange vor allen Formen und Traditionen das spirituelle Urbedürfnis der Seele, sich wieder mit dem Kosmos, dem
Innenkosmos und dem schöpferischen Urgrund ihres Lebens zu
verbinden. Dieses Urbedürfnis entspringt dem menschlichen
Herzen als Ausdruck einer Überreife an desillusionierter,
schmerzhafter Welterfahrung und als die große Sehnsucht, das
eigene Herz und den individuellen Lebensfluss wieder in den hei-
matlichen Ozean des SCHÖPFERISCHEN GEISTES münden zu lassen.

Quelle und Antrieb der Meditation ist das menschliche Herz.
Eine Meditation, die nicht aus dem Herzen kommt und mit ihm
verbunden bleibt, ist den Aufwand und die Zeit nicht wert.
Genau diesen Fehler haben viele spirituelle Richtungen in der
Vergangenheit gemacht, indem sie das Herz als Zentrum der
Mitte ausschalteten und zugleich mit den oberen Bewusstseinsebenen versuchten, die unteren Ebenen zu unterdrücken und zu
kontrollieren, um den diesbezüglichen Erfahrungen, Lektionen
und Geschenken auszuweichen. So wird der Mensch aber
bestenfalls zu einem einsamen und überheblichen Magier mit
verhärtetem Herzen, und es ist nur eine Frage der Zeit, bis
Bäume mit schwachen Wurzeln von den Stürmen des Lebens
gebrochen werden.

Halten wir fest, dass die Grundvoraussetzung für eine wirksame
Meditation eine tiefe spirituelle Sehnsucht sein muss, wobei
mittlerweile klar sein sollte, dass diese Sehnsucht nicht mit der
Qualität der emotionalen Sentimentalität im psychischen
Zentrum zu verwechseln ist.
Man kann sie auch mit einem durchdringendem Ruf vergleichen,
einem Ruf, der aus dem transzendenten Urgrund der Seele an das
äußere Bewusstsein ergeht, sich nach innen zu wenden. Je tiefer
wir in die Meditation eintauchen, desto mehr werden wir reali-

sieren, dass die Sehnsucht der Seele und die Anziehung, die vom HÖCHSTEN GEIST ausgeht und als Ruf empfunden werden mag, ein und dieselbe Kraft sind.

Meditation bedeutet, dem Magnetismus zwischen Seele und HÖCHSTEM GEIST einen kontinuierlichen Rahmen und Beständigkeit zu geben. In der Meditation des Herzens ereignet sich die transkulturelle und universale Liebesbeziehung des Lebens zwischen SCHÖPFERISCHEM GEIST, individuellem Geschöpf und der Liebe selbst. Ziel jeder Meditation ist die bewusste Einswerdung des seelischen Ich-Bewusstseins mit dem geistigen Selbst-Bewusstsein durch wachsende Hingabe an die feurige Kraft der alle Ebenen und Dimensionen transzendierenden Liebe.

Zur praktischen Vorbereitung der Meditation emp- ENTSPANNUNG fiehlt sich für uns oft überaktive westliche Menschen zunächst eine gründliche Entspannung, die alle drei konstituierenden Ebenen des Alltags-Ichs, der persönlichen Bewusstseinsebene, miteinschließen sollte.

Nach einer systematischen Entspannung des physischen Körpers, die von den Fußspitzen bis zum Scheitel alle Muskelgruppen und Gelenke umfasst, benutzen wir den Atem, um durch einige tiefe Atemzüge in die untere Körperhälfte, und dabei besonders in den Bauch, die emotionalen Bewegungen des Gemütes zur Ruhe zu bringen. Die Gefühle aus unserem psychischen Zentrum sollten nicht verdrängt, aber auch nicht dramatisiert werden.

Die Zeit der Meditation ist nicht die Zeit emotionaler Klärung, wobei es zu Beginn der Meditation durchaus vorkommen kann, dass die Begegnung der Seele mit dem Licht und der Liebe des HÖCHSTEN GEISTES sozusagen nebenbei als Frucht am Wegesrand auch zu einer emotionalen Entladung und Reinigung führen kann. Die schönste Vorbereitung zur Meditation ist oft eine intensive Loslass-Sitzung.

Nach der Beruhigung der Gefühle durch tiefen, gleichmäßigen Atem – vergleichbar mit der Beruhigung der Wellen eines Sees – ist es an der Zeit, mit der Aufmerksamkeit des Bewusstseins vom ununterbrochenen Strom der Gedanken zurückzutreten, ohne sie zu bekämpfen oder zu verfolgen.

Wir beginnen den Meditationsprozess mit einer Vergegenwärtigung des inneren, seelischen Lebens und unserer Liebesfähigkeit im Zentrum des Herzens in der Mitte der Brust. Damit
verschieben wir gleichzeitig den Fokus unseres Bewusstseins von
der außenorientierten persönlichen Ebene auf die seelische
Ebene.

Das erste Meditationsstadium bedeutet nunmehr eine Konzentration auf unsere seelische Mitte, die stille Flamme der individualisierten Liebe im Herzen unseres Herzens.
Dieser Phase geben die geistigen Lehrer auch die Überschrift:

DAS INNERE LICHT   *Das Licht ist in Dir.*

Aus der Vergegenwärtigung und Konzentration auf das innere
Licht wandern wir mit unserer Aufmerksamkeit zum Sitz des
Bewusstseins, in der unteren Mitte der Stirn, dem geistigen Auge.
Dort visualisieren wir das Mantra, den Lehrer oder die Form des
Göttlichen, von der wir uns in der jeweiligen Lebensphase am
stärksten angezogen fühlen, und zu der wir die Liebe unseres
Herzens am leichtesten und intensivsten fühlen können.
Wenn unsere Aufmerksamkeit fest in der gewählten Form des
HÖCHSTEN GEISTES ruht (wenn nicht, kehren wir unbeirrt einfach
immer wieder zum Objekt unserer Meditation zurück),
kontemplieren wir über alle Qualitäten und Eigenschaften des
Guten und der vollkommenen Überfülle des HÖCHSTEN GEISTES,
die der von uns visualisierte Aspekt des Göttlichen für uns bedeutet, und von denen wir uns angezogen fühlen.
Kontemplation setzt aber voraus, dass wir alle Inhalte, die wir
noch in unserem Herzen wahrnehmen, wie z.B. Willens-
regungen, Zweifel, Ängste, Wünsche, Aggressionen, Begierden,
etc. nicht vor dem Göttlichen unterdrücken, sondern in stiller
Aussprache zum Ausdruck bringen und loslassen, damit unser
Herz ganz leer wird, um die GEGENWART DES GEISTES aufnehmen
zu können.

In dem Maß, in dem die Seele sich in der Phase der Kontemplation leer macht und sich den geistigen Seinsqualitäten der von

ihr gewählten göttlichen Form hingibt, verwandelt sie sich in diese Qualitäten. Das geistige Auge dient dabei als ein Transmissionsriemen, ein Ort der Umschaltung der Bewusstseinsperspektive von immer noch Ich-behaftetem seelischem Bewusstsein zu überpersönlichem, transzendenten Bewusstsein.

Für die menschliche Seele bedeutet dies die Realisierung der nächst höheren Erkenntnis:
Das Licht ist nicht nur in ihr, sondern die Seele ist – nicht wahrnehmbar von persönlichem Bewusstsein – allgegenwärtig getragen, geführt und eingehüllt in die Gegenwart des transpersonalen spirituellen ICH-BIN-BEWUSSTSEINS.
Das ist die zweite Phase, die die Überschrift trägt:

Du bist im Licht.   DAS TRANSZENDENTE
                                        LICHT
Gleichzeitig entsteht von selbst ein immer intensiveres und unwiderstehlicheres Bedürfnis, auch die seelische Aktivität der Kontemplation ganz zur Ruhe kommen zu lassen und in stiller Hingabe zur eigentlichen Meditation vorwärts zu schreiten: Dabei erhebt sich die Seele aus dem Bewusstsein von Zeit, Raum, Existenz, Ich und Form und berührt den Saum des Gewandes ihrer transzendenten Vollkommenheit. Sie ergreift die Hände der vielen Gottwesen, die alle Ausdruck der einen Gottheit sind.

Ihre Hingabe erlaubt dem HÖCHSTEN GEIST durch das transzendente ICH-BIN-BEWUSSTSEIN, sich seinerseits der Seele hinzugeben und in ihrem Bewusstsein zu landen.

So beginnen zeitlose und heilige Augenblicke der Durchleuchtung und Erleuchtung des seelischen Bewusstseins, deren Beschreibung jenseits von Sprache liegt.

Die Seele ist auf dem Gipfel der menschlichen Möglichkeiten angekommen.

EINSSEIN IM LICHT   *Du und das Licht sind eins.*

Jetzt ruhen alle Kräfte aller Welten, und wir sind im Frieden unseres Ursprungs.

Auch im Anschluss an die Meditation wäre es ein verhängnisvoller Fehler, nunmehr anzunehmen, dass befristete Meditations- und Lichterfahrungen schon mit der vollständigen Verwirklichung und ununterbrochenen Einswerdung gleichzusetzen sind.

Erleuchtung ist Beleuchtung und noch nicht Einswerdung.

Nach den Gipfelerfahrungen geht es bekanntlich zurück in das Tal des Alltages und der Dualität.

Wir erkennen dann eine ganz neue Qualität der Dualität, und zwar den Unterschied zwischen der Einheit des unbewegten Geistes und der Welt der Polarität in Zeit und Raum.
Jetzt ist unser Thema nicht mehr die Integration, Transformation und Transzendierung der irdischen Polarität, sondern plötzlich erkennen wir eine neue Dualität: Die Spannung zwischen der horizontalen Zeit und raumgebundenen, irdischen Polarität des ewigen Werdens und Vergehens und der transzendenten Einheit des HÖCHSTEN GEISTES.
Wie der Unterschied zwischen den Höhen der seelischen Erleuchtung und der Rückkehr in die seelischen Täler des Alltages in der Polarität überwunden werden kann, steht hier nicht mehr und soll in einem anderen Buch erzählt werden

*Möge der Sieg der Liebe alle Wesen
in Leid und Dunkelheit erreichen!*

*Mögen alle Wesen sich erinnern, erwachen
und glücklich sein!*

*Möge der Plan, dem die Meister dienen,
wieder sichtbar werden!*

Möge CHRISTUS erwachen in den Menschenherzen!

*Möge die Verwandlung des Antlitzes von Mutter Erde
sanft wie ihre Liebe sein!*

Möge die Mission des Maha-Avatars sich erfüllen!

Mögen wir unsere eigene Rolle zu Ende spielen!

Mögen alle Wesen glücklich sein!

ICH LASSE LOS...   ...*die Widerstände, nicht mehr etwas und*
jemand Besonderes zu sein...
...immer etwas oder jemand Besonderes sein zu wollen...
...das Gefühl der persönlichen Wichtigkeit...
...die Vorstellung, mein Körper zu sein...
...die Vorstellung, dass ich meine Persönlichkeit bin...
...meine Gier nach der Welt...
...meine Gedanken...
...meine Vergangenheit und Zukunft...
...die Vorstellung, dass ich irgendwohin muss...
...die Vorstellung, dass ich etwas werden muss...
...den Widerstand, »nicht ich« zu sein...
...das menschliche Bewusstseinsspektrum...
...die Trauer über die Trennung von mir selbst...
...die Identifikation mit der Welt der Formen...
...die Bilder, Namen und Vorstellungen, die ich mir von GOTT
gemacht habe...
...meine Unversöhnlichkeit gegenüber dem GÖTTLICHEN VATER,
weil er die Taten des Patriarchats zugelassen hat...
...Trauer und Schmerz, den Kontakt zur bedingungslosen Liebe
der GÖTTLICHEN MUTTER *verloren zu haben...*
...menschliche Charaktere und menschliche Geschlechtlichkeit
auf GOTT *zu projizieren...*
... GOTT *zu suchen, anstatt Gott zuzuhören und sein zu lassen...*
... GOTT *für die Welt benutzen zu wollen...*
...Angst vor dem Tod des Egos...
...die Programmierung, dass GOTT *nicht das Ego nimmt,*
sondern die Seele zerstört...
...die Angst, durch das Reich des Nicht-Seins hindurch-
zugehen...
...meine Enttäuschung über die seelenlose Schattenseite östlicher
Religionen ohne bedingungslose Liebe...
...die Angst, aufgrund meiner individuellen Gotteserfahrung im
Christentum verfolgt zu werden...
...die Angst vor dem Verlust des Bewusstseins...
...Trauer und Schmerz über die Trennung der Erde vom solaren,
galaktischen, universalen und kosmischen Bewusstsein...

*...Trauer und Schmerz über die karmischen Blockaden der
höheren Chakren...*
*...die Entscheidungen, das höhere Selbst nie mehr zu
verkörpern,...*
...das Gefühl, dass das alles zu schön wäre, um wahr zu sein...
*...alle Entscheidungen, mich nicht zu erinnern, dass der Wandel
des Bewusstseins von Mensch und Erde JETZT geschieht...*
*...den Widerstand, in zwei Welten zu leben und Botschafter
zwischen den Welten zu sein...*
...nicht wissen zu wollen, dass ich weiß, was ich weiß...
...das Loslassen nicht loslassen zu wollen...
...den Loslassenden nicht loslassen zu wollen...

OM TAT SAT

POSITIVE
AFFIRMATIONEN
(STUFEN ZUM SCHWEIGEN)

Ich bin der ich bin.
Ich bin die ich bin.
GOTT ist Liebe.
GOTT ist alles was ist.

Ich bin in GOTTES Herzen.
Ich weiß, dass mein ERLÖSER lebt.
Ich bin nicht von dieser Welt.
Die Welt ist ein Teil von mir.
Das Universum ist in mir.
Meine Persönlichkeit ist eine Erfahrung, die ich mache.
Alles was ich wahrnehme, ist nicht wirklich.
Ich bin eins mit ALLEM WAS IST.
Ich bin nicht ich.
Ich bin ein vollkommener Ausdruck der QUELLE.

Ich bin der ich Bin.

Der Frieden des ALLERHÖCHSTEN geht mit mir,
wo immer ich bin.

RELEASING

VON DER THEORIE ZUR PRAXIS

NOCH EIN TRAUM *Es war vor langer Zeit, als ich der Schizophrenie meiner Pubertätszeit noch nicht entkommen war und nicht wusste, wohin mit meinen Komplexen und Kontaktschwierigkeiten.*

Als der innere Leidensdruck unerträglich zu werden schien, beschloss ich, ein Releasing-Loslass-Seminar zu besuchen und diese Methode zu überprüfen. Angenehm überrascht von der warmherzigen und natürlichen Atmosphäre, dem Humor und der menschlichen Transparenz der amerikanischen Seminarleiter, versuchte ich mich auf meine erste Releasing-Sitzung einzulassen. Auch nachdem wir Seminarteilnehmer in eine Tiefenentspannung hineingeführt worden waren, blieb ich mir meiner Umgebung bewusst und beobachtete gespannt mit meinem, in kritischem Denken geschulten Verstand, was in mir und um mich herum geschah. Neben einem unangenehmen Druck auf der Brust hatte ich Schmerzen im Unterleib, deren Ursache ich mir aus meinem Alltag nicht erklären konnte. Schließlich kam der Seminarleiter an meine Seite und schlug mir unvermittelt vor, ich solle doch einmal von innen heraus den Satz wiederholen und nachsprechen:

»Ich lasse los alle Auswirkungen davon, im Matriarchat kastriert worden zu sein!«

Mein erster Gedanke war:
»Haben wir es nicht auch 'ne Nummer kleiner?«

Wenngleich mein Körperbau, heute noch weniger als damals, nicht gerade einem griechischen Adonis gleicht, so erschien mir der Ausdruck Kastration doch maßlos übertrieben.
Ich konnte mich auch nicht erinnern, als militanter Machotyp in ein Konzentrationslager der aufblühenden, deutschen Emanzipationsbewegung geraten zu sein, so dass mein Verstand mit diesem Vorschlag komplett überfordert war.

*Also sagte ich innerlich zu mir: »Nun ja, tun wir ihm den Gefallen.
– Sagen kann ich es ja mal. Daran werde ich vermutlich nicht zugrunde gehen.«*
*So kann man sich irren. Im selben Moment, in dem die Worte
meinen Mund verlassen hatten, hörte ich mich nur noch mit nie
gekannter Qual und Intensität aus ganzer Kraft schreien. Mein
gesamter Körper bebte auf und ab, und ich bekam starke Schweiß-
ausbrüche.*

*Nach einigen Minuten hörten die massiven physischen und seelischen
Reaktionen auf, und friedlich wie ein junges Reh auf einer Wald-
lichtung im Morgenlicht lag ich da, und mein Atem ging ganz
entspannt ein und aus.*

*Zwar fehlten mir die Begriffe für diese Erfahrung, aber zum ersten
Mal war ein tiefes, nicht greifbares und schmerzhaftes Gefühl der
Verletzung und Minderwertigkeit aus meinem Herzen gewichen,
und ich konnte meine männliche Kraft annehmen.*

*Daraus entwickelte sich ein völlig neues, vitales Lebensgefühl und ich
beschloss, der Releasing-Loslassarbeit auf den Grund zu gehen.*

Die zurückliegende Reise durch die sieben archetypischen Stationen seelischen Wachstums öffnet den Blick für die Gesamtschau
des menschlichen Bewusstseins. Wir erkennen die durch die
Mitte der Liebe verbundene Einheit der Gegensätze. Transpersonales Überbewusstsein und Körperbewusstsein, Geist und Sexualität, Innen und Außen, männlich und weiblich, Vergangenheit
und Zukunft werden durch Liebe in ihrer komplementären Bedingtheit und Zusammengehörigkeit erfahrbar und sichtbar. Das
Loslassen der alten Polarisierungen, die Fokussierung im Herzzentrum und die Ausrichtung auf den HÖCHSTEN GEIST, die
TRANSZENDENTE QUELLE des individuellen Lebens, erzeugt eine sich
selbst bewußt werdende Harmonie der Gegensätze. Die aufsteigende evolutionäre Lebensenergie des individuellen Lebensstroms und die herabsteigende geistige Kraft begegnen sich in der
Mitte »*bedingungsloser Liebe«,* integrieren sich durch die Hingabe
des Herzens und führen zur Verkörperung des transzendenten
Selbst. Dies sind die Konturen der Vision eines *Neuen Bewußtseins:* ein Bewußtsein des dynamischen Gleichgewichts der
Gegensätze.

Releasing ist eine Antwort auf das große Bedürfnis einer wachsenden Zahl von Menschen, aus der Vergangenheit zu lernen,
dem Ruf des Lebens zu antworten, das alte Ego sterben zu lassen
und ein *»Neues Bewusstsein«* wie »Phoenix aus der Asche« aufsteigen zu lassen. Die Integrität gegenüber der eigenen Seele und die
Verkörperung des *»Neuen Bewusstseins«* bedürfen jedoch kontinuierlicher Übung und Bemühung in den Herausforderungen
des persönlichen Alltags. Zwischen den hehren selbstlosen Absichten eines spirituellen Lebens und den seltenen geistigen
Höhenflügen ist Releasing ein eher nüchternes und einfaches
Handwerkszeug, um die alltäglichen Widersprüche zwischen Anspruch und Wirklichkeit lächelnd anzunehmen und loszulassen.
Die Philosophie und Praxis des Releasing schenkt uns dabei mit
dem Maßstab der *Neutralität* die Möglichkeit, Unterscheidungsvermögen zu entwickeln und »Wirklichkeit und Illusion« in uns
und außerhalb von uns zu erkennen. Releasing ist eine Einladung
an alle Menschen, die die Notwendigkeit erkannt haben, sich von
den Lasten der Vergangenheit zu befreien, die Verantwortung für

das Leben zu übernehmen und die mit ihrem Leben einen sinnvollen Beitrag zum globalen Bewusstseinswandel leisten möchten. Beim Loslassen ist jede Seele ihr eigener Weg und bestimmt
das Tempo ihres Wachstums selbst.

Nach 30 Jahren New-Age-Bewegung ist kein Mensch mehr mit
seiner Sehnsucht nach einem Bewusstseinswandel allein.
Im Zentrum aller alten und neuen seriösen spirituellen Aktivitäten steht die Neugeburt des zeitlosen Wissens von der Einheit
des Lebens. Viele Leser erinnern sich bestimmt noch gut, wie vor
20 Jahren die ökologische Bewegung von etablierten Gesell-
schaftskreisen und Lobbyisten verächtlich gemacht wurde. Mittlerweile ist die Notwendigkeit und Relevanz ökologischer Re-
formen durchgängig anerkannt und von einer großen Mehrheit
der Bevölkerung akzeptiert. Der Gedanke der ökologischen
Vernetzung des Organismus Erde bereitet auf diese Weise den
intellektuellen Boden zum Verständnis des verletzlichen geistigen
Zusammenhangs von Erde, Menschheit und Kosmos.
Die bisherige quantitative Vermehrung des Wissens führt ohne
einen qualitativen Bewusstseins- und Wertewandel in eine Sack-
gasse, deren Ende erst sichtbar werden könnte, wenn es für große
Teile der Menschheit zu spät ist. Ähnlich wie die Ökobewegung
ist auch das New-Age eine »Graswurzelbewegung«, die in der
Einsamkeit biographischer Erfahrung mit Selbstverantwortung
beginnt und zu globalem Bewusstsein führt. (»Global denken –
lokal handeln!«) Der Idee des »New Age« im Sinne eines zeitgemäßen bodenständigen, weltoffenen, aufgeklärten und demo-
kratischen Bewusstseinswandels gehört die Zukunft. Sie wird sich
kraft ihrer Plausibilität mit derselben Zwangsläufigkeit durchsetzen wie die Gedanken der »Grünen«. Es muss sich deshalb
niemand mehr verstecken, verteidigen oder rechtfertigen, der sich
für eine Transformation des Bewusstseins interessiert. An der
Schwelle zur Informations- und Wissensgesellschaft hilft der
gesellschaftliche Aufbruch zu einer neuen Spiritualität, uns auf
die wesentlichen Zukunftsentscheidungen zu konzentrieren und
die neuen technologischen Möglichkeiten für das Überleben der
Menschheit dienend einzusetzen.

Im Auge des Wirbelsturms der explosiven Wissensvermehrung in unserer Zeit glänzt noch immer das Licht der Einfachheit des Seins und weckt alle, die die Wahrheit suchen: staunend, still und stumm...
Wir leben in einem kreativen magischen Universum, das sich seiner selbst bewusst wird.

Was wir in unserem Bewusstsein halten, bringt uns das Universum als unsere Wirklichkeit zurück.

Jeder Mensch bewirkt einen Unterschied im Bewusstsein des ganzen Universums, und das Universum ruft jeden Menschen in die Ganzheit zurück. Niemand ist im endlosen Raum dort draußen einsam und für immer verloren. Schon immer sind wir eins in allem und alles in einem. Das Universum und wir sind eins. Aber wir brauchen uns alle gegenseitig. Wenn wir nicht unsere Herzen teilen, haben wir keine Chance. Liebe ist der Weg.

Der in diesem Buch beschriebene Releasingprozess ist eine Einladung, sich auf den Pfad des Herzens zu begeben und die unendlichen Möglichkeiten eines liebenden Bewusstseins zu entdecken, anzuwenden und im eigenen Alltag zu überprüfen.

»Bedingungslose Liebe ist der Weg, das Ziel und die Herausforderung.«
(Isa und Yolanda Lindwall)

Loslassen ist nicht nur eine neue Methode zur Klärung des Bewusstseins, sondern eine innere Haltung und Lebenseinstellung. Bis zum Tod ist das Leben eine Reise des Loslassens. Die Releasingarbeit lässt sich nicht auf eine Therapie, Theologie oder Theorie reduzieren. Isa und Yolanda Lindwall, die Begründer des Releasing, antworten auf die Frage, wie Releasing methodisch einzuordnen sei: »Releasing ist eine Lebensweise!«
Die Releasingarbeit kommt einer psychologisch aufgeklärten spirituellen Disziplin gleich – einem neuen zeitgemäßen westlichen Weg des Yoga, der durch Öffnung und Hingabe des Herzens

RELEASING ALS
SPIRITUELLE
LEBENSWEISE

(Sanskrit: Bhakti) und aus dem Wissen um die Einheit des Menschen mit der zugrundeliegenden geistigen Wirklichkeit (Jnana) zur seelischen Befreiung von Bindungen und Abhängigkeiten führt. Eine spirituelle Disziplin enthüllt ihre verborgenen Geheimnisse und Kräfte aber immer nur in dem Maß, wie sie praktiziert wird.

RAUM FÜR
DIE SEELE
Das Geheimnis der Wirksamkeit der Releasingarbeit besteht in der Achtung, die dem Bewusstseinsraum der menschlichen Seele entgegengebracht wird. Releasing stülpt niemandem eine spezielle Theorie oder Technik über. Es gibt keine Theorie, Technik und Methode, die für alle Menschen Gültigkeit besitzt. Jeder Mensch hat eine einzigartige Vergangenheit, einen individuellen Standpunkt im Leben und eine einzigartige Zukunft. Die individuelle Seele kennt ihre eigene Vergangenheit, Gegenwart und Zukunft selbst am besten.
Die Releasingarbeit eröffnet einen mitfühlenden und bewussten Raum, in dem die individuelle Seele sich ihrer eigenen Bedürfnisse bewusst werden und die damit verbundenen emotionalen und mentalen Blockaden ausdrücken kann. Das Loslassen ereignet sich dann von selbst als Akt der Erinnerung und des geistigen Erwachens, in dem Moment, in dem die Seele einen neutralen Raum bekommt und sich selbst wieder wahrnehmen kann.
Jede Releasingsitzung entwickelt sich einzigartig und orientiert sich allein am Mitgefühl, der Beobachtung und der Intuition des Herzzentrums.

ZENTRIERUNG
IM GEIST
Voraussetzung für die lösende Kraft und Wirksamkeit des Loslassprozesses ist die Zentrierung des Herzens in der stillen Gegenwart des HÖCHSTEN GEISTES im transpersonalen »HÖHEREN SELBST«. Das verlangt eine disziplinierte Einstimmung des persönlichen Alltags-Bewusstseins auf die Gegenwart der Stille, in der die innere Stimme hörbar wird und die Intuition greifbar. Die absichtslose Bitte um innere Führung aus dem HÖCHSTEN GEIST stiftet einen neutralen Freiraum der zweckfreien Offenheit, in dem die Magie der Berührung und Verwandlung durch *bedingungslose Liebe* geschehen kann.

Durch die Ausrichtung von Releasingbegleiter und Releasingteilnehmer auf den gemeinsamen transzendenten Bezugspunkt
ihrer jeweiligen Rollen, wird das Ego beschränkt. Beide Seiten
erfahren sich als Instrumente eines durch *bedingungslose Liebe*
getragenen Bewusstseinsentwicklungsprozesses, der größer und
machtvoller ist als die Summe zweier, in ihrem Ego eingesperrter,
Persönlichkeiten.
Die Rolle des Releasingbegleiters ist dabei nicht die eines aktiv
Handelnden, der den Releasingteilnehmer seiner Handlungsstra-
tegie und Theorie angleichen möchte, sondern die Rolle eines
hörenden, aufnehmenden und mitfühlenden Partners. Er kreiert
durch den Spiegel eines offenen, begleitenden Herzens die at-
mosphärischen Voraussetzungen, vor deren Hintergrund sich das
Loslassen ereignen kann.

Der Klient liegt auf dem Rücken, wobei nach   ABLAUF EINER
Möglichkeit die Beine nebeneinander und die   RELEASINGSITZUNG
Arme neben dem Körper liegen sollten.

• ENTSPANNUNG
  DES PERSÖNLICHEN ALLTAGSBEWUSSTSEINS

Entspannung des Körpers
Entspannung der Nerven
Entspannung der Gedankenaktivität

Während der Entspannungsphase wird langsam
von 20 bis 0 gezählt.

Dabei wird der natürliche Rhythmus des bewussten Atems mit
Herz genutzt, um die Frequenz der alltäglichen Gehirnaktivität
zu verlangsamen und die Tiefenentspannung zu ermöglichen.
Die Tiefenentspannung ist weder Hypnose noch Suggestion,
sondern, wie der Name sagt, eine tiefe Entspannung, in der sich
der Teilnehmer seiner selbst bewusster ist als zuvor.

- BEWUSSTSEINSFOKUS
  IM HERZEN KONZENTRIEREN

Die Aufmerksamkeit wird in der Mitte der Brust in der Gegenwart der Stille des Herzzentrums zentriert.

Nur das Herz, als verkörperter Ausdruck der Seele, ist die Mitte aller Polaritäten zwischen oben und unten, innen und außen, links und rechts, männlich und weiblich, Vergangenheit und Zukunft. Nur die Intelligenz des Herzens kennt aus dem vielschichtigen Spektrum des menschlichen Bewusstseins die Themen, die aktuell sind und notwendigen Vorrang haben sollten.

- ÖFFNUNG
  FÜR DEN GEIST

Beten heißt sich öffnen, und in Form eines von jedem Menschen individuell zu gestaltenden Gebetes öffnet er sich in Stille im Herzen für die Führung des HÖCHSTEN GEISTES.
Er bittet darum, dass genau diejenigen unbewussten Erinnerungen, Muster, Blockaden und negativen Programmierungen und Selbstbilder aus dem Unbewussten durch das Herz in das Bewusstsein gebracht werden, die die seelische Ursache sind für die Lebensthemen, die ihn in seiner aktuellen Lebenssituation am stärksten belasten.

Dann wird bis drei gezählt und gesagt:
»Bei drei bist Du in Dir genau an dem Punkt,
an dem Du in Kontakt mit Deinem Thema kommst.«

- WAHRNEHMUNG
  DER SEELISCHEN THEMEN

- PHYSISCHE WAHRNEHMUNG

Der Körper ist Spiegel und Ausdruck des seelischen Zustandes. Manche Menschen bekommen am leichtesten Zugang zu ihrer Seele, indem sie in den verschiedenen Körperpartien den Fluss bzw. die Blockaden der Lebensenergie wahrnehmen und durch den mitfühlenden Atem des Herzens ihre Aufmerksamkeit und Achtung darauf richten, um damit zu arbeiten. Für sie ist es ratsam, zunächst ein Gespür für den energetischen Zustand und die Intelligenz des Körpers zu entwickeln. Wenn die Wahrnehmung und der Kontakt zur Seele blockiert sind, bietet der Körper ein vollkommenes Bioresonanz- und Feedbacksystem für den Zustand der Seele.
Während der Sitzung ist die Analogie der Körperpartien zu den Themen der beschriebenen sieben Stationen des Bewusstseins ein wichtiges Handwerkszeug und ein Gerüst für die Intuition der Releasingbegleiter.

1. Station: Zehen, Füße, Beine, Knochen, Rektum, Wirbelsäule, Steißbein – Drüse: Nebennieren
2. Station: Becken, Geschlechts- und Fortpflanzungsorgane, Wirbelsäule, Kreuzbein – Drüse: Keimdrüsen
3. Station: Bauch, Magen, Leber, Galle, Nerven – Drüse: Bauchspeicheldrüse
4. Station: Brust, Schulterblätter, Herz, Kreislauf, Lunge – Drüse: Thymusdrüse
5. Station: Hals, Kehle, Bronchien, Lunge, Stimmbänder – Drüse: Schilddrüse
6. Station: Gesicht, Nase, Ohren, Augen, Stirn – Drüse: Hirnanhangdrüse
7. Station: Schädel, Kopfoberseite – Drüse: Zirbeldrüse

(Da die Übergänge zwischen den einzelnen Themen fließend sind und manche Körperpartien gleichzeitig mit verschiedenen Dimensionen verbunden sind, beansprucht diese Tabelle keine

absolute Richtigkeit und kann mit unterschiedlicher Akzentuierung von verschiedenen Autoren dargestellt werden.)

• EMOTIONALE WAHRNEHMUNG

Manchen Menschen fällt es leicht, durch ihre Gefühle Zugang
zur Seele zu finden.
Die ganze Palette der menschlichen Emotionen möchte je nach
Thema ausgedrückt und losgelassen werden. Das gesamte Re-
genbogenspektrum verdrängter Gefühle von Ängsten, Schmerzen, Kämpfen, Aggressionen, Regressionen und Depressionen
möchte behutsam, langsam und genau angeschaut, angenommen, ausgedrückt und losgelassen werden. Dabei kann es eine
große Befreiung sein, die an der Leid verursachenden Situation
ehemals beteiligten Personen direkt anzusprechen, zu adressie-
ren und die bisher verdrängte, unbewusste seelische Last mitzu-
teilen. Die Auflösung emotionaler Übertragungen auf andere
Menschen führt zur Erkenntnis der emotionalen Spiegel, die
auf der Ebene des Unbewussten andere Menschen für uns sind
und macht frei für Selbsterkenntnis, Vergebung und Loslassen.

• VISUELLE WAHRNEHMUNG

Anderen Menschen gelingt die Begegnung mit den Themen
ihrer Seele am einfachsten durch innere Bilder. In diesem Zusammenhang ist darauf zu achten, dass die bearbeiteten Bilder
tatsächlich aus der seelischen Qualität des Herzens leben und
daraus ihre Spannung beziehen.
In unserer einseitigen, westlichen rationalen Kopfkultur gefallen sich viele Menschen darin, die abenteuerlichsten Bilder
zu erfinden, um sich in den Gefühlen von Selbstmitleid und
persönlicher Wichtigkeit ergehen zu können. In solchen Fällen
muss man unbedingt zur Wahrnehmung des Körpers und des
emotionalen seelischen Zustandes zurückkehren.
Widerstände lieben die Verkleidungen von Opferrollen und
persönlicher und spiritueller Wichtigkeit!

• LOSLASSEN! LOSLASSEN! LOSLASSEN!

Das Loslassen vollzieht sich durch die Verbalisierung des akuten Themas und seine Verknüpfung mit dem Satz:

> *Ich lasse los!*
> z.B.: *Ich lasse los meine Angst vor...*
>   *Ich lasse los meinen Ärger auf...*
>   *Ich lasse los meine Trauer über...*
>   *Ich lasse los meinen Schmerz...*
>   *Ich lasse los meine Wut auf...*
>   *Ich lasse los meine Schamgefühle, Schuldgefühle...*
>   *Ich lasse los die Programmierung...*
>   *und das Lebenskonzept...*
>   *Ich lasse los das Gefühl der Hilflosigkeit... usw. usf.*

Was auch immer Ihnen bewusst wird, dürfen Sie loslassen und alles, was Sie daran hindert, auch.

Es gibt nichts, das wir nicht loslassen könnten, außer unserem geistigen Selbst, dem Kern und Umfang unseres Seins.

Nach Abschluss eines Themas empfiehlt sich die Bekräftigung des Loslassens durch den Satz:

> *»Ich bitte um Vergebung und (Achtung! Nicht vergessen!) vergebe mir selbst!«*

Von maßgeblicher Bedeutung ist auch hier, dass die Worte aus dem Herzen gesprochen werden und nicht einfach nur rationalisierte Wunschvorstellungen sind. Erst kommen Gefühl, Empfindung, Erfahrung, und daraus wird das befreiende Wort des Loslassens im Herzen geboren.

Die schöpferische Kraft des gesprochenen Wortes als Bindeglied zwischen Geist und Materie und als Manifestation des Bewusstseins in der dreidimensionalen Wirklichkeit ist das Zentrum der Wirksamkeit der Releasingarbeit, das den Unterschied zwischen Theorie und Praxis markiert.

• FRAGEN, DIE DEN PROZESS
ERLEICHTERN KÖNNEN

> *Wie geht es Dir?*
> *(Banal, aber wahr – bitte antworten Sie nach*
> *Möglichkeit nicht mit: Danke gut, und Ihnen?)*
>
> *Wie fühlst Du Dich? Wo bist Du? Was fehlt Dir?*
> *In welchem Zeitraum und Alter fühlst Du Dich gerade?*
> *Wann hast Du Dich zum ersten Mal so gefühlt?*

Achten Sie darauf, mit Ihrem Partner nicht in einen intellektuellen Psychotalk zu fallen, sondern schenken Sie allezeit genügend Raum für Stille, und bleiben Sie immer in Kontakt mit sich selbst, der Stille und dem Partner.

Ermutigen Sie Ihren Partner, seinen Gefühlen zu folgen, sie auszudrücken und sich noch tiefer sich selbst hinzugeben und fallenzulassen.

• INDIKATOREN DES LOSLASSENS

Schwitzen, Zittern, Erschauern,
(ach du schöne Gänsehaut)

Tränen, Tränen, Tränen,
(verschönen die Gesichtshaut und verjüngen)
Tränen des Herzens sind die unmittelbare Erfahrung der Gnade der Liebe des HÖCHSTEN GEISTES!
Seufzer, Schreie, Schluchzen,

Lachen, Lachen, Lachen!

Eine Releasingsitzung gilt als abgeschlossen, wenn sich innerlich Ruhe und Frieden ausbreiten und Körper, Seele und Bewusstsein sich ausgeglichen und bereit zu einer Rückkehr in die dreidimensionale Welt des Alltags-Bewusstseins fühlen. (Das sollte in der Regel spätestens nach 1 – 2 Stunden der Fall sein.)

• POSITIVE AFFIRMATIONEN

Das Loslassen wird abschließend bekräftigt, indem neue positive Leitsätze und Selbstbilder formuliert und ausgesprochen werden (siehe die Listen der Beispiele im Anschluss an die 7 Kapitel). Positive Selbstbestätigung kann auch schriftlich und künstlerisch dargestellt und verarbeitet werden. (Solche Texte und Kunstwerke sind kraftvolle persönliche Symbole und eignen sich wunderbar zur Einrichtung der eigenen vier Wände, oder als Geschenk für einen Menschen, den man liebt.)

• NACHBEREITUNG

Jede Sitzung sollte im anschließenden Alltag gründlich nachbereitet und verarbeitet werden, um die alten Bewusstseinsstrukturen auf allen Ebenen zu verabschieden, das neue Selbstbewusstsein in der Persönlichkeit zu verankern und sich neuen lebensbejahenden Zielen und Herausforderungen widmen zu können.

In der Einfachheit und Größe der Releasing-   SCHATTEN DER PRAXIS
arbeit liegt auch ihre Schwäche und Verletzlichkeit, die in der Gefahr der Vermischung persönlicher, emotional-psychischer Bewusstseinsinhalte mit seelischen und geistigen Kräften besteht. Dies kann zum einen dazu führen, dass Menschen, die kurzfristige Loslasserfahrungen gemacht haben, in die Illusion geraten, eine medizinische oder psychotherapeutische Behandlung nicht mehr nötig zu haben, wo diese aus gesundheitlichen und biographischen Gründen angezeigt wäre. Das Loslassen kann dann zu einer Inflation des Alltags-Bewusstseins mit Inhalten des Unbewussten und Überbewussten führen, die nicht reflektiert und integriert werden können. Wie im ersten Teil des Buches bereits gesagt wurde, ist es außerordentlich kontraproduktiv, spirituelle Bedürfnisse zur Kompensation persönlicher Defizite zu missbrauchen. Releasing ersetzt keine medizinische oder psychotherapeutische Behandlung. Die Voraussetzung für

die heilsamen und bewusstseinserweiternden Möglichkeiten des Loslassens sind geistig gesunde und selbstverantwortliche Menschen, die mit beiden Beinen fest auf der Erde stehen. Die Releasingarbeit sollte seitens der Teilnehmer nicht mit Psychotherapie verwechselt werden.

Releasing kann aber für die gesundheitliche Vorsorge, Unterstützung von körperlichen und seelischen Heilungsprozessen, Rehabilitationsmaßnahmen und insbesondere bei der Begleitung durch schwierige Lebensphasen eine unschätzbare Hilfe sein.

Der andere Pol einer fahrlässigen Handhabung der Releasingarbeit liegt in der Selbstüberschätzung derer, die sich schon nach wenigen Sitzungen und kurzer Zeit berufen fühlen, diese Arbeit weiterzutragen. Die Erfahrung seelischer und geistiger Kräfte führt bei manchen Menschen zu einer euphorischen Überblendung der alltäglichen Persönlichkeit.

Die Gefahren, die gerade in einer sorgfältigen und behutsamen Integration der Sexualität, in den vielfältigen Möglichkeiten emotionaler Übertragungen (Projektionen) des Schattens und anderer Egofallen bestehen, werden vernachlässigt und überspielt.

Releasing ist eine einfache, aber machtvolle spirituelle Methode der menschlichen Hilfe zur Selbsthilfe und verlangt als Grundvoraussetzung ihrer Anwendung eine gewisse charakterliche Reife, die Bereitschaft zu dienen und eine Kompetenz, die durch langjährige Praxis gewachsen ist.

Es ist weder im Interesse der Lindwalls noch des Autors, Richtlinien aufzustellen, wer Releasing geben darf und wer nicht. Die Lindwalls weisen aber darauf hin, dass diese Arbeit nur in Übereinstimmung mit der Gesetzeslage der jeweiligen Länder weiterzugeben ist. Vergleichbar mit dem Lebenslauf des Ehepaares Lindwall, sollte diese Arbeit nach Möglichkeit in bodenständige helfende, heilende und lehrende Berufe integriert sein, die für die Arbeit mit anderen Menschen qualifizieren. Das bedeutet für den europäischen Raum, dass eine soziale, pädagogische, psychologische oder medizinische Ausbildung, die zum Umgang mit anderen Menschen befähigt, ratsam ist, wenngleich nicht verschwiegen werden soll, dass es auch immer wieder »Naturtalente« gibt, deren Fähigkeiten nicht durch weltliche Ausbildungen erworben werden können.

Alle neuen Interessenten sollten zumindest darauf achten, dass Menschen, die als »Releaser« auftreten, langjährige Erfahrung haben und in ihrer persönlichen Ausstrahlung überzeugend sind (die zwischenmenschliche »Chemie« muss stimmen). Es gibt Releasing in Deutschland schon seit Beginn der Achtziger Jahre. Seitdem ist eine nicht organisierte, kunterbunte Releasingszene entstanden, in der wie im sonstigen Leben auch Genie und Wahnsinn dicht beieinander liegen können. Es liegt nicht im Interesse der Lindwalls oder des Autors, die Aktivitäten, die unter der Überschrift »Releasing« angeboten werden, zu bewerten. Alle Erfahrungen und Menschen werden gebraucht. (Ruth Lindwall: »Der Höchste Geist kann auch mit einem krummen Stock stark zuschlagen.«)

Übertriebene Ängste vor Irreführung können aber ebenfalls losgelassen werden. Erstens begegnet uns in unserem Leben ohnehin immer nur, was wir selbst (wenn auch versteckt) im Bewusstsein tragen und woran wir lernen müssen. Zweitens erweist sich die Ausrichtung auf den Höchsten Geist immer wieder neu als hervorragende Unfallversicherung, da er durch den transpersonalen Überblick nur die Inhalte des Unbewussten an das Licht bringt, die zu einer gegebenen Zeit auch verarbeitet werden können. Der Atem der Weisheit des Höchsten Geistes ist immer situativ *angemessen*.

Die Zusammenarbeit mit dem Höchsten Geist muss allerdings genauso ausdauernd, gründlich und geduldig geübt werden, wie jede andere Qualifikation auch.

Außerdem können wir »aus einem Mülleimer auch immer nur das rausschmeißen, was vorher drin war«, wie »Doc« Isa Lindwall prägnant zu bemerken pflegte. Deshalb können wir nichts »Falsches« loslassen – es schadet niemandem, etwas »loszulassen«, was es ohnehin nicht gegeben hatte und was nur in der Phantasie existierte.

Es ist bis heute noch kein Meister vom Himmel gefallen.

Tägliche Übung macht den Meister.

DER FORMLOSE PFAD

GEFAHREN, CHANCEN UND GRENZEN

Formlos ist der Pfad des Lebendigen, Heiligen Geistes in mehrfacher Hinsicht. Zunächst einmal haben wir Nachgeborenen des 2. Weltkrieges und des Holocausts keine westliche, lebendige spirituelle Tradition mehr, die der Wahrheitssuche Rahmen und Richtung geben könnte. Anstatt diesen Zustand aber zu bedauern, müssen wir das zeitlose Wissen durch Reflexion und Hingabe an die Intelligenz des Herzens aus uns selbst gebären und den Erfordernissen unserer heutigen Welt anpassen, ohne uns dabei inhaltlich an den Zeitgeist zu verkaufen.

Formlos ist der Geistpfad aber auch, weil es in der Dimension des Herzens keine Regeln, Rezepte, Worte, Gedanken, Lehren und Lehrer gibt. Die multidimensionalen Geheimnisse unseres Herzens offenbaren sich nur von Augenblick zu Augenblick, von Situation zu Situation, im verborgenen stillen Fluss der Gegenwart des Geistes. Unsere Geistesgegenwart ist gefragt, um die Zeichen, Worte und Symbole aus der Stille unseres Herzens zu empfangen und ihnen zu folgen.

Dabei gilt als Grundregel des geistigen Weges:

Du erhältst Hilfe, Heilung, Gnade, Führung, Licht, Liebe und neues Leben in dem Maß, in dem Du selbst gibst.

Uns selbst zu suchen hat strenggenommen mit Spiritualität noch nichts zu tun. Suchen gehört zum Bereich der Dualität und des begrifflichen Verstandes und ist Zeitverschwendung, Vorwand, Ausrede, Fluchtbewegung vor dem Selbst und Vermeidung von Gegenwärtigkeit und Selbst-Sein. Solange ich suche, kann ich immer noch Entschuldigungen vorweisen und lebe nicht in hundertprozentiger Selbstverantwortung und Hingabe an das Selbst in meinem Herzen. Suchen ist in der Zeit – der Geistpfad des Herzens nur in der Gegenwart.

Es gibt mittlerweile bestimmt Hunderttausende oder Millionen von Menschen, deren äußere Persönlichkeit schon lange auf der Suche ist. Ihr Kopf ist voll von spirituellem Halbwissen, ihr Herz verschlossen und leer, und ihre Seele weiß gar nichts mehr. Diese Menschen, die häufig in der öffentlichen New-Age-Bewegung anzutreffen sind, haben den Müll ihrer biographischen Prägung durch den Müll einer unreflektierten und nicht erfahrenen »esoterischen« Begriffsüberflutung ausgetauscht. Ihre Worte und ihr Auftreten erscheinen spirituell, ihre Absichten, Handlungen und vor allem ihr Herz sind es nicht. Wenn wir von der Spiritualisierung der Persönlichkeit in die Spiritualisierung der Seele vorwärtsschreiten möchten, müssen wir uns von der Vielfalt der äußeren Angebote auf die Einfachheit und die Schätze der Tiefe unseres Herzens einlassen.

Der Weg dorthin ist der Weg des Loslassens.

Die Intensität der Heilung der Seele und Verwandlung und Ausdehnung unseres Bewusstseins verhält sich proportional zur Aufrichtigkeit der Öffnung und Hingabe des Herzens.

Spiritueller Fortschritt lässt sich nicht in der Welt lernen oder kaufen, sondern entsteht als Folge des Loslassens von seelischen Bindungen, Abhängigkeiten und Bewusstseinspolarisierungen auf allen Ebenen des Menschseins.
Nur aus der Hingabe und Einordnung des egobezogenen, persönlichen und seelischen Bewusstseins in die Mitte der geistigen Flamme der Liebe erwächst Fortschritt und Entwicklung.
Die Kraft der Sehnsucht, der Öffnung, des Vertrauens, der Hingabe, des Mutes und des Risikos, die wir in uns und unser Leben »investieren«, ist auch die Kraft, die wir durch die Liebe des HÖCHSTEN GEISTES multipliziert zurückerhalten. Die Kraft der spirituellen Sehnsucht ist dieselbe Kraft, mit der das Göttliche uns ruft.
Es kommt auf uns an, diesen Ruf zu hören.
Dazu müssen wir uns selbst gegenüber »gehorsam« sein und auf unser Herz hören!

Der Weg des Lassens und Loslassens steht dabei dem Zeitgeist und seiner Illusion der unbegrenzten Beherrschbarkeit des Lebens gegenüber. Das Loslassen sollte deshalb nicht dazu führen, diesen Ungeist in unser Leben zu lassen und falsche Kompromisse einzugehen.

Lassen kann eben auch bedeuten, Verantwortungslosigkeit, Bequemlichkeit, Passivität und Angst loszulassen und der Welt entschieden, innerlich stark und unbestechlich gegenüberzutreten und notwendige Kämpfe um die Zukunft unserer Kinder und der Gesellschaft zu führen. Die gebundenen Energien, die wir durch das Loslassen befreien, wollen in sinnvolle Tätigkeiten und visionäre Ziele für eine zukünftige Zeit umgesetzt werden.

So gesehen, kann die Loslassarbeit auch ihre Schattenseiten haben:

Überbetonung der passiven Energie, wenn Aktivität, Entscheidungen und Handlungen angesagt sind.

Fixierung auf die Vergangenheit bei Umgehung der Verantwortung in der Gegenwart.

Psychotrips und seelischer Narzissmus durch Fixierung auf das emotionale Erleben und die jeweilige seelische Befindlichkeit.

Spirituelle Aufblähung des seelischen Ego-Bewusstseins durch Identifikation mit den »Erfolgen« des Loslassens.

Abhängigkeit vom »Hilfspersonal« der Loslassarbeit.

Es sagt uns aber niemand auf dem geistigen Pfad, was wir zu tun und zu lassen haben, und wenn es uns jemand sagt, haben wir einen merkwürdigen »Lehrer« erwischt. Der Weg des Loslassens ist letztendlich deshalb der formlose Pfad, weil er nirgendwo vorgeschrieben ist und sich allein nach den Bedürfnissen der individuellen Seele richtet. Von daher müssen wir unseren Geistpfad erschaffen, nicht nur als Einzelwesen, sondern als Menschheit. Nur der erste und dann immer der nächste Schritt lässt diesen Pfad aus dem Unsichtbaren in unser gelebtes Leben kommen.

Die Erfahrungen, Landschaften und Herausforderungen, denen der einzelne Mensch dabei begegnet, sind in ihrer Form so unterschiedlich, wie die Menschen, die es gibt.

Die Themen und ihre Behandlung in diesem Buch sind weder vollständig noch beliebig als Formular auf die Einzelschicksale der Leser übertragbar. Die Auswahl der Themen richtete sich nach dem Entwicklungsweg des Autors und den Schwerpunkt-bedürfnissen und Fragen vieler tausend Seminarteilnehmer in den zurückliegenden Jahren.
Auch täuscht der Eindruck einer linearen Entwicklung von unten nach oben. Viele Seelen müssen in gewissen Entwicklungsphasen unerledigtes Material und spirituelle Hausaufgaben auf Ebenen lösen, die sie eigentlich schon hinter sich glaubten. Wer weit oben ist, kann die schwierigsten Prüfungen noch vor sich haben, und wer unten ist, kann in Wirklichkeit in seiner Seele schon weit über seine momentanen Möglichkeiten entwickelt sein. Der äußere Anschein trügt auch in dieser Beziehung sehr oft.

Wer sich vergleicht, verletzt sich und verlässt die Zentrierung im Herzen.

Erst mit einigem Abstand und den Augen der Stille erscheinen hinter den vielen Formen individueller Wege übergeordnete Strukturen einer unsichtbaren Ordnung des Lebens –
Strukturen der Liebe.
Von der ersten bis zur vorläufig letzten Station der menschlichen Entwicklungsreise wandeln wir im unsichtbaren Territorium der geistigen Liebe, die vom Innersten des Mikrokosmos bis zum Jenseits des Jenseits alles erschafft, verwandelt und zu sich zurückruft.

Liebe im Abgrund der Materie: Urvertrauen

Liebe zur Dualität: Hingabe

Liebe in den Gefühlen: Mitgefühl und Gelassenheit

Liebe zur Willenskraft: Entschlossenheit

Liebe zur Schattenwelt: Mut

Liebe zu uns selbst: Heilung

Liebe zum Mitmenschen: Dienen

Liebe zu GOTT: Demut

Liebe zu unserer Aufgabe: Integrität und Rechtschaffenheit

Liebe zur inneren Stimme: Glaube und Gewissheit

Liebe zur Wahrheit: Erkenntnis

Liebe zum höheren Willen: innerer Friede und Einswerdung

Innerhalb dieser Strukturen der durch Liebe zu entwickelnden Seelenqualitäten wird aus geistiger Sicht auch eine unsichtbare Systematik der seelischen Prüfungen und Einweihungen sichtbar. Diese Systematik führt

von der Anbindung des Materiellen an die Liebe

zur Heilung der vitalen, sexuellen und emotionalen Energie durch Liebe,

über die bewusste Lenkung des Denkens und der Wahrnehmung durch Liebe

bis zur Einordnung des Ego-Bewusstseins und damit des Eigenwillens in den göttlichen Willen durch Liebe

und zum »Ende« der menschlichen Entwicklung durch die Einswerdung mit dem feurigen Licht des HEILIGEN GEISTES im ICH-BIN-BEWUSSTSEIN der Seele.

Wenn wir zu diesen fünf übergeordneten Hauptbereichen (deren Bewältigung im einzelnen für die Seele viele Inkarnationen dauern kann) die vier Elemente und das Licht in eine Analogie setzen, können wir auch von der Erd-, Wasser-, Luft-, Feuer- und Lichteinweihung sprechen. Dieselben Themen sind auch in der »Geburt«, »Taufe«, »Verklärung«, »Kreuzigung« und »Auferstehung« von JESUS CHRISTUS angesprochen. – Ein weites Feld für alle, die im eigenen Herzen forschen wollen.

Einweihungen in diesem Sinn bedeuten keine rituellen Aktivitäten der Übertragung spiritueller Kräfte von einem Lehrer auf einen Schüler, sondern Schlüsselsituationen unserer Lebenserfahrung, bei denen ein Lebensthema bewältigt und abgeschlossen ist, während das Bewusstsein eine erweiterte Perspektive des Verständnisses vom Leben erreicht. So gesehen sind Einweihungen Selbsteinweihungen durch den HEILIGEN GEIST DES LEBENS und bedürfen keiner äußeren Lehrer und Rituale.

Die unsichtbaren Strukturen der Liebe und die unsichtbare Systematik der Bewusstseinsentwicklung findet sich so oder ähnlich in zahlreichen spirituellen Lehren aller Kulturen.

Der Unterschied zwischen den alten Traditionen und der Gegenwart besteht aber nicht nur darin, dass diese Lehren heute vielen Menschen zugänglich gemacht werden, sondern in der Notwendigkeit, dass wir uns selbst und den ewigen Pfad des HEILIGEN GEISTES wieder erkennen und leben müssen, wenn wir als mit Bewusstsein, Lern- und Liebesfähigkeit begabte Menschen unseren Platz in der Schöpfung finden und uns und die Erde retten und heilen wollen. Dazu brauchen wir sehr viele mutige Menschen, die sich durch ihre Zentrierung im Geist vor nichts fürchten und notwendige Entscheidungen und Handlungen in die Wege leiten.

Wir haben keine Zeit mehr, zu warten und zu diskutieren.

Die Wurzel unserer Probleme liegt in der dualistischen und damit vordergründig materialistischen und egozentrischen Wahrnehmung des modernen westlichen Menschen.

Wenn wir dies wissen, müssen wir handeln und nicht diskutieren. – Loslassen kann dafür eine große Hilfe sein.

In früheren Zeiten war unsere Geistigkeit hinter Lehren und Religionen, in Kirchen und in unserem eigenen Starrsinn verborgen. Jetzt zwingen uns die globalen Verhältnisse, die Schrebergärten unseres bisherigen Bewusstseins zu verlassen und unser brachliegendes seelisches Potential und spirituelles Erbe anzuwenden.
Nur wenn wir als Menschen wieder Bindeglied zwischen der physischen und der geistigen Evolution werden, kann die momentane Krise sich als seltene Chance erweisen und das notwendige Chaos für eine beginnende Neugeburt unseres Bewusstseins sein.

Der Höchste Geist möchte sich seiner selbst durch uns und als unser Selbst bewusst werden, damit wir wieder »im Geist« sein können.

Das sich verdichtende Chaos um uns herum gehört zu den Geburtswehen einer Zeit nach dieser Zeit.
Unsere historische Zeit ist abgelaufen.
Die Zukunft hat noch nicht begonnen.

Jetzt ist die Zeit der Entscheidung.

Es ist an jedem einzelnen von uns, sich zu entscheiden, ob unsere Zukunft eine noch düsterere Wiederholung der Vergangenheit wird, oder ob wir zur Ordnung der Liebe und des Geistes gehören.

Loslassen können wir dabei gar nicht genug...

STICHWORTVERZEICHNIS

BUCHTIPS

Grundlagen: Neale Donald Walsch, – »Gespräche mit Gott« Ein ungewöhnlicher Dialog · Band 1 und 2 · Goldmann Arkana

Zur transpersonalen und humanistischen Psychologie: Ken Wilber, »Das Spektrum des Bewusstseins«, Rowohlt 1991; »Mut und Gnade«, In einer Krankheit zum Tode bewährt sich eine große Liebe · Goldmann

Abraham A. Maslow, »Psychologie des Seins« · dtv Verlag

Erich Fromm, »Die Kunst des Liebens«; »Haben oder Sein« · dtv

C.G. Jung, Taschenbuchausgabe in elf Bänden · dtv

Zur Philosophie: Aldous Huxley, »Die ewige Philosophie« · Serie Piper

Zur Mystik: Bruno Borchert, »Mystik - Das Phänomen - Die Geschichte - Neue Wege« Herder/Spektrum

Meister Eckehardt, »Deutsche Predigten und Traktate« hrsg. V. Josef Quint · Hanser Verlag

Belletristik: Richard Bach, »Die Möwe Jonathan«, »Illusionen«, »Brücke über die Zeit« und »Heimkehr«, Ullstein Verlag

Paulo Coelho, »Der Alchimist« und »Der Fünfte Berg« · Diogenes Verlag

Ken Carey, »Sternenbotschaft 1 u. 2«, »Vision« und »Rückkehr der Vogelstämme«

Lebenshilfe: Phyllis Krystal, »Frei von Angst und Ablehnung«, »Die inneren Fesseln sprengen«

Gerald Jambolsky, »Liebe heißt die Angst verlieren« · Goldmann Verlag

Spirituelle Biographien und Lehrer:
Zu Sai Baba: Dr. Samuel Sandweiss, »Der Heilige und der Psychotherapeut«;

Dr. John Hislop, »Mein Baba und ich«; Literaturliste und Buchbestellung: Sathya Sai Baba Buchzentrum/Dietzenbach

Zu Babaji: Maria-Gabriele Wosien, »Babadschi - Botschaft vom Himalaya · Fischer Taschenbuch Verlag und Radhe Shyam, »Leben aus dem Sein« · G. Reichel Verlag

Paramahansa Yogananda, »Autobiographie eines Yogi«, O.W. Barth

Benjamin Creme: Maitreya, Christus und die Meister der Weisheit, Edition tetraeder

zu Mutter Meera: Mutter Meera, »Antworten«; Adilakshmi »Die Mutter«, beide im Selbstverlag: Mutter Meera · Oberdorf 4a · 65599 Dornburg/Thalheim (auch für Darshan Reservierungen) und »Der Pfad ins Herz«, Andrew Harvey · rowohlt

Sonstiges: John O'Donohue »Anam Cara« Das Buch der keltischen Weisheit · dtv premium; »Das unpersönliche Leben« · Verlag dem Wahren – Schönen – Guten, Baden Baden

Joel S. Goldsmith, »Die Kunst der Geistigen Heilung«, Heinrich Schwarz Verlag

Markus Langholf, »Das Ereignis des Wesenswandels - Martin Heideggers »Beiträge zur Philosophie« als Wahrnehmung einer neuen Epoche« Diplomarbeit, Universität Hildesheim 1991 (bei Interesse bitte an die Unibibliothek Hildesheim oder den Sheema-Medien-Verlag wenden)

Doc Isa und Ruth Yolanda Lindwall

CONTACT

Visionswerkstatt Cap Sizun
Atelier de la Vision • Visionsworkshop Cap Sizun

Die Visionswerkstatt Cap Sizun ist eine private Bildungs- und Erholungsstätte für künstlerische und spirituelle Jugend- und Erwachsenenbildung. Sie wird gemeinsam vom Dipl. Kulturpädagogen Markus Langholf und seiner Frau Angela Langholf geleitet.

Die Aufgabe der Visionswerkstatt ist die Schulung und Begleitung von Menschen und Gruppen bei der Entwicklung eines Bewusstseins des Gleichgewichts und inneren Friedens und der Realisierung ihrer Visionen.

In der Visionswerkstatt lehren wir den Releasing-Loslassprozess, wie wir ihn selbst seit 1984 durch Dr. Edward Isa und seine Frau Ruth Yolanda Lindwall gelehrt wurden und erfahren haben.
Wir verbinden den Releasingprozess mit einem kreativen und künstlerischen Ausdruckstraining, um den individuellen Visionen und Lebensträumen im Alltag Struktur und Form zu geben.

Das Seminarhaus der Visionswerkstatt liegt in der südwestlichen Bretagne auf dem von drei Seiten vom Atlantik umgebenen wildromantischen Cap Sizun.
Hier finden in den deutschen Schulferien Releasing-Ausbildungs- und Visionsgruppen statt. In Deutschland bieten wir regelmäßig öffentliche Basis- und Aufbauseminare über Releasing und die Visionsarbeit an.

Wir planen nie zu weit voraus und freuen uns über Einladungen zu Vorträgen und Seminaren von Privatpersonen, Managern, Therapeuten, Lehrern, Ärzten, Heilpraktikern, Künstlern, Sozialarbeitern, Journalisten und anderen interessierten Personen, die die Releasing- und Visionsarbeit kennenlernen möchten.

Darüber hinaus sind wir gerne bereit, Ihnen aktuelle Adressen von Releasern aus Ihrer Region weiterzuempfehlen.

Visionswerkstatt Cap Sizun
Markus & Angela Langholf

Rue de Langroas 15 · F 29770 Cleden - Cap Sizun
fon +33/29 870/35 88 · fax +33/29 870/63 02
e-mail: YediVision@aol.com

gebührenfreie Info-Hotline:
0800 1823 504

INNERVIEW
MIT ISA UND YOLANDA
EINBLICKE IN LEBEN UND WERK
DER BEGRÜNDER DES RELEASING

Anlässlich der Veröffentlichung des Buches »Der Pfad des Lebendigen Geistes – Loslassen!« und der Gründung der »Visionswerkstatt Cap Sizun« traf der Herausgeber seine Releasinglehrer 1998 in Hot Springs, Arkansas zu einer Bestandsaufnahme. Was als Interview begann, verwandelte sich in ein »Innerview«, als der »ALLERHÖCHSTE GEIST« sich während des Gesprächs einschaltete und mitteilte, daß die Zeit reif für eine Veröffentlichung über Isa und Yolanda sei. Das Ergebnis dieser »Intervention von Oben« ist das Buch »Innerview mit Isa und Yolanda«. Es ist ein erstes berührendes Dokument über einige persönliche Abenteuer des ereignisreichen Lebens von Isa und Yolanda und ein spannendes Grundlagenwerk über ihre Lebensaufgabe: Die Releasingarbeit.

Neben biographischem Material und philosophischem Basiswissen aus der Feder von Yolanda enthält es eine wunderschöne Fotoserie der von Doc »Isa« Lindwall entwickelten kinesiologischen Muskeltests mit erläuternden Texten und Anregungen zum Loslassen. Diese Muskeltests zeigen als Biofeedback-Methode die erstaunliche Wirksamkeit des Releasing.

Isa und Yolanda bezeichnen sich selbst als »*Zwillingsflammenpaar*«, das durch Releasing und »*die bedingungslose Liebe*« des »ALLERHÖCHSTEN GEISTES« den Frieden des Gleichgewichtes zwischen männlicher und weiblicher Energie wiedergefunden hat. Seit über zwanzig Jahren sind sie in mehr als 30 Länder und alle Kontinente gereist, um unzählige Menschen Releasing zu lehren und sie durch diese Heilmethode zu befähigen, Begrenzungen der Vergangenheit loszulassen und ein glückliches Leben in der Gegenwart zu führen.

In ihrer Einfachheit, Bescheidenheit und Hingabe gegenüber dem »Service for the One Life« sind Isa und Yolanda für viele Menschen zu einem Beispiel für überzeugende Lehrer und Pioniere eines »*Neuen Bewusstseins*« geworden.

»Innerview mit Isa und Yolanda« ist eine Einladung an den Leser, den »Spirit« der *bedingungslosen Liebe* und *Weisheit* im Leben und in der Releasingarbeit von Isa und Yolanda kennenzulernen und durch Loslassen im eigenen Leben wirken zu lassen!

INNERVIEW
MIT ISA UND YOLANDA

HRSG. VISIONSWERKSTATT CAP SIZUN
MARKUS LANGHOLF

ISBN 3-931560-07-4

Sheema Medien Verlag
PF 1443 • 83504 Wasserburg

Bitte fordern Sie unseren Gesamtkatalog an
oder besuchen Sie uns im Internet: http://www.sheema.de